北大版留學生本科漢語教材

古 代 漢 語

（下册）

張聯榮　劉子瑜　編著

圖書在版編目(CIP)數據

古代漢語（下冊）/ 張聯榮，劉子瑜編著.—北京：北京大學出版社，2019.8
北大版留學生本科漢語教材
ISBN 978-7-301-30052-7

Ⅰ.①古… Ⅱ.①張… ②劉… Ⅲ.①古漢語－對外漢語教學－教材
Ⅳ.① H195.4

中國版本圖書館 CIP 數據核字(2018) 第 260755 號

書　　　名	古代漢語（下冊）
	GUDAI HANYU (XIA CE)
著作責任者	張聯榮　劉子瑜　編著
責任編輯	王鐵軍
標準書號	ISBN 978-7-301-30052-7
出版發行	北京大學出版社
地　　　址	北京市海淀區成府路 205 號　100871
網　　　址	http://www.pup.cn　　新浪微博：@北京大學出版社
電子信箱	zpup@pup.cn
電　　　話	郵購部 010-62752015　發行部 010-62750672
	編輯部 010-62754144
印　刷　者	河北濼縣鑫華書刊印刷廠
經　銷　者	新華書店
	650 毫米 ×980 毫米　16 開本　17.25 印張　283 千字
	2019 年 8 月第 1 版　2019 年 8 月第 1 次印刷
定　　　價	56.00 元

未經許可，不得以任何方式複製或抄襲本書之部分或全部內容。
版權所有，侵權必究
舉報電話：010-62752024　電子信箱：fd@pup.cn
圖書如有印裝質量問題，請與出版部聯繫，電話：010-62756370

目　錄

第九單元 …………………………………………… 1

講讀文選
 論語 ………………………………………………… 1
  學而時習之(《學而》) ………………………… 2
  顏淵季路侍(《公冶長》) ……………………… 2
  賢哉回也(《雍也》) …………………………… 3
  如有博施於民而能濟衆(《雍也》) …………… 3
  士不可以不弘毅(《泰伯》) …………………… 4
  篤信好學(《泰伯》) …………………………… 5
  顏淵問仁(《顏淵》) …………………………… 5
  齊景公問政於孔子(《顏淵》) ………………… 6
  衛君待子而爲政(《子路》) …………………… 6
  在陳絶糧(《衛靈公》) ………………………… 8
  子路曾晳冉有公西華侍坐(《先進》) ………… 8
 禮記 ………………………………………………… 11
  大同與小康(《禮運》) ………………………… 12
  《學記》三則 …………………………………… 15

閱讀文選
 中庸(《禮記》) …………………………………… 17
 曾子易簀(《禮記》) ……………………………… 19

練習九 …………………………………………… 20

常用詞
　　窮　堪　聖　任　事　讓　後　成　饑　謹 ……………… 22
古漢語常識
　　古書的標點 …………………………………………………… 24

第十單元 …………………………………………………………… 32

講讀文選
　　孟子 …………………………………………………………… 32
　　　　晉國天下莫強焉(《梁惠王上》) ……………………… 33
　　　　人皆有不忍人之心(《公孫丑上》) ……………………… 34
　　　　君子所以異於人者(《離婁下》) ………………………… 35
　　　　齊人有一妻一妾(《離婁下》) …………………………… 37
　　　　魚我所欲也(《告子上》) ………………………………… 38
　　　　舜發於畎畝之中(《告子下》) …………………………… 40
　　墨子 …………………………………………………………… 42
　　　　兼愛上 ……………………………………………………… 42
　　　　非攻上 ……………………………………………………… 45
閱讀文選
　　　　天時不如地利(《孟子》) ………………………………… 47
　　　　弈秋誨二人弈(《孟子》) ………………………………… 48
練習十 ……………………………………………………………… 49
常用詞
　　忍　賊　斂　征　患　築　攻　家　修　運 ……………… 51
古漢語常識
　　古代漢語的修辭 ………………………………………………… 53

第十一單元 ………………………………………………………… 62

講讀文選
　　老子 …………………………………………………………… 62
　　　　道可道 ……………………………………………………… 63
　　　　天下皆知美之爲美 ………………………………………… 63

三十輻共一轂 …………………………………… 64
　　　知人者智 ……………………………………… 65
　　　名與身孰親 …………………………………… 66
　　　小國寡民 ……………………………………… 66
　　莊子 …………………………………………… 67
　　　逍遙遊（節選） ………………………………… 67
　　　秋水（節選） …………………………………… 73
閱讀文選
　　庖丁解牛（《莊子》） ……………………………… 76
練習十一 ……………………………………………… 78
常用詞
　　負　常　徙　極　待　莫　志　道　去　親 …… 79
古漢語常識
　　古代漢語常用工具書（下） ……………………… 82

第十二單元 …………………………………………… 90

講讀文選
　　荀子 …………………………………………… 90
　　　勸學（節選） …………………………………… 91
　　　王霸（節選） …………………………………… 96
　　韓非子 ………………………………………… 100
　　　有度（節選） ………………………………… 101
　　　五蠹（節選） ………………………………… 103
　　　和氏 ………………………………………… 106
閱讀文選
　　愚者之定物（《荀子》） ………………………… 110
　　鄭武公欲伐胡（《韓非子》） …………………… 112
練習十二 …………………………………………… 113
常用詞
　　理　服　勸　完　假　漸　制　興　至　效 … 115
古漢語常識
　　古書的注解（上） ……………………………… 117

第十三單元 ……………………………………………… 123

講讀文選

 呂氏春秋 ………………………………………… 123
  去宥 …………………………………………… 123
  察傳 …………………………………………… 127
 論衡 ……………………………………………… 131
  談天（節選）………………………………… 131
 顏氏家訓 ………………………………………… 136
  涉務（節選）………………………………… 136

閱讀文選

 審己（《呂氏春秋》）…………………………… 141
 任數（《呂氏春秋》）…………………………… 142

練習十三 …………………………………………… 143

常用詞

 徒　務　術　進　穿　涉　絕　勝　鑑　履 …… 145

古漢語常識

 古書的注解（下）……………………………… 148

第十四單元 ……………………………………………… 155

講讀文選

 賈誼 ……………………………………………… 155
  論積貯疏 ……………………………………… 155
 韓愈 ……………………………………………… 159
  師說 …………………………………………… 159
 柳宗元 …………………………………………… 163
  送薛存義序 …………………………………… 163
 李贄 ……………………………………………… 165
  童心説（節選）……………………………… 166

閱讀文選

 原謗（皮日休）………………………………… 170

　　　　論馬（岳飛）·· 171
練習十四 ·· 173
常用詞
　　粟 本 殘 末 時 歲 圖 業 達 經 ················· 174
古漢語常識
　　中國的古書 ··· 177

第十五單元 ·· 185

講讀文選
　　王粲 ·· 185
　　　　登樓賦 ·· 185
　　王羲之 ·· 189
　　　　蘭亭集序 ··· 189
　　陶淵明 ·· 192
　　　　歸去來兮辭 ··· 193
　　蘇軾 ·· 196
　　　　赤壁賦 ·· 196
　　王勃 ·· 201
　　　　滕王閣序（節選）·· 201
閱讀文選
　　　　滕王閣序（節選）·· 206
練習十五 ·· 211
常用詞
　　宇 憤 快 違 逝 雅 範 宗 崇 景 ················· 213
古漢語常識
　　古代的文體 ··· 215

第十六單元 ·· 222

講讀文選
　　詩經 ·· 222
　　　　芣苢（《周南》）·· 223

　　　　静女(《邶風》)……………………………………… 223
　　　　相鼠(《鄘風》)……………………………………… 224
　　　　氓(《衛風》)………………………………………… 225
　　　　無衣(《秦風》)……………………………………… 228
　　　　七月(《豳風》)……………………………………… 229
　　楚辭……………………………………………………… 233
　　　　山鬼(《九歌》)……………………………………… 234
　　　　國殤(《九歌》)……………………………………… 237
閱讀文選
　　　　《離騷》序(王逸)…………………………………… 238
練習十六………………………………………………………… 241
常用詞
　　相　總　納　績　功　晦　援　賄　信　授………… 242
古漢語常識
　　古書的讀音…………………………………………… 245

附錄一　常用詞索引…………………………………………… 253
附錄二　繁簡字異體字例釋…………………………………… 257

第九單元

講讀文選

論　語

　　《論語》是由孔子弟子及再傳弟子輯録而成的一部書。孔子（前551—前479），名丘，字仲尼，魯國陬邑（今山東省曲阜市東南）人。孔子中年開始聚徒講學，後又在魯國做過官。五十多歲周遊列國，希望實現自己的政治主張，但未得到諸侯的任用。晚年專心致力於教育，整理古代文獻。孔子是思想家、教育家，儒家學派的創始人。其學説的核心是"仁"（仁愛），他的倫理思想、教育理念有許多可貴的因素值得肯定。他又是中國古代私人講學的第一人，在整理古代文獻、傳播古代文化方面做出了重大貢獻，被尊奉爲中國古代的聖人。

　　《論語》一書記録了孔子及其弟子的言行，内容涉及政治觀點、倫理觀念、道德修養、教育學習等方面，藴含了豐富的人生經驗和深刻的哲理思考。《論語》是一種語録體，言簡意賅，曉暢易懂，含蓄有致，書中的很多話已成爲格言和成語，對後代的文學語言有很大影響。

　　《論語》成書約在戰國初年。漢代《論語》有《齊論》《魯論》《古論》三種本子，今本《論語》由漢代人整理而成，共二十篇，每篇分若干章。《論語》的注本很多，通行的有三國魏何晏《論語集解》、南宋朱熹《論語集注》、清代劉寶楠《論語正義》、近人程樹德《論語集釋》、今人楊伯峻《論語譯注》等。

　　選文據影印本《十三經注疏》，中華書局一九八〇年版。文章題目爲後加。

學而時習之(《學而》)

【説明】本章記述孔子對爲學的態度。

子曰①:"學而時習之②,不亦説乎③?有朋自遠方來④,不亦樂乎?人不知而不愠⑤,不亦君子乎⑥?"

① 子:先秦用來尊稱有地位或有道德學問的男子。《論語》單用"子"稱孔子。
② 時:按時。習:實習。習的内容不只是書本,也包括禮樂之類的内容。
③ 説(yuè):高興。這個意義後作"悦"。
④ 朋:志同道合的人。
⑤ 别人不了解自己而自己並不生人家的氣。愠(yùn):怒,生氣。
⑥ 君子:這裏指有德的人。

顏淵季路侍(《公冶長》)

【説明】本章記述孔子與兩位弟子談論怎樣做人。從中可以看出孔子的志向是把恩惠普施於天下之人,表現出他的仁德情懷。

顏淵季路侍①。子曰:"盍各言爾志②?"
子路曰:"願車馬衣輕裘與朋友共,敝之而無憾③。"
顏淵曰:"願無伐善,無施勞④。"
子路曰:"願聞子之志。"
子曰:"老者安之,朋友信之,少者懷之⑤。"

① 顏淵(前521—前481):魯國人,名回,字子淵,孔子的學生,在孔

門中以德行學問著稱。季路(前542—前480):姓仲名由,字子路,又稱季路,孔子的學生。侍:在尊長身邊陪伴侍奉。
② 盍(hé):"何不"的合音,爲什麼不。爾:你,你們。
③ 衣輕裘:"輕"字應刪(據阮元)。衣裘:衣服。朋友:志同道合的人。共:共同享用。敝(bì):破。這裏用作使動,意思是用破。之:指車馬衣裘。而:連詞,表轉折。憾:悔恨。
④ 伐:誇耀。善:(自己的)長處。施勞:張揚(對別人的)功勞。施:通"㑊"(據朱駿聲),誇大,張揚。
⑤ 老年人(我要)使他們奉養安適,朋友(我要)使他們交往誠信,年輕人(我要)使他們受到關懷愛護。

賢哉回也(《雍也》)

【説明】這是孔子對顔回安貧樂道的讚揚。

子曰:"賢哉,回也!一簞食①,一瓢飲②,在陋巷③,人不堪其憂④,回也不改其樂。賢哉,回也!"

① 簞(dān):古代盛飯的竹器,圓形。
② 瓢(piáo):用葫蘆製成的舀水的器具。飲:用作名詞,這裏指水。
③ 陋(lòu)巷:狹小的巷子。一説狹小的居室。
④ 不堪:承受不了。憂:憂愁。

如有博施於民而能濟衆(《雍也》)

【説明】孔子告訴子貢,踐行仁道不必捨近求遠,正確的途徑在於"近取譬",推己及人。

子貢曰①:"如有博施於民而能濟衆②,何如?可謂仁乎?"子曰:"何事於仁③,必也聖乎④!堯舜其猶病諸⑤!夫仁者,己欲立而立人,己欲達而達人⑥。能近取譬⑦,可謂仁之方也已⑧。"

① 子貢(前 520—前 456):姓端木,名賜,字子貢,孔子的學生。
② 博施:廣泛地施與恩惠。濟:救助。
③ 何止於仁(從朱熹《集注》)。
④ 那一定是聖德了。
⑤ 堯和舜大概對此都感到不易呢! 堯舜:傳說中上古的兩位賢明的帝王,是孔子心目中的聖人。其:語氣副詞,表示推測。病:難,感到不易。諸:"之""乎"的合音。"之"代"博施於民而能濟眾"。
⑥ 夫(fú):句首語氣詞,表示要發議論。己欲立而立人:自己想要成功,也要使別人成功。立:有所成就。己欲達而達人:自己想要顯達,也要使別人顯達。達:得志而有地位。這是説推己及人(由自己推想到別人)是仁。
⑦ 就近拿自身的所欲("欲立""欲達")作比(而推及他人)。近:指自身。取:尋取。譬:比喻。
⑧ 方:方法。指正確的途徑。

士不可以不弘毅(《泰伯》)

【説明】一個士人以踐行仁德作爲自己的責任,任重而道遠,必須具備"弘毅"的品格素養。

曾子曰:"士不可以不弘毅①,任重而道遠②。仁以爲己任,不亦重乎③? 死而後已④,不亦遠乎?"

① 曾子(前 505—前 436):名參,字子輿,魯國人。孔子的學生。弘:大。指抱負遠大。毅:意志堅強。
② 任:負擔(名詞)。這裏指肩負的責任。
③ 以踐行仁德作爲自己的責任,不是很重嗎?"仁"作介詞"以"前置賓語。不亦……乎:一種固定格式,表示反問語氣。

④ 已:止。

篤信好學(《泰伯》)

【説明】孔子告訴弟子:出仕還是隱居,貧賤還是富貴,一切皆以"善道"爲準則。

子曰:"篤信好學①,守死善道②。危邦不入,亂邦不居③。天下有道則見,無道則隱④。邦有道,貧且賤焉,恥也⑤;邦無道,富且貴焉,恥也。"

① 篤(dǔ)信:真誠堅定地相信。篤:忠誠;厚實。
② 至死堅守真理。守死:堅持到死而不改變。善道:使所學的道達到完美。善:完善。(參朱熹《論語集注》)
③ 危邦:即將有危難的國家。亂邦:已經發生動亂的國家。
④ 有道:指政治清明。見(xiàn):現身,指出來做官。這個意思後寫作"現"。隱:隱居。
⑤ 恥:恥辱。

顔淵問仁(《顔淵》)

【説明】本章闡述"仁"和"禮"的關係。孔子認爲自我約束、依禮而行是仁的基本要求。

顔淵問仁。子曰:"克己復禮爲仁①。一日克己復禮,天下歸仁焉②。爲仁由己,而由人乎哉③?"顔淵曰:"請問其目④。"子曰:"非禮勿視,非禮勿聽,非禮勿言,非禮勿動。"
顔淵曰:"回雖不敏,請事斯語矣⑤。"

① 克己復禮:約束自己,使自己的行爲復歸於禮的要求。克:抑制

（自己的私欲）。復：返回，回歸。禮：指當時社會的典章制度、行爲準則、道德規範。
② 一日：一旦。歸仁：歸附於仁德。一説"歸"是稱許的意思。"歸仁"就是天下人讚許他有仁德。
③ 實行仁德，完全在於自己，難道還在於別人嗎？
④ 目：條目、細則。
⑤ 敏：聰慧。事：從事，照著……做。斯：這，指示代詞。

齊景公問政於孔子（《顔淵》）

【説明】孔子的政治理想是君臣父子各正其位，各守其分，以禮治天下。

齊景公問政於孔子①。孔子對曰："君君，臣臣，父父，子子②。"公曰："善哉！信如君不君③，臣不臣，父不父，子不子，雖有粟④，吾得而食諸⑤？"

① 齊景公：姜姓，名杵臼，齊國國君，公元前五四七—前四九○年在位。政：政事，管理國家的事。
② 君主要像君主（盡君道），臣子要像臣子（盡臣道），父親要像父親（盡父道），兒子要像兒子（盡子道）。後面的"君""臣""父""子"都是動詞。
③ 信如：如果真的。
④ 雖：即使。粟（sù）：穀子，去皮後稱小米。泛指糧食。
⑤ 我能吃得著嗎？諸："之乎"的合音。

衛君待子而爲政（《子路》）

【説明】當時禮崩樂壞，名實不符的情況很嚴重。孔子强調"正名"的重要性。

子路曰:"衛君待子而爲政①,子將奚先②?"

子曰:"必也正名乎③!"

子路曰:"有是哉,子之迂也④!奚其正⑤?"

子曰:"野哉⑥,由也!君子於其所不知,蓋闕如也⑦。名不正,則言不順⑧;言不順,則事不成;事不成,則禮樂不興⑨;禮樂不興,則刑罰不中⑩;刑罰不中,則民無所錯手足⑪。故君子名之必可言也,言之必可行也⑫。君子於其言,無所苟而已矣⑬。"

① 衛君:一般認爲指衛出公,名輒,衛國國君。衛靈公之孫,衛靈公長子蒯(kuǎi)聵(kuì)之子。衛出公曾與其父爭奪君位。孔子認爲子與父爭君位是"名不正",本章説的"正名"是有針對性的。參見《述而》篇"夫子爲衛君"章。爲政:治理國家政事。
② 先生打算先從哪些事情做起呢?奚:疑問代詞,相當於"何"。先:用作動詞,先做。"奚"是"先"的前置賓語。
③ 那一定是"正名"吧。正名:辨正名分(使名實相符)。名:名稱,名義,名分。
④ 先生的迂闊竟有如此嚴重啊!迂:行爲見解遠離實際,不合時宜。
⑤ 有什麼可糾正的?奚:疑問代詞,何。
⑥ 野:粗野,不合禮儀。
⑦ 蓋:句首語氣詞。闕(quē)如:留下有疑問的地方不加評判。闕:通"缺",空(kòng)下來不加評説。
⑧ 名義不正,説起話來就不會順理得當。
⑨ 禮:指社會的典章制度、行爲準則、道德規範。樂:音樂。儒家認爲通過禮樂可以使尊卑有序,上下和諧。興:起;振興。
⑩ 中(zhòng):得當。
⑪ 無所錯手足:没有放手脚的地方,即不知如何是好。錯:通"措",放置。
⑫ 所以君子確定了一個名義就一定能夠順理得當地説出來,説出來就一定可以行得通。
⑬ 君子對於自己措辭説話,一定没有一點馬虎的地方纔算罷了。苟:苟且,不嚴肅。已:停止。

在陳絕糧（《衛靈公》）

【説明】本章談論君子與小人在身處困境時的不同態度。

在陳絕糧①，從者病，莫能興②。子路慍見曰③："君子亦有窮乎④？"子曰："君子固窮⑤，小人窮斯濫矣⑥。"

① 魯哀公四年（前491），孔子與弟子輾轉來到陳國、蔡國的邊境，適逢吳國討伐陳國，因此困於陳、蔡之間，糧食供給斷絕。
② 病：因困餓而病。興：站起。
③ 慍（yùn）：怒，生氣。
④ 窮：困窘，沒有出路。
⑤ 固窮：安守困窮。固：安於，不動搖。
⑥ 斯：就。濫：過度，無節制。這裏指胡作非爲。

子路曾晳冉有公西華侍坐（《先進》）

【説明】本章記述孔子和他的學生關於志向的一段談話，反映了儒家以禮治國的理念。對話生動地顯示了四位門人不同的性格特徵，也展示出孔子作爲一個大教育家春風化雨般的教育風範。

子路、曾晳、冉有、公西華侍坐①。
子曰："以吾一日長乎爾，毋吾以也②。居則曰③：'不吾知也④！'如或知爾⑤，則何以哉⑥？"

孔子詢問四個學生的志向。

① 子路、曾晳、冉有、公西華：四個人都是孔子的學生。子路：姓仲，名由，字子路，又稱季路，卞（今山東省泗水縣）人，小孔子九歲。

曾皙:姓曾,名點,字皙,魯國南武城(今山東省費縣西南)人。冉有:魯國人,姓冉,名求,字子有。小孔子二十九歲。公西華:姓公西,名赤,字子華,小孔子四十二歲。這次談話時,孔子大約六十多歲。侍:在尊長者身旁陪伴。坐:古時的坐姿是鋪席於地,雙膝著地,臀部壓在腳後跟上。

② 因爲我比你們大幾歲,(人家)不用我了。以:因爲,介詞。長(zhǎng):年紀大。乎:介詞,引進比較的對象。一日:一兩天,這是説年齡相差不多,是一種謙虛的説法。毋(wú)吾以:不用我。"吾"是"以"的前置賓語。以:動詞,用。

③ 居:平日閒居。

④ 不吾知:不了解我。"吾"是"知"的前置賓語。

⑤ 或:有的人,無定代詞。

⑥ 何以:怎樣(做)。

　　子路率爾而對曰①:"千乘之國,攝乎大國之間,加之以師旅,因之以饑饉②;由也爲之,比及三年,可使有勇,且知方也③。"
　　夫子哂之④。
　　"求!爾何如?"
　　對曰:"方六七十,如五六十,求也爲之,比及三年,可使足民⑤。如其禮樂,以俟君子⑥。"
　　"赤!爾何如?"
　　對曰:"非曰能之,願學焉⑦。宗廟之事,如會同,端章甫,願爲小相焉⑧。"
　　"點!爾何如?"
　　鼓瑟希,鏗爾,舍瑟而作⑨,對曰:"異乎三子者之撰⑩。"
　　子曰:"何傷乎⑪?亦各言其志也。"
　　曰:"莫春者,春服既成⑫,冠者五六人,童子六七人⑬,浴乎沂⑭,風乎舞雩⑮,詠而歸⑯。"
　　夫子喟然歎曰:"吾與點也⑰!"

四個學生各自談自己的志向，孔子讚許曾點的話。

① 率爾：輕率，不加思索的樣子。爾：形容詞詞尾。
② 千乘(shèng)之國：有一千輛兵車的國家，當時屬中等諸侯國。乘：一車四馬爲一乘。攝：夾(處)。師旅：軍隊，指戰爭。上古時五百人爲一旅，五旅爲一師。因：接續。饑饉(jǐn)：饑荒。
③ 爲：這裏是治理的意思。比(舊讀 bǐ)及：等到。方：義方，即做人的正道。
④ 哂(shěn)：微笑。
⑤ 方六七十：縱橫六七十里。方：縱橫，方圓。如：或者，連詞。足民：使民富足。
⑥ 如：至於。這裏有"如果說到"的意思，表示另提一事。其：那。俟(sì)：等待。君子：儒家認爲道德才學都很好的人。
⑦ 能之：能做……事。願學焉：願意在這方面學習。焉：於此，指示代詞兼語氣詞。
⑧ 宗廟之事：指諸侯祭祀祖先的事。宗廟：祖廟，天子諸侯祭祀祖先的處所。如：或。會同：泛指諸侯盟會之事。古代諸侯朝見天子，如果不是按規定的時間去朝見，叫作"會"；各諸侯一起去朝見，叫作"同"。端章甫：穿著禮服，戴著禮帽。端：一種黑色禮服。章甫：古時貴族的一種黑色禮帽。"端"和"章甫"這裏都用作動詞。相(xiàng)：主持贊禮和司儀的人。"小相"是謙詞。
⑨ 鼓：彈奏。瑟：一種絃樂器。希：少，稀疏。這個意思後來寫作"稀"。有人認爲這是鼓瑟已近尾聲。鏗(kēng)爾：擬聲詞。有人認爲這是指瑟發出的聲音。舍：這裏指放下。作：站起來。
⑩ 異乎：不同於。撰：才幹，才能。這裏指爲政的才幹。
⑪ 何傷乎：有什麼關係呢？傷：損害，妨礙。
⑫ 莫(mù)春：暮春，指陰曆三月。莫：晚。這個意思後來寫作"暮"。春服既成：(暮春時節天已暖和)夾衣已經穿定了。春服：指夾衣。成：定。
⑬ 冠(guàn)者：二十歲以上的成年人。周代貴族男子二十歲時要舉行冠禮，束髮、加冠，表示成人。童子：未舉行冠禮的少年(不到二十歲)。
⑭ 浴：洗身。沂(yí)：河流名，在今山東省。有人認爲夏曆三月在沂水中洗浴不合情理，對曾點的這幾句話解說不一。

⑮ 在舞雩臺那兒吹吹風。風:用作動詞,吹風,乘涼。舞雩(yú):求雨的壇,在魯國都城曲阜東南。雩:求雨的祭祀儀式。舉行雩祭時伴以樂舞,故稱"舞雩"。
⑯ 詠:唱歌。
⑰ 喟(kuì)然:嘆息的樣子。與(yù):讚同,讚許。

三子者出,曾皙後①。曾皙曰:"夫三子者之言何如②?"
子曰:"亦各言其志也已矣③。"
曰:"夫子何哂由也?"
曰:"爲國以禮,其言不讓④,是故哂之。"
"唯求則非邦也與⑤?"
"安見方六七十如五六十而非邦也者⑥?"
"唯赤則非邦也與?"
"宗廟會同,非諸侯而何⑦?赤也爲之小,孰能爲之大⑧?"

孔子評説學生的志向,強調以禮治理國家。

① 後:走時落在後面。
② 夫:那,指示代詞。
③ 也已矣:三個句末語氣詞連用。"也"表示肯定的敘述語氣。"已矣"表示完成,"罷了"的意思。
④ 爲國以禮:治理國家要用禮。以:用。讓:禮讓,謙遜。
⑤ 難道冉求説的就不是國家的事情嗎?
⑥ 安見:怎麼見得。安:疑問代詞,哪裏。
⑦ 非諸侯而何:不是諸侯國的事情又是什麼?
⑧ 爲之小:給諸侯國擔任小相。這是雙賓語結構。爲:擔任。孰能爲之大:誰能給諸侯國擔任大相呢?孰:誰。

禮記

《禮記》是一部資料彙編性質的書,是孔子門人後學至西漢時儒家學者所記。儒家經典之一。書中記述戰國至秦漢間儒家的言論，特別是關於禮制方面的內容，比較集中地體現了儒家的政治、哲學和倫理思想，在研究古代典章制度和思想文化方面有重要的參考價值。其中有的記事小品文字生動，意味雋永。

《禮記》傳至西漢，舊說由戴德輯錄的稱《大戴禮記》，共八十五篇（今存三十九篇）。其姪戴聖輯錄的稱《小戴禮記》，共四十九篇，就是現在通行的《禮記》。

《禮記》通行的注本是《禮記注疏》（東漢鄭玄注，唐孔穎達疏），還有清代朱彬的《禮記訓纂》、孫希旦的《禮記集解》等。

選文據影印本《十三經注疏》，中華書局一九八〇年版。文章題目爲後加。

大同與小康（《禮運》）

【説明】孔子有感於當時各國禮崩樂壞的亂世，引發了對大同社會的憧憬，揭示大同之世跟小康之治的根本區別在於"天下爲公"與"天下爲家"。本文題目爲後加。

昔者仲尼與於蜡賓①，事畢，出遊於觀之上，喟然而嘆②。仲尼之嘆，蓋嘆魯也③。言偃在側，曰："君子何嘆④？"孔子曰："大道之行也，與三代之英⑤，丘未之逮也⑥，而有志焉⑦。

孔子感嘆自己没有趕上"大道之行"和"三代之英"的時代。

① 昔者：從前。與（yù）：參加。蜡（zhà）：祭名，古代國君在夏曆十二月舉行的年終祭祀。賓：蜡祭的陪祭者，主祭人爲國君。孔子曾擔任魯國的大夫，所以加入到蜡祭陪祭者的行列裏。
② 觀（guàn）：宗廟或宮廷大門外兩旁對稱的高建築物，又叫闕。喟（kuì）然：長嘆的樣子。
③ 蓋：副詞，表示推測。嘆魯：爲魯國嘆息。有感於魯君祭禮不够完

備,舊制廢棄,所以嘆息。
④ 言偃:字子游,吳國人,孔子弟子。君子:指孔子。
⑤ 這是說"大道之行"的時代跟"三代之英"當政的時代。大道:至善至美的準則,儒家指原始社會的治世準則。行:實行。與:跟,連同。三代之英:夏、商、周三代傑出的君主(禹、湯、文、武)。英:傑出的人物。
⑥ 之:代"大道之行"和"三代之英"的時代。逮(dài):趕上。"之"是"逮"的前置賓語。
⑦ 有志於此。焉:指示代詞兼語氣詞,於此。

"大道之行也,天下爲公①。選賢與能②,講信脩睦③。故人不獨親其親,不獨子其子④,使老有所終,壯有所用,幼有所長⑤,矜寡孤獨廢疾者皆有所養⑥,男有分,女有歸⑦。貨惡其棄於地也,不必藏於己⑧;力惡其不出於身也,不必爲己⑨。是故謀閉而不興,盜竊亂賊而不作⑩,故外戶而不閉⑪。是謂大同⑫。

這一段是對大同社會的描述。

① 爲公:成爲公共的(天下不爲一家私有)。
② 賢:賢德之人。與(jǔ)通"舉",舉薦。
③ 講信:講求誠信。脩睦:調整人際關係,使它達到親睦和諧。脩(xiū)通"修",修治趨於完美。
④ 獨:只。親其親:敬愛自己的父母。子其子:疼愛自己的子女。第一個"親"和"子"用作動詞。
⑤ 老:年老的人。有所終:有賴以善終的條件。壯:壯年人。有所用:有使用他們的地方(即能發揮他們的才能)。幼:年幼的人。有所長(zhǎng):有賴以成長的環境條件。
⑥ 矜(guān):老而無妻的男子,後多寫作"鰥"。寡:老而無夫的女子,後專指喪夫的婦女。孤:幼年死了父親的孩子。獨:老年沒有兒子的人。廢疾者:殘疾的人。廢:身子起不來。
⑦ 男子都有適當的職分,女子都能適時出嫁。分(fèn):職分,職事。

歸:女子出嫁。
⑧ 財物,人們厭惡它被隨便拋棄在地上(得不到合理利用),但不是一定要藏在自己家裏(即不爲一己所用)。貨:財物。惡(wù):厭惡。
⑨ 力氣,人們憎惡自己不把它全部發揮出來(即各自盡其力),但不是一定要爲自己。身:自身。
⑩ 謀:(奸詐)的智謀。閉:堵塞,杜絕。興:出現。亂:作亂,造反。賊:殘害,傷害。作:產生。
⑪ 外户:從外面把門合上。户:門。閉:用門閂插門。
⑫ 這就叫作大同。大同:普天之下高度的同一和諧。這是儒家設想的遠古社會。同:平,和。

"今大道既隱,天下爲家①。各親其親,各子其子,貨力爲己②。大人世及以爲禮③,城郭溝池以爲固④。禮義以爲紀⑤,以正君臣,以篤父子,以睦兄弟,以和夫婦⑥,以設制度,以立田里⑦,以賢勇知,以功爲己⑧。故謀用是作而兵由此起⑨。禹、湯、文、武、成王、周公,由此其選也⑩。此六君子者,未有不謹於禮者也⑪。以著其義⑫,以考其信⑬,著有過⑭,刑仁講讓⑮,示民有常⑯。如有不由此者,在埶者去⑰,衆以爲殃⑱。是謂小康⑲。"

這一段論述"天下爲家""禮義以爲紀"的小康社會。

① 既隱:已經隱沒消逝。天下爲家:天下成爲私家的。指權位由父傳於子,不再禪讓於賢者。家:私家。
② 貨力爲己:畜錢財、出力氣都是爲了自己。
③ 天子和諸侯把父子相傳、兄弟相傳作爲制度。大人:指天子和諸侯。世及:父子相傳叫世,兄弟相傳叫及。禮:禮制。
④ 城郭:城墻。郭:外城。溝池:護城河。爲固:作爲堅固的防守設施。
⑤ 義:行爲合理正當。爲紀:作爲法度綱紀。

⑥ 正：使（君臣關係）端正。篤（dǔ）：使（父子關係）純厚。睦：使（兄弟關係）親睦。和：使（夫妻關係）和諧。
⑦ 設、立：設立，建立。制度：有關等級禮遇方面的各種規定。田里：指土地和居住方面的制度。里：居住區。里有貴賤之分。
⑧ 賢：尊崇重用。形容詞用作意動，看作賢人而加以任用。勇知（zhì）：指勇武的人和智謀之士。知：後寫作"智"。功爲己：建功做事只是爲自己。
⑨ 用是：由此。兵：戰爭。
⑩ 這是説禹、湯、文、武、成王、周公由此成爲三代的傑出人物。選：選拔出的人，即傑出的人物。此：指禮義。
⑪ 謹於禮：在禮制上認真對待。謹：謹慎。
⑫ 用禮來表彰他們（民）合乎道義的行爲。以：用。後省略"之"（指禮）。著：顯著。用作使動，使……顯著。義：合宜。
⑬ 用禮來成全他們（民衆）誠信的行爲。考：成就，成全。用作使動，使……成，即成全。
⑭ 用禮來揭露他們有過錯的行爲。著：顯著。用作使動，使……顯著。
⑮ 刑仁：把仁愛作爲道德規範。刑：規範，法式，後寫作"型"。這裏用作動詞，把……作爲規範。講讓：提倡謙讓。講：講求。讓：退讓，不爭。
⑯ 向民衆顯示治國有常法。常：恆常不變的，指常規。
⑰ 由：遵循。此：指禮。埶：勢力，權位。後來寫作"勢"。去：免除，罷黜（chù）。
⑱ 百姓把（有權位者）不遵循禮的行爲當做禍害。以：後省略"之"。
⑲ 小康：小安。比不上"大同"，只能稱作小安。

《學記》三則

【説明】《學記》第一次從教和學兩個方面作了比較系統的理論性總結，論述了教學的意義、原則、方法、規律以及教和學關係等，可資借鑑的地方很多。這裏選的第一則講學習的意義；第二則講教和學互相促進的關係；第三則講如何做到"善學""善待問"。

一

　　玉不琢,不成器①;人不學,不知道②。是故古之王者建國君民③,教學爲先。《兌命》曰④:"念終始典于學⑤。"其此之謂乎⑥。

① 琢(zhuó):雕刻加工玉石。器:器物。
② 知道:懂得道理。
③ 君民:做民衆的君主,即治理民衆。君:用作動詞。
④ 《兌(yuè)命》:《尚書》篇名。今本《尚書》作《說命》。
⑤ 切記始終經常學習不間斷。念:常常想著。典:常。
⑥ 大概說的就是這個道理吧。

二

　　雖有嘉肴,弗食,不知其旨也①;雖有至道②,弗學,不知其善也。是故學然後知不足,教然後知困③。知不足,然後能自反也④;知困,然後能自強也⑤。故曰"教學相長"也⑥。《兌命》曰:"學學半⑦。"其此之謂乎。

① 嘉肴:美好的食物。旨:味美。
② 至道:最精深的道理。至:達到極點的。
③ 困:(學識的)困惑之處。
④ 自反:自己回過頭來檢查自己。
⑤ 自強:自己發憤努力。
⑥ 教學相長:教和學互相促進。
⑦ 學(xiào)學半:教別人,等於有一半是自己學習。學(xiào):教導。《說文》作"斅"。

三

　　善學者師逸而功倍,又從而庸之①。不善學者師勤而功半,又從而怨之②。善問者如攻堅木③:先其易者,後其節目④;及其久也,相説以解⑤。不善問者反此⑥。善待問者如撞鐘⑦:叩之以小者則小鳴,叩之以大者則大鳴⑧,待其從容然後盡其聲⑨。不善荅問者反此。此皆進學之道也⑩。

① 善於學習的人老師省力而事半功倍,又從而歸功於老師。逸:安逸,不辛苦。庸(yōng):功。這裏用作動詞。
② 勤:辛苦。怨:怨恨。
③ 攻堅木:砍削堅硬的樹木。攻:處理加工。
④ 節目:樹木上的結節(紋理糾結不易破開的部分)。
⑤ 長久堅持,樹木的結節就會脱離分解。説(tuō):通"脱",脱離。
⑥ 反此:與此相反。
⑦ 善於處理學生提問的老師就像敲鐘。待:對待;處理。
⑧ 用小東西敲擊發出的聲音就小,用大的東西敲擊發出的聲音就大。叩:敲擊。
⑨ 有待於敲擊者從容不迫,這樣鐘聲的餘韻纔能徐徐散盡。意思是這樣一問一答,從容不迫,纔能對所問的問題給以圓滿解答。
⑩ 進學之道:學業長進的方法。

閱讀文選

中庸①(《禮記》)

【説明】《中庸》是《禮記》中的一篇。這裏節選的是《中庸》的第一段,論述性、道、教的關係,強調君子修道的意義、方法和目標。

天命之謂性②,率性之謂道③,脩道之謂教④。道也者,不可須臾離也,可離非道也⑤。是故君子戒慎乎其所不睹,恐懼乎其所不聞⑥。莫見乎隱,莫顯乎微⑦,故君子慎其獨也⑧。喜怒哀樂之未發謂之中⑨,發而皆中節謂之和⑩。中也者,天下之大本也⑪。和也者,天下之達道也⑫。致中和⑬,天地位焉,萬物育焉⑭。

① 中庸:儒家的倫理思想。中:適中,不偏不倚。庸:常規,常道。儒家以此爲最高的道德標準,並作爲處事的基本原則。
② 天命:上天賦予人的。命:賦予。性:自然禀賦。
③ 率性:遵循天賦的本性。率:遵循。道:正道,指行動的根本準則。
④ 把道加以修明光大(推廣使人實行)叫作教。脩:通"修",修明。教:教化,指禮、樂、刑、政之類。
⑤ 道是不能須臾背離的,如果能背離的就不是道了。須臾:極短的時間。
⑥ 所以君子在別人看不到的情況下也警惕謹慎,在別人聽不到的情況下也憂慮畏懼。乎:介詞,於。睹(dǔ):看見。聞:聽見。
⑦ 人的欲念萌動,沒有什麽比在隱秘之處更能顯示明白的,沒有什麽比在細微之事上更能暴露清楚的。莫:沒有什麽。見(xiàn):顯現,這個意義後來寫作"現"。這是説,最不易爲人知道的事,其實也是最明顯不過的。
⑧ 所以君子在獨處的時候格外謹慎。獨:獨處。
⑨ 喜怒哀樂的情感在尚未表露的時候是叫作中。中:中正。這是説喜怒哀樂的情感尚未表露時是天命之性,天命之性是中正無偏倚的。
⑩ 情感表露之後能够合乎節度叫作和。中(zhòng):切中,符合。和:情感無乖戾偏激。
⑪ 天下的各種事理皆由此("中")生出,所以稱中爲大本。大本:總的本源。
⑫ 和是天下古今共行的大道,所以稱爲達道。達道:普遍通行的路。
⑬ 將中和之道推到極致(參朱熹《四書章句》)。
⑭ 天地各安其位,萬物生長繁育。

曾子易簀① (《禮記》)

【説明】曾子在病危時要求換席,堅持守禮而終。

曾子寢疾②,病③。樂正子春坐於牀下④。曾元、曾申坐於足⑤,童子隅坐而執燭⑥。童子曰:"華而睆⑦,大夫之簀與?"子春曰:"止⑧!"曾子聞之,瞿然曰⑨:"呼⑩!"曰:"華而睆,大夫之簀與?"曾子曰:"然。斯季孫之賜也⑪,我未之能易也。元,起易簀。"曾元曰:"夫子之病革矣⑫,不可以變⑬,幸而至於旦⑭,請敬易之。"曾子曰:"爾之愛我也不如彼。君子之愛人也以德,細人之愛人也以姑息⑮。吾何求哉?吾得正而斃焉⑯,斯已矣⑰。"舉扶而易之⑱,反席未安而没⑲。

① 曾子:名參,字子輿,孔子的學生。簀(zé):竹編的席墊。本文選自《檀弓上》,題目爲後加。
② 寢疾:病倒,臥病。
③ 病:病得很重。
④ 樂(yuè)正子春:姓樂正,名子春。曾子的學生。
⑤ 曾元、曾申:曾子的兩個兒子。足:脚邊。
⑥ 隅坐:坐在角落。
⑦ 華:有文彩。睆(huàn):有光澤。
⑧ 止:讓童子停止説話。
⑨ 瞿(jù)然:驚懼的樣子。
⑩ 呼(xū):嘆詞,驚嘆聲。
⑪ 斯:這。季孫:魯國的大夫,有權勢的貴族。
⑫ 革(jí):通"亟",危急。
⑬ 變:這裏指移動。
⑭ 幸:希望。
⑮ 細人:小人。

⑯ 得正：能合於正禮。斃：死。曾子是士，臥大夫的席而死是不合禮制的。
⑰ 斯已矣：這就行了。
⑱ 舉：抬起。
⑲ 安：（躺）安穩。没(mò)：死。

練習九

一、熟讀本單元講過的文章。
二、閱讀本單元的閱讀文選。
三、給下面句子中加點的字注音：
　1. 一簞食，一瓢飲，在陋巷。（《論語·賢哉回也》）
　2. 禮樂不興，則刑罰不中。（《論語·衛君待子而爲政》）
　3. 鼓瑟希，鏗爾，舍瑟而作。（《論語·子路曾晳冉有公西華侍坐》）
　4. 浴乎沂，風乎舞雩。（《論語·子路曾晳冉有公西華侍坐》）
　5. 夫子何哂由也？（《論語·子路曾晳冉有公西華侍坐》）
　6. 昔者仲尼與於蜡賓，事畢，出遊於觀之上。（《禮記·大同與小康》）
　7. 選賢與能，講信脩睦。（《禮記·大同與小康》）
　8. 矜寡孤獨廢疾者皆有所養。（《禮記·大同與小康》）
　9. 雖有嘉肴，弗食，不知其旨也。（《禮記·〈學記〉三則》）
　10. 善學者師逸而功倍，又從而庸之。（《禮記·〈學記〉三則》）
四、解釋下面句子中加點的詞：
　1. 人不知而不愠，不亦君子乎？（《論語·學而時習之》）
　2. 願車馬衣輕裘與朋友共，敝之而無憾。（《論語·顏淵季路侍》）
　3. 如有博施於民而能濟衆，何如？（《論語·如有博施於民而能濟衆》）
　4. 天下有道則見，無道則隱。（《論語·篤信好學》）
　5. 克己復禮爲仁。（《論語·顏淵問仁》）
　6. 刑罰不中，則民無所錯手足。（《論語·衛君待子而爲政》）
　7. 君子固窮，小人窮斯濫矣。（《論語·在陳絶糧》）

8. 男有分,女有歸。(《禮記·大同與小康》)
9. 刑仁講讓,示民有常。(《禮記·大同與小康》)
10. 玉不琢,不成器。(《禮記·〈學記〉三則》)

五、把下面的句子譯成現代漢語:
1. 人不堪其憂,回也不改其樂。(《論語·賢哉回也》)
2. 仁以爲己任,不亦重乎?死而後已,不亦遠乎?(《論語·士不可以不弘毅》)
3. 君君,臣臣,父父,子子。(《論語·齊景公問政於孔子》)
4. 爲仁由己,而由人乎哉?(《論語·顏淵問仁》)
5. 君子於其言,無所苟而已矣。(《論語·衛君待子而爲政》)
6. 大道之行也,與三代之英,丘未之逮也,而有志焉。(《禮記·大同與小康》)
7. 故人不獨親其親,不獨子其子。(《禮記·大同與小康》)
8. 故謀用是作而兵由此起。(《禮記·大同與小康》)
9. 是故古之王者建國君民,教學爲先。(《禮記·〈學記〉三則》)
10. 是故學然後知不足,教然後知困。(《禮記·〈學記〉三則》)
11. 善問者如攻堅木:先其易者,後其節目。(《禮記·〈學記〉三則》)

六、給下面兩段古文加上標點并解釋文中加點的詞:

郢人有遺燕相國書者夜書火不明因謂持燭者曰舉燭而書誤舉燭舉燭非書意也燕相受書而説之曰舉燭者尚明也尚明也者舉賢而任之燕相白王王大説國以治治則治矣非書意也今世學者多似此類(《韓非子·外儲説左上》)

解釋:遺　書　受　説　尚　任

　　牛缺者上地之大儒也下之邯鄲遇盜於耦沙之中盡取其衣裝車牛步而去視之歡然無憂吝之色盜追而問其故曰君子不以所以養害其所養盜曰嘻賢矣夫既而相謂曰以彼之賢往見趙君使以我爲事必困我不如殺之乃相與追而殺之燕人聞之聚族相戒曰遇盜莫如上地之牛缺也皆受教俄而其弟適秦至關下果遇盜憶其兄之戒因與盜力爭既而不與又追而以卑辭請物盜怒曰吾活汝弘矣而追吾不已迹將箸焉既爲盜矣仁將焉在遂殺之又傍害其黨四五人焉(《列子·説符》)

[附注:(1)上地、邯鄲、耦沙:地名。(2)弘:寬宏大量。]

解釋:養　害　困　戒　適　卑　活　已　迹

常用詞

窮 堪 聖 任 事 讓 後 成 饑 謹

81. 窮

《説文》:"窮,極也。"(時間、空間等)達到極限;到盡頭。《楚辭·九歌·雲中君》:"横四海兮焉窮?"蘇軾《超然臺記》:"人之所欲無窮。"成語有[無窮無盡]。引申指處境困窘,没有出路。《論語·在陳絶糧》:"君子固窮,小人窮斯濫矣。"尤指在仕途上無出路,不得志(與"通""達"相對)。《孟子·盡心上》:"窮不失義,達不離道。"注意:上古時缺乏衣食財産叫"貧"(與"富"相對)。《晏子春秋·晏子辭千金不受》:"君之賜也厚矣!嬰之家不貧也。"《後漢書·樂羊子妻》:"自傷居貧,使食有它肉。"

82. 堪

堪的基本義是承擔;承受。《論語·賢哉回也》:"人不堪其憂,回也不改其樂。"韓愈《釋言》:"堪其事之謂力。"熟語有[不堪凌辱]。引申爲有能力;能够。《水經注·淮水》:"出名玉及墨石,堪爲棋。"成語有[苦不堪言][堪當重任]。

83. 聖

《説文》:"聖,通也。"聖的基本義是無所不通。《尚書·大禹謨》:"乃聖乃神。"具有最高的超羣的品德智慧稱爲聖。《論語·如有博施於民而能濟衆》:"何事於仁,必也聖乎!"這樣的人稱爲"聖人"。《周易·乾卦》:"聖人作而萬物睹。"韓愈《師説》:"古之聖人,其出人也遠矣。"特指孔子。《孟子·公孫丑上》:"子夏、子遊、子張,皆有聖人之一體。"雙音詞有[聖賢]。

84. 任(rèn)

任的的基本義是負擔;承擔。《詩經·大雅·生民》:"是任是負。"《左傳·僖公十五年》:"重怒難任,背天不祥。"用作名詞,指負擔的東西。《孟子·滕文公上》:"門人治任將歸。"(任:這裏指行李。)抽象義是承擔的責任。《論語·士不可以不弘毅》:"士不可以不弘毅,任重而道遠。"雙音詞有[重任]。

85. 事
《說文》:"事,職也。"指職務;職事。《韓非子·五蠹》:"無功而受事。"泛指事情。《論語·衛君待子而爲政》:"名不正,則言不順;言不順,則事不成。"《論語·子路曾皙冉有公西華侍坐》:"宗廟之事。"用作名詞,從事;奉行。《論語·顏淵問仁》:"回雖不敏,請事斯語矣。"成語有[無所事事]。特指侍奉。《論語·學而》:"事父母,能竭其力;事君,能致其身。"

86. 讓
"讓"字的意符是"言"。《說文》:"讓,相責讓。"本義是責備。《史記·項羽本紀》:"二世使人讓章邯。"(章邯:人名。)讓的另一意義是謙讓,這是它的假借義。《論語·子路曾皙冉有公西華侍坐》:"爲國以禮,其言不讓,是故哂之。"《荀子·榮辱》:"爭貨財,無辭讓。"雙音詞有[禮讓]。

87. 後
後的意思是行走落在後面。《論語·子路曾皙冉有公西華侍坐》:"三子者出,曾皙後。"引申爲空間、時間、次序等在後(與"先""前"相對)。《戰國策·秦策五》:"美女充後庭。"《論語·子罕》:"歲寒,然後知松柏之後雕也。"注意:"後"和"后"原本是意思不同的兩個字,"后"是君主的意思。《尚書·湯誓》:"我后不恤我衆。"

88. 成
成的基本義是完成;實現。《荀子·天論》:"不爲而成,不求而得。"陸游《冬夜讀書示子聿》:"少壯工夫老始成。"成語有[一事無成]。引申爲變爲某種狀態,成爲。《荀子·勸學》:"積土成山,風雨興焉。"成語有[百煉成鋼]。由完成引申爲既定而不再改變的。《論語·子路曾皙冉有公西華侍坐》:"莫春者,春服既成。"《鶡冠子·道端》:"賢君循成法,後世久長。"雙音詞有[成規][成見]。

89. 饑

《說文》:"饑,穀不熟爲饑。"意思是荒年,收成不好或沒有收成。《論語·子路曾皙冉有公西華侍坐》:"千乘之國,攝乎大國之間,加之以師旅,因之以饑饉。"《孟子·梁惠王下》:"凶年饑歲。"雙音詞有[饑荒]。注意:肚子餓的意思本作"飢"。《孟子·梁惠王上》:"民有飢色。"

90. 謹

《說文》:"謹,慎也。"小心慎重。《禮記·大同與小康》:"此六君子者,未有不謹於禮者也。"《韓非子·主道》:"謹執其柄而固守之。"(柄:權力。)成語有[謹小慎微]。引申爲不隨便,不懈怠;鄭重。《韓非子·外儲說右上》:"宋人有酤酒者……遇客甚謹。"又引申爲精細嚴密,無疏失。《漢書·張釋之傳》:"教兒子不謹。"雙音詞有[嚴謹]。

古漢語常識

古書的標點①

中國的古書,在一個很長的時期內是不加標點的。古人讀書的時候,在什麼地方要停頓,要依據自己的理解加以判斷。爲了便於誦讀,在停頓的地方要打上記號。唐代的一個僧人湛然說過:在一個語意完整要停頓的地方作記號,叫"句";語意不完整但需要有短暫停頓以便誦讀的地方打上記號叫作"讀"(dòu)。合起來就叫句讀。

句讀是不是就是今天的標點呢?還不能這樣說。第一,今天說的句子是一種動態的語法單位,有一個完整的意思,有一定的語調,古人對句子的理解要簡單得多。第二,古人斷句用的符號也不等同於今天的標點

---

① 本節的例句,部分採自楊樹達《古書句讀釋例》、王力主編《古代漢語》、呂叔湘《〈資治通鑑〉標點斠例》。文中不再一一注明。

符號。標點符號不光起到斷句的作用,還表示句子的語氣和句子間的關係。事實上,從宋代開始,刻書的時候纔有句讀,但終究還是少數。至於新式的標點符號,是二十世紀二十年代纔實行的。

由此可知,句讀需要斷句,斷句是標點的基礎;句子斷得正確,纔能順利地閱讀,所以歷代讀書人對此很重視。今天的人讀古書覺得很難,其實古代也一樣。《後漢書·班昭傳》説:"《漢書》始出,多未能讀者,馬融伏於閣下,從昭受讀。"這是説《漢書》剛問世的時候,很多人讀不懂,馬融是東漢有名的學者,也要跟著班固(《漢書》的作者)的妹妹班昭學習。

能不能正確斷句關係到對文意的理解是否正確。比如《韓非子·外儲説左下》記載一個故事説:

> 哀公問於孔子曰:"吾聞夔一足,信乎?"曰:"夔,人也,何故一足?彼其無他異而獨通於聲。堯曰:'夔一而足矣。'使爲樂正。故君子曰'夔有一足',非一足也。"

魯哀公爲什麽會認爲夔這個人只有一隻脚呢?就是因爲在讀"夔一足"的時候沒有在"夔一"的後面讀斷,以致發生了誤解。依照堯説的話,實際的意思是夔有一技之長就足夠了("夔一而足矣")。有的時候,不同的斷句標點表示了對文意的不同理解。如:

> 十八年,王黜狄后。狄人來誅殺譚伯。(《國語·周語中》)
> 十六年,王絀翟后,翟人來誅,殺譚伯。(《史記·周本紀》)

《國語》和《史記》説的是一件事。《國語》在"來"的後面沒有點斷,這樣讀,"來"的目的是"誅殺譚伯"。《史記》在"來誅"的後面加了逗號,這樣讀,"來"的目的是"誅",接著發生了"殺譚伯"這件事。再比如諸葛亮《出師表》中的一段話:

> 陛下亦宜自謀,以諮諏善道,察納雅言。深追先帝遺詔,臣不勝受恩感激。今當遠離,臨表涕零,不知所言。

> 陛下亦宜自謀,以諮諏善道,察納雅言,深追先帝遺詔。臣不勝受恩感激,今當遠離,臨表涕零,不知所言。

這一段話是諸葛亮出師前勸勉後主的話。依照前一種標點,"深追先帝遺詔"是説諸葛亮自己("臣")。依照後一種標點,"深追先帝遺詔"是對後主("陛下")的希望。不同的標點反映了不同的看法。

標點古書是一項綜合性的工作,需要有多方面的知識。下面提出幾個方面,是特別需要注意的。

一　考慮是不是合乎事理、文理

我們常說文章要文通理順，就是說文字能够準確明白地把事實、道理表達清楚。如果標點後的文字不合事理，文理不通，這樣的標點就可能有問題。如：

周有泉府之官，收不售與欲得，即《易》所謂"理財正辭，禁民爲非"者也。(《資治通鑑》卷三十七)

泉府之官是掌管國家稅收、調節市場流通的機構。"不售"是賣不出去，"欲得"是想要得到，都是指市場物資而言。賣不出去的可以收購，想要得到的怎麼也要收購呢？可見這樣的標點在事理上說不通。發生錯誤的原因是把句中的"與"看成了連詞；實際上"與"是個動詞，是給與的意思。句子應當在"收不售"後面點斷。

田單令城中人食，必先祭其先祖於庭，飛鳥皆翔舞而下城中。(《資治通鑑》卷四》)

依照這樣的標點，"必先祭其先祖於庭"是誰的行爲不清楚，跟上一句連不上。從上下文看，田單下的命令應當是城中人吃飯的時候"必先祭其先祖於庭"，所以"食"後面的逗號應當取消①。

諸壘相次土崩，悉棄其器甲，爭投水死者十餘萬，斬首亦如之。(《資治通鑑》卷一百四十六》)

"爭投水死者十餘萬"讀成一句，好像戰敗的士兵有十餘萬人爭著投水去死，很明顯這不近情理。因爲士兵投水是爲了活命，不是爲了尋死。應當在"爭投水"後面加上逗號。

使諒收交州刺史脩湛、新昌太守梁碩，殺之。諒誘湛，斬之。碩舉兵圍諒於龍編。(《資治通鑑》卷九十二)

從前一句"殺之"看，脩湛、梁碩已經被殺。從後一句"諒誘湛，斬之"來看，

---

① 《史記·田單列傳》："而田單乃令城中人食必先祭其先祖於庭，飛鳥悉翔舞城中下食。"

"殺之"還不是事實,只是"使"的内容。這樣標點,前後就有了矛盾,應當把"殺之"前的逗號去掉。

綦毋張喪車,從韓厥曰:"請寓乘,從左右。"皆肘之,使立於後。(《左傳·成公二年》)

綦毋張提出請求要搭載韓厥的車子("請寓乘"),但"從左右"不可能是綦毋張説的話:第一,他不可能自己説既從左,又從右。第二,"從左右"是他的舉動,如果是説的話,"皆肘之"(用左右兩個胳膊肘搗擊他)就失去了依託。可見"從左右"不應當括在引號的裏面。

興元中,有僧曰法欽,以其道高,居徑山。時人謂之徑山長者。(《唐語林》卷一)

句中"以"是介詞,表示原因。這樣標點,好像法欽是因爲"道高"纔"居徑山"。這在事理上説不通,因爲"道高"與"居徑山"不存在因果關係。從下文看,當時的人所以稱他"徑山長者",一是因爲他"居徑山",二是因爲他"道高"。可見介詞"以"一直管到"居徑山","居徑山"後的句號應改爲逗號。

二　考慮對詞義的理解是不是正確

古代漢語中的一個單音詞往往有幾個意思,很多意思後來消亡了,再加上古漢語字與詞複雜的對應關係,所以標點古書時特别要注意對詞義的準確把握。如:

夫唯禽獸無禮,故父子聚麀(yōu,牝鹿)。是故聖人作爲禮以教人,使人以有禮,知自别於禽獸。(《禮記·曲禮上》)

句中"是故聖人作爲禮以教人",是把"作爲"看成了一個雙音詞,意思是聖人製作了禮法來教化人。實際上,這裏的"作"是一個單音詞,是興起、出現的意思。應當標點爲"是故聖人作,爲禮以教人",意思是有聖人出現,製作了禮法來教化人。"作"的這種用法,古書中多見。如《韓非子·五蠹》:"有聖人作,構木爲巢以避羣害。""有聖人作,鑽燧取火以化腥臊。"

是故無其實而喜其名者削,無德而望其福者約,無功而受其祿者

辱禍必握。(《戰國策·齊策四》)

句中"削"是削弱的意思,"約"是窮困、困窘的意思,"辱"是羞辱的意思。"禍必握"的"握"是一個假借字,是厚、重的意思(另一個本子寫作"渥")。"禍必握"是說禍必重。很明顯,前面是三個排比句,"禍必握"單獨是一句。由於不明白"握"的意思,"禍"的前面沒有點斷,句子就講不通了。

使盡之,而爲之簞食,與肉,置諸橐以與之。(《左傳·宣公二年》)

這是說準備了"簞食"和肉放在口袋裏送給一個人。依照上面的標點,"與肉"的"與"是一個動詞,給予的意思。這樣一來,就同"與之"的"與"(給)意思重複了。"與肉"的"與"是一個連詞,前面的逗號應去掉。

馬武爲(蘇)茂、(周)建所敗,奔過王霸營,大呼求救。霸曰:"賊兵盛出,必兩敗,弩力而已!"乃閉營堅壁。(《資治通鑑》卷四十一)

營中的王霸"閉營堅壁",可見沒有出營救馬武,沒有出營的原因是"出必兩敗"。句中"兩敗"的"兩"指馬武和王霸兩方。照現在的標點,"兩"到底指哪兩方就不明白了。正確的標點是:"賊兵盛,出必兩敗,弩力而已!"

(呂)布性決易,所爲無常。(高)順每諫曰:"將軍舉動,不肯詳思,忽有得失,動則言誤,豈可數乎!"(《資治通鑑》卷六十二)

"動則言誤"是說呂布動不動就說"錯了"。"動則言誤"的"誤"如果不加引號,容易理解成動不動就說錯話,應當給"誤"加上引號比較妥當。

洪於大義,不得不死;念諸君無事,空與此禍,可先城未敗,將妻子出。(《資治通鑑》卷五十三)

當時臧洪守東郡,"城中糧穀已盡",外無救兵,所以他叫部下將士帶著妻子棄城逃命。"無事"是沒有必要、犯不上的意思,不是沒有事兒做;"空與此禍"是白白犧牲的意思,中間不能加逗號斷開。標點者對"無事"一詞理解有錯誤。

徐羨之起自布衣……沈密寡言,不以憂喜見色;頗工弈棋、觀戲,常若未解,當世倍以此推之。(《資治通鑑》卷一百十九)

這裏說徐羨之"頗工弈棋、觀戲",有幾處講不通:第一,"工弈棋"可以說,但工"觀戲"的意思不好理解。第二,既然說"頗工",下文又說"常若未解",前後有矛盾。第三,"當世倍以此推之",是推崇他"頗工弈棋、觀戲"

呢？還是"常若未解"呢？標點的問題出在"觀戲"上，這裏"觀戲"就是看人下棋，不是今天的看戲劇表演。正確的標點是："頗工弈棋，觀戲常若未解，當世倍以此推之。""觀戲常若未解"不是他真的看不懂，而是看懂了不露聲色，這一句正跟前面的"沈密寡言，不以憂喜見色"相照應。

會蜀人費合告(徐)怦反，怦有與將帥書云："事事往，人口具(口具：當面陳述)。"(《資治通鑑》卷一百六十四)

"事事往，人口具"很費解。原來"往人"是一個詞，就是"派往的人"，"往"的後面不能斷開。因爲不懂"往人"的意思，誤加了一個逗號。

三　考慮是不是合乎語法

詞的意義一樣，漢語的語法也在不斷地變化，一個句子能不能講通，要看是不是合乎當時的語法規則，不能用現代漢語的語法去衡量。

廄焚，子退朝，曰："傷人乎不？"問馬。(《論語・鄉黨》)

"傷人乎不"是一個疑問句，是在疑問語氣詞"乎"的後面加一個"不"。這樣的句法是後來纔有的，先秦的時候疑問句還沒有這種格式。正確的標點是：

廄焚，子退朝，曰："傷人乎？"不問馬。

再看幾個例子：

工尹商陽與陳棄疾追吳師，及之。陳棄疾謂工尹商陽曰："王事也，子手弓。"而可手弓。"子射諸。"射之，斃一人，韔(chàng)弓。(《禮記・檀弓下》)

這是說工尹商陽和陳棄疾追趕吳國的軍隊，追上以後，陳棄疾讓工尹商陽射吳軍。但是"而可手弓"一句無法作語法分析，由此我們可以考慮，這一句的標點是不是出了問題。正確的標點是：

工尹商陽與陳棄疾追吳師，及之。陳棄疾謂工尹商陽曰："王事也，子手弓而可。"手弓。"子射諸。"射之，斃一人，韔弓。

"子手弓而可"的意思是陳棄疾對工尹商陽說："你可以把弓拿在手裏。"

"手"用作動詞。下面"手弓"是說工尹商陽聽了他的話,就把弓拿在手裏。

  (劉)毅與(盧)循戰於桑落洲,毅兵大敗,棄船以數百,人步走;餘衆皆爲循所虜,所棄輜重山積。(《資治通鑑》卷一百一十五)

"棄船以數百"一句,古漢語没有這樣的說法。可以說"棄船以百數",不能說"棄船以數百";而且"人步走"的說法也很彆扭。正確的標點是"棄船,以數百人步走",就是扔掉船帶著數百人徒步逃跑。這樣標點,下文的"餘衆"(剩下的人)也有了承接。

  校尉丁斐,放牛馬以餌賊,賊亂,取牛馬,操乃得渡。(《資治通鑑》卷六十六)

"賊亂,取牛馬"一句,好像是賊先亂,然後取牛馬。從上下文的意思看,是說賊争著取牛馬毫無秩序。去掉"取"前的逗號,說成"賊亂取牛馬",讓"亂"作"取牛馬"的狀語,就符合原文的意思了。

  且夫天者,氣邪?體也。(《論衡·談天》)

這句話原意是說:"再說天是氣呢?還是實體呢?"這本是一個選擇問句,這樣的問句常常用"也"同"邪"相呼應,所以"也"字的後面應該是問號。

  問今是何世,乃不知有漢,無論魏晉。此人一一爲具言,所聞皆歎惋。(陶淵明《桃花源記》)

在古漢語中,"所聞"和"聞者"指代的對象不一樣。"聞者"指代聞的施動者,"所聞"是一個"所"字結構,指代聞的對象。這句話裏"具言"的內容是"此人"聞知的有關漢和魏晉的事情,可以說"所聞"。"皆歎惋"的施動者指的是村中人,不能用"所聞",只能用"聞者"。正確的標點是:"此人一一爲具言所聞,皆歎惋。"

四　考慮是不是違背歷史文化常識

  標點古書是一項綜合性的工作,只掌握語言方面的知識還不夠,如果對中國的歷史文化不了解,標點古書也會遇到困難。如:

  《史記·天官書》云。牽牛爲犧牲。其北河鼓。河鼓大星。上將左右。左右將。(胡仔《苕溪漁隱叢話》後集卷七)

這段話說得是幾顆星的位置，照上面的標點實在無法讀懂。依據唐代張守節《史記正義》的說法，《史記》原本的意思是：牽牛星代表人間祭祀用的犧牲，它的北面是河鼓星。河鼓共有三星，其中的大星代表上將，左右兩星代表左右將。所以正確的標點應當是：

　　《史記·天官書》云："牽牛爲犧牲，其北河鼓。河鼓：大星，上將；左右，左右將。"

再如：

　　泰山聳左爲龍華山。聳右爲虎嵩。爲前案。淮南諸山。爲第二重案。（福格《聽雨叢談》卷五）

這段話說的是幾座山的位置關係：其中泰山、華山、嵩山都屬於中國歷史上說的五嶽。泰山是東嶽，在北京之左（東面），所以說"聳左爲龍"；華山是西嶽，在北京之右（西面），所以說聳右爲虎；嵩山是中嶽，在北京之前（南面），所以稱爲前案。淮南諸山還要再靠南，所以說是第二重案。正確的標點是：

　　泰山聳左爲龍，華山聳右爲虎，嵩爲前案，淮南諸山爲第二重案。

再如：

　　癸丑，以光祿勳陳國、袁滂爲司徒。（《資治通鑑》卷五十七）

這樣標點，好像陳國、袁滂是兩個人，實際上袁滂是陳國人。陳國是封國名，不是人名，應去掉後面的頓號。

　　李晟行且收兵，亦自蒲津濟軍於東魏橋。（《資治通鑑》卷二百二十九）

蒲津和東魏橋是兩處地方，考察當時的地理，這兩處地方距離不近。句中"濟"是渡水的意思，"軍"是駐扎的意思。李晟在蒲津渡河與在東魏橋駐軍是先後發生的兩件事，"濟"字後面應加逗號。

　　由上面的舉例可以看出，標點古書要做到正確無誤，確實不是一件容易的事情：不光要具備古代漢語方面的基礎知識（詞彙的、語法的、語音的），還要對中國的歷史文化有所了解。這方面的知識涉及得很廣，諸如天文、地理、科舉、職官、宗法、禮俗以及日常生活的各方面，需要在讀書中逐步積累。學習這兩方面的知識，沒有捷徑可循，只有多讀古書，在讀書中勤於思考，進行必要的標點練習，日久天長，標點古書的能力自然就會有所提高。

第十單元

講讀文選

孟子

《孟子》一書是孟子言論的彙編,今本七篇,每篇各分上下。由孟子及其弟子共同編纂。

孟子(約前372—前289),名軻,鄒(在今山東省)人。戰國時思想家,儒家的主要代表人物之一,《史記》說他受業於子思(孔子的孫子)的門人。孟子被尊爲亞聖,其思想對後世有很大的影響。

孟子生活的戰國時代,諸侯相互征伐,各種學說蜂起。孟子站在儒家的立場上提出一套系統的學說。在政治上,其學說的核心是仁政,主張"以德服人",反對暴力征服和虐政;特別重視人心的向背,提出"民爲貴,社稷次之,君爲輕"。在倫理上,把人和人的關係概括爲"父子有親、君臣有義、夫婦有別、長幼有序、朋友有信"五倫,作爲處理人際關係的基本規範。在對人性的認識上,主張性善說,認爲人有別於禽獸,具有天賦的"四端(萌芽)",可以發展爲仁、義、理、智。人應當存心養性,注重品格的培養。

《孟子》的文章長於辯論,善用比喻,層層推進,氣勢磅礴,富於鼓動性,對後代散文的創作影響很大。

通行的注本有東漢趙岐《孟子章句》、南宋朱熹《孟子集注》、清代焦循《孟子正義》。今人楊伯峻的《孟子譯注》便於初學。

選文據影印本《十三經注疏》,中華書局一九八〇年版。文章題目爲後加。

晉國天下莫強焉（《梁惠王上》）

【說明】孟子告訴梁惠王，如果能施行仁政，就可以戰勝暴虐的秦國和楚國，這就是"仁者無敵"。

梁惠王曰："晉國，天下莫強焉，叟之所知也①。及寡人之身，東敗於齊，長子死焉；西喪地於秦七百里；南辱於楚②。寡人恥之，願比死者壹洒之，如之何則可③？"孟子對曰："地方百里而可以王④。王如施仁政於民，省刑罰，薄稅斂，深耕易耨⑤；壯者以暇日修其孝悌忠信⑥，入以事其父兄，出以事其長上⑦，可使制梃以撻秦楚之堅甲利兵矣⑧。彼奪其民時⑨，使不得耕耨以養其父母。父母凍餓，兄弟妻子離散。彼陷溺其民，王往而征之，夫誰與王敵⑩？故曰：'仁者無敵。'王請勿疑。"

① 梁惠王（前400—前319）：戰國時魏國的國君。名罃。晉國：這裏指魏國。魏國的開國君主同韓、趙一起瓜分晉國，所以這裏還自稱晉國。莫強焉：沒有什麼國家比魏國強大。焉：代詞。意思相當於"於是"。叟（sǒu）：對老年男子的稱呼。
② 東敗於齊：公元前三四一年馬陵之戰，齊國大敗魏軍，魏太子申被俘。西喪地於秦七百里：馬陵之役後，秦屢敗魏國，迫使魏國割出大片土地。南辱於楚：魏惠王後元十二年（前323），魏軍在襄陵（在今河南省）被楚國打敗，失去八座城，飽受屈辱。
③ 比（舊讀 bì）：替，代。壹：全部。洒（xǐ）：洗雪（仇恨恥辱）。如之何則可：怎麼辦纔行。如之何：對……怎麼辦。
④ 有方圓一百里的土地，就可以稱王統治天下了。方：縱橫，方圓。王（wàng）：做王治理。《公孫丑上》："以德行仁者王，王不待大——湯以七十里，文王以百里。"

⑤ 省刑罰:減輕刑罰。薄稅斂(liǎn):減少賦稅。薄:使……少。斂:收取賦稅。易耨(nòu):及早除草。易:疾速。耨:除草。
⑥ 壯者:成年的人。暇(xiá)日:空閒的時候。這裏指農閒季節。修:加強……修養。悌(tì):尊從兄長。
⑦ 入:在家裏。事:侍奉。長上:上級。
⑧ 制(chè):通"掣",拿。梃(tǐng):棍棒。撻(tà):(用鞭、棍等)打。甲:鎧甲。兵:兵器。意思是用木棒也可以抗擊秦楚強大的軍隊。
⑨ 彼:指秦、楚等國。奪:使失去。
⑩ 陷溺(nì):(使民)陷於水深火熱之中。溺:淹沒在水中。誰與王敵:誰能同大王對抗呢?

人皆有不忍人之心《公孫丑上》

【説明】本章闡述對"性善"的基本看法。孟子認爲人性皆有四種善端(萌芽),擴充開來,就可以培養成爲仁義禮智四德。把這樣的善性運用於政治,就是"仁政",就可以治理好天下。

孟子曰:"人皆有不忍人之心①。先王有不忍人之心,斯有不忍人之政矣②。以不忍人之心行不忍人之政,治天下可運之掌上③。所以謂人皆有不忍人之心者,今人乍見孺子將入於井,皆有怵惕惻隱之心④;非所以內交於孺子之父母也⑤,非所以要譽於鄉黨朋友也⑥,非惡其聲而然也⑦。由是觀之⑧,無惻隱之心,非人也;無羞惡之心⑨,非人也;無辭讓之心⑩,非人也;無是非之心⑪,非人也。惻隱之心,仁之端也⑫;羞惡之心,義之端也;辭讓之心,禮之端也;是非之心,智之端也。人之有是四端也,猶其有四體也⑬。有是四端而自謂不能者,自賊者也⑭;謂其君不能者,賊其君者也⑮。凡有四端於我者,知皆擴而充之矣⑯,若火之始然,泉之始達⑰。苟能充之,足以保四海⑱;苟不充之,不足以事父母。"

① 不忍人之心：憐愛體恤別人的心。忍人：狠心對待別人。忍：狠心，殘忍。
② 斯：這就。不忍人之政：憐愛體恤別人的仁善之政。
③ 運之掌上：把一個小的東西（如彈丸）放在掌上轉動。比喻很容易。
④ 謂：說。者：代詞。這裏指原因，理由。今：表示假設，假使。乍(zhà)：突然。孺(rú)子：小孩子。怵(chù)惕(tì)：驚駭，恐懼。惻隱：哀痛，憐憫（別人的不幸）。
⑤ 非所以：並不是用此來……。內(nà)交：結交。
⑥ 要(yāo)譽：求取好名聲。要：求。鄉黨：鄉里。據説周制以一萬二千五百家爲鄉，五百家爲黨。這裏指同鄉的人。
⑦ 非惡(wù)其聲：厭惡有不好的名聲。然：這樣。
⑧ 由是：由此。
⑨ 羞惡(wù)：對自己的不善感到羞恥，對別人的不善感到厭惡。
⑩ 辭讓：自己退避，推讓給別人。
⑪ 是非：以善爲是，以惡爲非。
⑫ 端：開端。指萌芽。
⑬ 人有這四端就像是有四肢一樣（是固有的，與生俱來的）。四體：四肢。
⑭ 有這樣四端而自認爲不能爲善，（這是）自己戕(qiāng)害自己的天性。賊：傷害。
⑮ 認爲他的君主不能爲善（而不加引導），（這是）戕害他的君主的天性（使陷於惡）。
⑯ 凡有四端在我的人，假使曉得把這四端都擴充開來。擴：擴大，推廣。充：充實。
⑰ 像火開始燃燒，像泉水剛剛流通（水勢和火勢開始雖小，但勢不可擋，無所不至）。然：後寫作"燃"。達：流通，涌出。
⑱ 保四海：安天下（之民）。保：安定。

君子所以異於人者（《離婁下》）

【説明】本章説明君子不同於他人的地方在於能夠把仁和禮保持在心

中,能够時時反省自己,期待自己像舜那樣成爲天下人的榜樣。

孟子曰:"君子所以異於人者,以其存心也①。君子以仁存心,以禮存心②。仁者愛人,有禮者敬人③。愛人者,人恆愛之④;敬人者,人恆敬之。有人於此,其待我以橫逆⑤,則君子必自反也⑥:我必不仁也,必無禮也,此物奚宜至哉⑦?其自反而仁矣,自反而有禮矣,其橫逆由是也⑧,君子必自反也:我必不忠⑨。自反而忠矣,其橫逆由是也,君子曰:'此亦妄人也已矣⑩。如此,則與禽獸奚擇哉⑪?於禽獸又何難焉⑫?'是故君子有終身之憂,無一朝之患也⑬。乃若所憂則有之⑭:舜,人也;我,亦人也⑮。舜爲法於天下,可傳於後世⑯,我由未免爲鄉人也,是則可憂也⑰。憂之如何?如舜而已矣⑱。若夫君子所患則亡矣⑲。非仁無爲也,非禮無行也。如有一朝之患,則君子不患矣⑳。"

① 所以異於人者:不同於一般人的地方。存心:心中懷有某種理念。
② 以仁存心,以禮存心:把仁和禮保養在心中。
③ 意思是"愛人""敬人"是仁和禮的體現和實踐。敬人:恭敬別人。
④ 恆:持久不變。
⑤ 橫(hèng):兇暴。逆:不合道理,無理。
⑥ 自反:返回到自身加以省察。
⑦ 此物奚(xī)宜至哉:這樣的橫逆之事怎麼會加到我的身上呢?物:事。奚:何,怎麼。宜:(按道理)應當。
⑧ 由是:仍然是這樣(沒有改變)。由:通"猶"。
⑨ 不忠:愛人敬人不盡心。忠:盡心對待他人。
⑩ 妄人:狂人。已矣:罷了。
⑪ 奚擇:有什麼區別。擇:區別。
⑫ 對於禽獸又指責它什麼呢?難(nàn):指責,質問。
⑬ 終身之憂:終身的憂慮(始終擔心不能成就舜那樣的聖德)。一朝之患:意外發生的一時禍患(如別人以橫逆待我)。
⑭ 乃若:至於的意思。

⑮ 亦人：也是人。
⑯ 爲法：樹立（被人學習的）楷模。法：效法的楷模。
⑰ 由：通"猶"，仍然。鄉人：鄉里之人。指平常人。是：這。
⑱ 對此感到憂慮又怎麽辦呢？如同舜那樣纔可以啊。舜：史稱虞舜，遠古時期的部落聯盟領袖，被儒家認爲是有聖德的人。
⑲ 至於君子別的擔憂，那就没有了。若夫：有"至於説到"的意思，提起另一層内容。亡（wú）：通"無"。
⑳ 即使有"一朝之患"，君子也不認爲是禍患了。（不）患：用作意動，認爲是禍患。

齊人有一妻一妾（《離婁下》）

【説明】本章描寫了一個搖尾乞食又毫不知羞恥的齊人。作者藉著這個故事，對於當時一些人爲追求"富貴利達"而不擇手段的可恥行徑進行了無情的揭露和辛辣的諷刺。

　　齊人有一妻一妾而處室者①，其良人出②，則必饜酒肉而後反③。其妻問所與飲食者，則盡富貴也④。其妻告其妾曰："良人出，則必饜酒肉而後反。問其與飲食者，盡富貴也，而未嘗有顯者來⑤。吾將瞷良人之所之⑥。"
　　蚤起，施從良人之所之⑦，徧國中無與立談者⑧。卒之東郭墦間之祭者，乞其餘⑨；不足，又顧而之他⑩：此其爲饜足之道也⑪。
　　其妻歸，告其妾，曰："良人者，所仰望而終身也，今若此⑫。"與其妾訕其良人，而相泣於中庭⑬。而良人未之知也⑭，施施從外來，驕其妻妾⑮。
　　由君子觀之，則人之所以求富貴利達者，其妻妾不羞也而不相泣者，幾希矣⑯。

① 妾（qiè）：正妻之外另娶的女子。處室：住在一起。處：居。

室:家。
② 良人:丈夫。
③ 饜(yàn):飽。反:返回。後寫作"返"。
④ 所與:在一起。盡富貴:都是富貴之人。
⑤ 顯者:顯貴的人。
⑥ 瞷(jiàn):窺視,悄悄地觀察。所之:去的地方。之:動詞,往……去。
⑦ 蚤(zǎo):通"早"。施(yí)從:斜曲尾隨。施:通"迤",斜行。從:跟隨。
⑧ 徧:同"遍"。國中:城中。立談:站著交談。
⑨ 卒:最後,末了。之(東郭):動詞,往……去。東郭:東城外。郭:外城。墦(fán):墳墓。祭者:祭奠的人。乞其餘:向他們乞討剩下的酒食。
⑩ 顧:回頭看。這裏是向別處張望的意思。之他:往別的地方去。
⑪ 道:辦法。
⑫ 仰望:依靠,依賴。若此:像這個樣子。
⑬ 訕(shàn):毀謗。這裏是怨恨責罵的意思。中庭:庭中,堂階前。
⑭ 未之知:不知道這件事。代詞"之"作動詞"知"的前置賓語。
⑮ 施施:喜悅自得的樣子。驕其妻妾:對妻妾顯示自己的驕傲。
⑯ 在君子看來,今天一些人用來追求富貴利達的手段,能夠不讓他們的妻妾感到羞恥而相向而泣的,實在是太少了。所以……者:用來……的手段。利:獲得財富。達:得志,顯貴。者:代詞,指代方法,手段。幾希:極少。

魚我所欲也(《告子上》)

【説明】本章闡述舍生取義的道德理念。在孟子看來,生和義都是人所希望的,如果二者不能都得到,就應當爲了追求義而舍棄生。

孟子曰:"魚我所欲也,熊掌亦我所欲也①;二者不可得兼,舍魚而取熊掌者也②。生亦我所欲也,義亦我所欲也③;

二者不可得兼,舍生而取義者也④。生亦我所欲,所欲有甚於生者,故不爲苟得也⑤;死亦我所惡,所惡有甚於死者,故患有所不辟也⑥。如使人之所欲莫甚於生,則凡可以得生者何不用也⑦?使人之所惡莫甚於死者,則凡可以辟患者何不爲也⑧?由是則生,而有不用也;由是則可以辟患,而有不爲也⑨。是故所欲有甚於生者,所惡有甚於死者。非獨賢者有是心也,人皆有之,賢者能勿喪耳⑩。

"一簞食,一豆羹⑪,得之則生,弗得則死。嘑爾而與之,行道之人弗受⑫;蹴爾而與之,乞人不屑也⑬。萬鍾則不辯禮義而受之⑭。萬鍾於我何加焉⑮?爲宮室之美、妻妾之奉、所識窮乏者得我與⑯?鄉爲身死而不受,今爲宮室之美爲之⑰;鄉爲身死而不受,今爲妻妾之奉爲之;鄉爲身死而不受,今爲所識窮乏者得我而爲之,是亦不可以已乎⑱?此之謂失其本心⑲。"

① 所欲:想要的東西。熊掌:古時被看作是一種美味珍貴的食品。
② 得兼:(兩個或多個)同時都獲得。
③ 生:活著。
④ 舍:放棄。後又寫作"捨"。
⑤ 所欲有甚於生者:在想要的事物中有超過"生"的。甚:超過,勝過。故不爲苟得:所以不做苟且求生的事情。爲:動詞,做……事。苟:苟且,隨便。得:指求得生。
⑥ 所惡(wù)有甚於死者:在所憎惡的事情中有超過"死"的(意思是還有比死亡更爲我憎惡的)。故患有所不辟(bì):所以有的禍患不躲避(意思是即使導致死的禍患也不躲避)。辟:後寫作"避"。
⑦ 莫甚於生:沒有什麼超過生的。則凡可以得生者何不用:那麼凡是可以求生的方法有什麼不可以使用的呢? 意思是爲了求生什麼手段都可以用。
⑧ 則凡可以辟(bì)患者何不爲:那麼凡是可以逃避禍患的事情有什麼不可以去做呢?

⑨ (有的人)由此可以求生但不去用這些方法,(有的人)由此可以逃避禍患却不去做這些事情。
⑩ 非獨賢者有是心:並不是只有賢德的人纔有這樣的心(意思是人人都有)。是:這。勿喪:不喪失(這樣的心)。
⑪ 簞(dān):用竹或葦做成的圓形盛器,多用來盛飯。豆:古代一種盛食物的器皿,形狀像高脚盤。羹(gēng):帶湯汁的肉食或菜食。
⑫ 嘑(hù)爾:呵斥的樣子。爾:表示某種狀態。與:給。行道之人:過路的人。
⑬ 蹴(cù)爾:踐踏著。這裏是説用脚點撥著。乞人:乞討的人。不屑:輕視,不顧惜。這是説看不起,認爲不值得接受。
⑭ 萬鍾:萬鍾的俸禄。鍾:古代的容量單位。不辯禮義:不分辨是否合乎禮儀。辯:通"辨"。
⑮ 萬鍾對於自己增加了什麽(好處)呢? 疑問代詞"何"作動詞"加"的前置賓語。
⑯ 爲(wèi):爲了。宫室之美:住宅的華美。奉:侍奉。所識窮乏者:所認識的貧困的人。得我:感激我的恩惠。得:通"德",感恩。
⑰ 鄉(xiàng):以往。爲(wèi)身死:爲了不受恥辱而冒身死的危險。爲(wéi)之:去做那樣的事(如不辨禮義而接受萬鍾之禄)。
⑱ 是亦不可以已乎:這些難道不可以罷手不去做嗎? 是:這。指"爲宫室之美爲之"等。已:停止。這裏指放棄不做。
⑲ 這就叫喪失了本性(指羞惡之心)。

舜發於畎畝之中(《告子下》)

【説明】孟子以一系列歷史人物爲例,説明一個人只有經受窮困挫折和艱苦磨難,纔能奮發有爲、擔當大任,進而闡述"生於憂患而死於安樂"的道理。

孟子曰:"舜發於畎畝之中①,傅説舉於版築之間②,膠鬲舉於魚鹽之中③,管夷吾舉於士④,孫叔敖舉於海⑤,百里奚舉於市⑥。故天將降大任於是人也⑦,必先苦其心志,勞其筋骨⑧,餓其體膚,空乏其身⑨,行拂亂其所爲⑩,所以動心忍性,曾益其所不能⑪。人恆過,然後能改⑫;困於心,衡於慮,而後作⑬;徵於色,發於聲,而後喻⑭。入則無法家拂士,出則無敵國外患者,國恆亡⑮。然後知生於憂患而死於安樂也⑯。"

① 舜在歷山的田間被起用。舜:史稱虞舜,遠古時期的部落聯盟領袖。傳說他耕作於歷山(古山名),三十歲時被堯舉用。後來繼堯爲帝。發:興起。畎:田溝。畝:田壟。
② 傅說(yuè)從築牆的勞作中被舉用。傅說:傳說傅說是殷商時的聖人,曾在傅巖(地名)從事築牆的工作,被商王武丁舉用爲相。版築:古時築牆,在兩塊夾板之間放土,用杵把土搗實,所以叫版築。築:搗土用的杵。
③ 膠鬲(gé)在販賣魚鹽中被舉用。膠鬲:傳說是殷商時的賢人,曾經商,周文王姬昌把他舉薦給紂。
④ 管夷吾從獄官的手中被舉用。管夷吾:名夷吾,字仲,春秋初期政治家。曾幫助齊公子糾與公子小白(齊桓公)爭奪君位,失敗後作爲罪人被押解回國。齊桓公知道他很有才幹,舉用他爲相。士:獄官。
⑤ 孫叔敖:春秋時楚國人,曾隱居海濱。楚莊王知道他有才能,任用他爲令尹(行政長官)。
⑥ 百里奚:春秋時虞國人。他曾經作爲陪嫁奴隸被送到秦國,後逃到楚國。秦穆公聽說他是一位賢人,就用五張黑山羊皮將他贖回,任命爲大夫。市:交易場所。
⑦ 大任:重任。是人:這(某一個)人。
⑧ 苦其心志:使他的心不能放鬆安逸。勞其筋骨:使他的筋骨勞累。
⑨ 餓其體膚:使他經受飢餓,肌膚消瘦。空乏其身:使他的資財缺乏,身受貧窮之苦。
⑩ 行拂(fú)亂其所爲:意思是做起事來受干擾,不能順心如意。行:行動做事。拂亂:違背擾亂。拂:違逆,不順。
⑪ 所以:用……來。動心:觸動他的心。忍性:使他的性情堅忍。曾(zēng)益其所不能:使他的能力增強。曾益:增加。曾:後寫作

"增"。益:增加。所不能:原本不能做到的。
⑫ 恆過:經常發生錯誤。恆:常。
⑬ 困於心:心志受到困擾。衡於慮:思慮阻塞不通。衡:通"横",梗塞。作:起來。指奮起,振作。
⑭ 徵(zhēng)於色:從別人的臉色來驗證從而得到警示。徵:驗證。色:臉色,神情。指對自己的怨怒之色。發於聲:(聽到)別人發出聲音而得到警示。聲:指對自己怨怒的言辭。喻:明白,知道(自己的過失)。
⑮ 入:國内。法家:有法度的大臣。拂(bì)士:輔佐的賢士。拂:通"弼",輔助。出:國外。敵國:相對抗的國家。
⑯ 意思是憂患使人奮發,因而得生;安樂使人怠惰,因而致亡。

墨子

《墨子》是戰國時期墨家學派著作的總集。《漢書·藝文志》著録七十一篇,現存五十三篇,一般認爲是墨子的弟子及其後學在不同時期的記述。

墨子(約前468—前376),名翟。戰國初期的思想家、政治家。《史記》説是"宋之大夫",其出生地待考。墨子是墨家學派的創始人。在認識論上,他反對天命,在名實關係上強調以名證實。在社會政治思想上,提出"兼愛""非攻""尚賢""尚同""節用""節葬""非樂"等一系列主張,其核心是"兼以易別",鮮明地主張"兼相愛,交相利"的社會理想,其中"非攻"是實現這一理想的行動綱領。墨子是中國古代邏輯思想的重要開拓者之一。《墨子》一書大量運用邏輯推論的方法,提出了一系列重要的邏輯概念。

通行的注本有清代孫詒讓《墨子閒詁》。吳毓江《墨子校注》、王焕鑣《墨子集詁》有進一步的校理。

選文據諸子集成本《墨子閒詁》,中華書局一九五四年版。

兼愛上

【説明】作者認爲,從盜賊至諸侯大夫,互相侵害而不能相愛是一切禍亂的根源。如果"兼相愛",天下就能治理好;"交相惡",就有禍亂發生。所以聖人治理天下要反對"交相惡",提倡"兼相愛"。

聖人以治天下爲事者也①,必知亂之所自起,焉能治之②;不知亂之所自起,則不能治。譬之如醫之攻人之疾者然③:必知疾之所自起,焉能攻之;不知疾之所自起,則弗能攻。治亂者何獨不然④?必知亂之所自起,焉能治之;不知亂之所自起,則弗能治。聖人以治天下爲事者也,不可不察亂之所自起。

提出"聖人以治天下爲事",不能不考察禍亂產生的根源。

① 聖人以治理天下作爲(自己的)事務。
② 所自起:從哪裏產生。起:產生。焉:於是。
③ 攻人之疾:治療別人的疾病。攻:治。然:一樣。
④ 何獨不然:爲什麼就單單不是這樣。

當察亂何自起①?起不相愛。臣子之不孝君父,所謂亂也。子自愛不愛父,故虧父而自利②;弟自愛不愛兄,故虧兄而自利;臣自愛不愛君,故虧君而自利,此所謂亂也。雖父之不慈子③,兄之不慈弟,君之不慈臣,此亦天下之所謂亂也。父自愛也不愛子,故虧子而自利;兄自愛也不愛弟,故虧弟而自利;君自愛也不愛臣,故虧臣而自利。是何也④?皆起不相愛。

指明禍亂的發生都是因爲"不相愛"。

① 當:通"嘗",試。察:考察。
② 虧:損害。
③ 雖父之不慈子:即使從父不能慈愛子這一面來看。雖:即使。慈:愛。

④ 這是什麼原因呢?

雖至天下之爲盜賊者亦然①:盜愛其室不愛其異室②,故竊異室以利其室;賊愛其身不愛人,故賊人以利其身③。此何也?皆起不相愛。雖至大夫之相亂家④,諸侯之相攻國者亦然:大夫各愛其家不愛異家,故亂異家以利其家;諸侯各愛其國不愛異國,故攻異國以利其國。天下之亂物,具此而已矣⑤。察此何自起?皆起不相愛。

分析因"不相愛"而發生的種種亂象。

① 即使天下那些做盜賊的人也是這樣。爲:做。
② 室:家。其異室:別人的家。"其"字疑是衍文。
③ 不愛人:不愛別的人。賊:傷害。
④ 家:古代卿大夫的領地。
⑤ 亂物:亂事。具此而已矣:盡在於此罷了。具:通"俱"。

若使天下兼相愛,愛人若愛其身①,猶有不孝者乎?視父兄與君若其身,惡施不孝②?猶有不慈者乎?視弟子與臣若其身,惡施不慈?故不慈不孝亡有③。猶有盜賊乎?故視人之室若其室,誰竊④?視人身若其身,誰賊?故盜賊亡有。猶有大夫之相亂家、諸侯之相攻國者乎?視人家若其家,誰亂?視人國若其國,誰攻?故大夫之相亂家、諸侯之相攻國者亡有。若使天下兼相愛,國與國不相攻,家與家不相亂,盜賊無有,君臣父子皆能孝慈,若此則天下治。

故聖人以治天下爲事者,惡得不禁惡而勸愛⑤。故天下兼相愛則治,交相惡則亂⑥。故子墨子曰:不可以不勸愛人者,此也⑦。

闡述"天下兼相愛則治,交相惡則亂"的道理。

① 兼相愛：普遍地相親相愛。兼：兩方面或多個方面。身：自身。
② 惡(wū)施不孝：哪裏會做出不孝的事情呢？惡：疑問代詞，何，哪裏。施：施行，做。
③ 亡(wú)：通"無"，沒有。
④ 故："故"字疑是衍文。竊：偷盜。
⑤ 惡(wū)得不禁惡(wù)而勸愛：怎麼能不禁止互相仇恨而鼓勵人們相愛。惡(得)：疑問代詞，哪裏，怎麼。(禁)惡：憎恨。勸：勉勵，鼓勵。
⑥ 交：並，一起。(相)惡(wù)：憎恨。
⑦ 不可以不鼓勵愛別人的道理就在於此。

非攻上

【說明】"非攻"就是譴責戰爭，這是墨子學説的一個重要主張。作者由辨別義與不義入手，由輕到重列舉一系列非義之事，指明最大的不義就是進攻別國。

　　今有一人，入人園圃①，竊其桃李。衆聞則非之，上爲政者得則罰之②。此何也？以虧人自利也③。至攘人犬豕雞豚者，其不義又甚入人園圃竊桃李④。是何故也？以虧人愈多，其不仁茲甚，罪益厚⑤。至入人欄廄取人馬牛者，其不仁義又甚攘人犬豕雞豚⑥。此何故也？以其虧人愈多。苟虧人愈多，其不仁茲甚⑦，罪益厚。至殺不辜人也，扡其衣裘、取戈劍者⑧，其不義又甚入人欄廄取人馬牛。此何故也？以其虧人愈多。苟虧人愈多，其不仁茲甚矣⑨，罪益厚。當此天下之君子皆知而非之⑩，謂之不義。今至大爲攻國⑪，則弗知非，從而譽之謂之義⑫。此可謂知義與不義之別乎⑬？

　　由輕到重列舉一系列不義之事，指出最大的不義（攻國）反而被認爲是義。

① 園圃(pǔ)：種樹的叫園，種菜的叫圃。這裏泛指園子。
② 非：非難，責備。爲政者：執政的人。得：捉住，捕獲。
③ 以：因爲。虧：損害。
④ 攘(rǎng)：竊取。豕(shǐ)：豬。豚(tún)：小豬。甚：(程度)超過。
⑤ 不仁："仁"字疑當爲"義"字。茲甚：更加嚴重。茲：通"滋"。厚：大，重。
⑥ 欄廐(jiù)：關養牲畜的欄圈(juàn)和棚房。不仁義："仁"疑是衍文。
⑦ 不仁：疑當爲"不義"。
⑧ 不辜(gū)人：無罪的人。辜：罪。也：是衍文。扡(tuō)：同"拖"，拉，拽。這裏指奪取。衣裘(qiú)：衣服。裘：皮衣。
⑨ 不仁：疑當爲"不義"。
⑩ 當此：對此。
⑪ 今至大爲攻國：當爲"今至大爲不義攻國"。至大：最大的，最嚴重的。爲不義：做不義的事(就是攻國)。
⑫ 譽：讚揚。
⑬ 這可以説是知道義和不義的區別嗎？

　　殺一人謂之不義，必有一死罪矣①。若以此説往②，殺十人，十重不義③，必有十死罪矣。殺百人，百重不義，必有百死罪矣。當此天下之君子皆知而非之，謂之不義。今至大爲不義攻國，則弗知非，從而譽之謂之義。情不知其不義也④，故書其言以遺後世⑤。若知其不義也，夫奚説書其不義以遺後世哉⑥？

　　進一步申述天下的君子不知"攻國"爲不義。

① 一(死罪)：一項，一條。
② 如果用這種説法類推下去。
③ 十重(chóng)：十倍。

④ 情:確實。
⑤ 所以寫下那些讚揚攻國的話留給後世。書:寫。遺:留給。
⑥ 如果知道攻國不義,又怎麼解釋寫下那些讚揚攻國的話留給後世呢?夫(fú):句首語氣詞。奚(xī)說:怎麼解釋。奚:疑問代詞,如何,怎麼。說:解說。

今有人於此,少見黑曰黑,多見黑曰白,則以此人不知白黑之辯矣①。少嘗苦曰苦,多嘗苦曰甘,則必以此人爲不知甘苦之辯矣。今小爲非則知而非之,大爲非攻國則不知非,從而譽之謂之義,此可謂知義與不義之辯乎?是以知天下之君子也,辯義與不義之亂也②。

指出天下的君子需要澄清義與不義的混亂。

① 則以此人:當爲"則必以此人爲"。爲:是。辯:通"辨",分別。
② 亂:混亂,混淆。

閱讀文選

天時不如地利①(《孟子》)

【説明】本章闡述"天時不如地利,地利不如人和",指明"得道者多助,失道者寡助"。

孟子曰:"天時不如地利,地利不如人和。三里之城,七里之郭,環而攻之而不勝。夫環而攻之,必有得天時者矣;

然而不勝者,是天時不如地利也。城非不高也,池非不深也,兵革非不堅利也,米粟非不多也;委而去之②,是地利不如人和也。故曰:域民不以封疆之界③,固國不以山谿之險,威天下不以兵革之利④。得道者多助,失道者寡助。寡助之至,親戚畔之;多助之至,天下順之。以天下之所順,攻親戚之所畔;故君子有不戰,戰必勝矣。"

① 選自《公孫丑下》。
② 委:放棄。
③ 域民:把民限制在一定的地域內。域:地域。這裏用作動詞。
④ 威:使畏懼而屈服。

弈秋誨二人弈①(《孟子》)

【説明】作者用"一曝十寒"的比喻和"弈秋誨二人弈"的故事解釋王"不智"的原因。

　　孟子曰:"無或乎王之不智也②。雖有天下易生之物也③,一日暴之,十日寒之④,未有能生者也。吾見亦罕矣⑤,吾退而寒之者至矣⑥,吾如有萌焉何哉⑦!今夫弈之爲數⑧,小數也;不專心致志,則不得也。弈秋,通國之善弈者也。使弈秋誨二人弈,其一人專心致志,惟弈秋之爲聽;一人雖聽之,一心以爲有鴻鵠將至,思援弓繳而射之⑨。雖與之俱學,弗若之矣。爲是其智弗若與?曰:非然也。"

① 選自《告子上》。弈(yì):下棋。
② 或:通"惑",困惑,感到不理解。王:指齊王。
③ 雖:縱使。
④ 暴(pù):曬。寒之:使之受寒(枯萎)。
⑤ 吾見王的時候本來就少。

⑥ 退:從王那裏離開。寒之者至矣:使王受寒的人就到了他的身邊。"寒之者"指諂媚迷惑王的人。

⑦ 王即使有善性像萌芽一樣,我又能怎麼樣呢? 如……何:對……怎麼辦。

⑧ 弈:下圍棋。數:技藝。

⑨ 援:拿過來。繳(zhuó):繫在箭上的生絲繩。

練習十

一、熟讀本單元講過的文章。

二、閱讀本單元的閱讀文選。

三、給下面句子中加點的字注音:

1. 薄稅斂,深耕易耨。(《孟子·晉國天下莫強焉》)
2. 可使制梃以撻秦楚之堅甲利兵矣。(《孟子·晉國天下莫強焉》)
3. 皆有怵惕惻隱之心。(《孟子·人皆有不忍人之心》)
4. 卒之東郭墦間之祭者,乞其餘。(《孟子·齊人有一妻一妾》)
5. 所惡有甚於死者,故患有所不辟也。(《孟子·魚我所欲也》)
6. 一簞食,一豆羹。(《孟子·魚我所欲也》)
7. 蹴爾而與之,乞人不屑也。(《孟子·魚我所欲也》)
8. 舜發於畎畝之中,傅說舉於版築之間。(《孟子·舜發於畎畝之中》)
9. 徵於色,發於聲,而後喻。(《孟子·舜發於畎畝之中》)
10. 視弟子與臣若其身,惡施不慈?(《墨子·兼愛上》)

四、解釋下面句子中加點的詞:

1. 壯者以暇日修其孝悌忠信。(《孟子·晉國天下莫強焉》)
2. 苟能充之,足以保四海。(《孟子·人皆有不忍人之心》)
3. 其良人出,則必饜酒肉而後反。(《孟子·齊人有一妻一妾》)
4. 蚤起,施從良人之所之,徧國中無與立談者。(《孟子·齊人有一妻一妾》)
5. 非獨賢者有是心也,人皆有之,賢者能勿喪耳。(《孟子·魚我所欲也》)

6. 所欲有甚於生者,故不爲苟得也。(《孟子·魚我所欲也》)
7. 賊愛其身不愛人,故賊人以利其身。(《墨子·兼愛上》)
8. 若使天下兼相愛,愛人若愛其身。(《墨子·兼愛上》)
9. 譬之如醫之攻人之疾者然。(《墨子·兼愛上》)
10. 至攘人犬豕雞豚者,其不義又甚入人園圃竊桃李。(《墨子·非攻上》)

五、查閱工具書,解釋下面語詞中加點的字:
1. 忍不住　長征　患難　築路　圍困　攻書　戕賊
2. 賣國賊　忍辱負重　南征北戰　患得患失　北國風光　債臺高築　困獸猶鬥

六、把下面的句子譯成現代漢語:
1. 晉國,天下莫強焉,叟之所知也。(《孟子·晉國天下莫強焉》)
2. 地方百里而可以王。(《孟子·晉國天下莫強焉》)
3. 有是四端而自謂不能者,自賊者也。(《孟子·人皆有不忍人之心》)
4. 我必不仁也,必無禮也,此物奚宜至哉?(《孟子·君子所以異於人者》)
5. 其妻問所與飲食者,則盡富貴也。(《孟子·齊人有一妻一妾》)
6. 如使人之所欲莫甚於生,則凡可以得生者何不用也?(《孟子·魚我所欲也》)
7. 故天將降大任於是人也。(《孟子·舜發於畎畝之中》)
8. 聖人以治天下爲事者也,必知亂之所自起,焉能治之。(《墨子·兼愛上》)
9. 苟虧人愈多,其不仁茲甚,罪益厚。(《墨子·非攻上》)
10. 今小爲非則知而非之,大爲非攻國則不知非。(《墨子·非攻上》)

七、説説你對下面句子的理解:
1. 仁者無敵。(《孟子·晉國天下莫強焉》)
2. 人皆有不忍人之心。(《孟子·人皆有不忍人之心》)
3. 是故君子有終身之憂,無一朝之患也。(《孟子·君子所以異於人者》)
4. 生亦我所欲也,義亦我所欲也;二者不可得兼,舍生而取義者也。(《孟子·魚我所欲也》)

5. 生於憂患而死於安樂。(《孟子·舜發於畎畝之中》)

常用詞

忍　賊　斂　征　患　築　攻　家　修　運

91. 忍

忍的基本義是情感上抑制。《荀子·儒效》:"志忍私,然後能公。"雙音詞有[忍痛割愛]。引申爲自我抑制勉强接受;忍受。《論語·衛靈公》:"小不忍則亂大謀。"雙音詞有[容忍]。引申又指抑制住情感硬著心腸(去做);狠心(對待)。《孟子·人皆有不忍人之心》:"先王有不忍人之心,斯有不忍人之政矣。"《韓非子·巧詐不如拙誠》:"夫不忍麑,又且忍吾子乎!"雙音詞有[殘忍]。

92. 賊

賊的基本義是毀壞;傷害。《墨子·兼愛上》:"賊愛其身不愛人,故賊人以利其身。"《孟子·人皆有不忍人之心》:"謂其君不能者,賊其君者也。"用作名詞,指有危害的人;殺人者。《論語·陽貨》:"鄉愿,德之賊也。"(鄉愿:貌似老實的僞善者。)《史記·秦始皇本紀》:"其太子丹乃陰令荊軻爲賊。"後指盜竊的人。《聊齋志異·石清虛》:"夜有賊入室,諸無所失,惟竊石而去。"

93. 斂

《說文》:"斂,收也。"指收聚;收束。《墨子·三辯》:"秋斂冬藏。"《後漢書·李固傳》:"斂其魁黨六百餘人。"雙音詞有[收斂]。特指徵收錢物賦税。《孟子·晉國天下莫强焉》:"省刑罰,薄税斂。"又《梁惠王下》:"春省耕而補不足,秋省斂而助不給。"成語有[橫徵暴斂]。

94. 征

《爾雅·釋言》："征，行也。"本義是遠行。《楚辭·離騷》："濟沅、湘以南征。"（沅、湘：水名。）雙音詞有［長征］。轉指（遠行）征討；征伐。《孟子·晉國天下莫強焉》："彼陷溺其民，王往而征之，夫誰與王敵？"雙音詞有［征戰］，成語有［南征北戰］。

95. 患

《説文》："患，憂也。"憂慮，擔憂。《左傳·鄭伯克段于鄢》："君何患焉？"用作名詞，指可憂慮的事；災禍。《孟子·君子所以異於人者》："是故君子有終身之憂，無一朝之患也。"《孟子·舜發於畎畝之中》："入則無法家拂士，出則無敵國外患者，國恆亡。"雙音詞有［禍患］，成語有［有備無患］。

96. 築

《説文》："築，擣也。"用杵擣土使堅實。《詩經·大雅·緜》："築之登登。"（登登：擣土聲。）又《豳風·七月》："九月築場圃。"用作名詞，指擣土的杵。《孟子·舜發於畎畝之中》："傅説舉於版築之間。"《史記·黥布列傳》："身負板築，以爲士卒先。"引申爲修建；建造。《戰國策·魏策一》："築帝宮。"雙音詞有［建築］。注意："築"和"筑"原本的意思不同。"筑"是一種弦樂器。

97. 攻

《説文》："攻，擊也。"攻打，攻擊。《孫子·計篇》："攻其無備，出其不意。"轉指對疾病的治療。《墨子·兼愛上》："譬之如醫之攻人之疾者然。"又指對物件等的治理加工。《詩經·小雅·鶴鳴》："它山之石，可以攻玉。"引申爲對學術技藝等的研究。韓愈《師説》："聞道有先後，術業有專攻。"雙音詞有［攻讀］。

98. 家

《説文》："家，居也。"指住所。《莊子·山木》："夫子出於山，舍於故人之家。"（舍：住。）轉指家庭。《孟子·梁惠王上》："百畝之田，勿奪其時，數口之家可以無饑矣。"古時卿大夫的食邑封地稱家。《墨子·兼愛上》："雖至大夫之相亂家,諸侯之相攻國者亦然。"

99. 修

《說文》:"修,飾也。"修飾。《周易·乾卦·文言》:"修辭立其誠。"泛指在學問修養等方面通過努力加以改進,使完善。《論語·學而》:"德之不修,學之不講。"《孟子·晉國天下莫強焉》:"壯者以暇日修其孝悌忠信。"雙音詞有[修養][研修]。由修飾引申爲整治;辦理。賈誼《過秦論》:"修守戰之具。"由此引申爲修造。范仲淹《岳陽樓記》:"乃重修岳陽樓。"注意:修的幾項意義也作"脩"(脩的本義是乾肉,跟修不同)。

100. 運

運的基本義是運轉;轉動。《周易·繫辭上》:"日月運行。"《莊子·運斤成風》:"匠石運斤成風,聽而斲之。"引申爲轉移;移送。《列子·湯問》:"箕畚運於渤海之尾。"雙音詞有[轉運][運送]。

古漢語常識

古代漢語的修辭

修辭就是運用各種語文材料和表達手段對語言進行特意的加工修飾,以增強表達效果。閱讀古書,除了要具備文字、詞彙、語法、音韻等方面的知識,也需要了解一些修辭的方面的知識。修辭有各種方式(又稱"修辭格"),這一節簡要介紹比喻、借代、引用、委婉、誇張、互文等幾種方式。

一　比喻

簡單地說,比喻就是打比方。如《莊子·山木》"君子之交淡若水"這句話,就把君子之間的關係比作水。在這個比喻中,"君子之交"是被比的事物,是本體;"水"是用來作比的,是喻體;句中"若"是喻詞(比喻詞)。"君子之交"比較抽象,不容易講清楚;把"君子之交"比作"水",就很具體形象。比喻用得好可以使説明的對象通俗易懂,形象生動。

比喻大致分三種類型:明喻、暗喻和借喻,下面分别舉例説明。

1. 明喻

明喻本體、喻體和喻詞三者俱全,明確顯示本體和喻體是相類似的關係。"君子之交淡若水"就是明喻,"若"表示"君子之交"和"水"相類似。古漢語中常見的喻詞有"如、若、猶、譬猶、譬如、譬之"。如:

(1) 日初出大如車蓋,及日中則如盤盂。(《列子·兩小兒辯日》)

(2) 孔中果有小字,細如粟米。(《聊齋志異·石清虚》)

(3) 其聲嗚嗚然,如怨如慕,如泣如訴,餘音嫋嫋,不絶如縷。(蘇軾《赤壁賦》)

(4) 令初下,羣臣進諫,門庭若市。(《戰國策·鄒忌諷齊王納諫》)

(5) 民之有口,猶土之有山川也。(《國語·邵公諫厲王弭謗》)

(6) 人之有是四端也,猶其有四體也。(《孟子·人皆有不忍人之心》)

(7) 凡有四端於我者,知皆擴而充之矣,若火之始然,泉之始達。(《孟子·人皆有不忍人之心》)

(8) 故人心譬如盤水。(《荀子·解蔽》)

(9) 聖人以治天下爲事者也,必知亂之所自起,焉能治之;不知亂之所自起,則不能治。譬之如醫之攻人之疾者然:必知疾之所自起,焉能攻之;不知疾之所自起,則弗能攻。(《墨子·兼愛上》)

本體可以是一個具體的事物,也可以是一件事或一個抽象的道理。表現在語言上,本體可以是一個詞,如例(2)"字"、例(3)"聲"、例(4)"門庭";也可以是短語,如例(5)"民之有口"、例(8)"人心";也可以是幾句話,如例(9)。例(9)説的是如何把天下治理好,其中的道理比較複雜,所以本體就用了好幾句話;相應的,喻體也用了好幾句話。

2. 暗喻

暗喻是把本體直接説成是某事物,一般不出現喻詞;比起明喻來,喻體和本體之間的關係更爲緊切契合。在現代漢語中暗喻有時用判斷詞"是"表示,古漢語中的暗喻常用判斷句的形式表示。如《三國志·周瑜傳》"曹公豺虎也"這句話直接把曹操説成是豺虎,是暗喻,用一個判斷句表示。再比如:

(1) 君者,舟也;庶人者,水也。水則載舟,水則覆舟。(《荀子·王制》)

(2) 君子之德,風;小人之德,草。(《論語·顔淵》)

(3) 用事者爲猛狗,主安得無壅,國安得無患乎?(《晏子春秋·社鼠猛狗》)

(4) 和也者,天下之達道也。(《禮記·中庸》)

有時暗喻的表達不是用一個簡單的判斷句,而是一個複雜的句子:

(5) 是故爲川者決之使導,爲民者宣之使言。(《國語·邵公諫厲王弭謗》)

例(5)的話意在説明"防民之口,甚於防川"的道理。從修辭的角度看,"爲民者宣之使言"是本體,"爲川者決之使導"是喻體,句中不用喻詞,直接擺出本體和喻體。比較同文中"民之有口,猶土之有山川也"這句話可以知道,同樣的道理,也可以用明喻表達。

3. 借喻

本體和喻詞不出現,直接用喻體代替本體,顯示喻體和本體之間的關係比隱喻更爲緊切契合。比如宋代王安石的《木末》詩説:"繰成白雪桑重緑,割盡黄雲稻正青。"句中的"白雪"借來比喻絲(絲白如雪),本體絲不出現;"黄雲"借來比喻麥(麥浪如雲),本體麥不出現。

古代的一些優秀的説理文(如《孟子》《荀子》),爲闡明一個道理,多善用比喻,層層推進。如:

(1) 魚我所欲也,熊掌亦我所欲也;二者不可得兼,舍魚而取熊掌者也。生亦我所欲也,義亦我所欲也;二者不可得兼,舍生而取義

者也。(《孟子·魚我所欲也》)

(2) 故不登高山，不知天之高也；不臨深谿，不知地之厚也；不聞先王之遺言，不知學問之大也。(《荀子·勸學》)

(3) 積土成山，風雨興焉；積水成淵，蛟龍生焉；積善成德，而神明自得，聖心備焉。(《荀子·勸學》)

例(1)爲了闡明生與義如"不可得兼"則"舍生取義"的道理，就用"魚"比喻生，用"熊掌"比喻義。從修辭的角度看，"生亦我所欲也，義亦我所欲也；二者不可得兼，舍生而取義者"是本體；"魚我所欲也，熊掌亦我所欲也；二者不可得兼，舍魚而取熊掌者"是喻體。例(2)要闡明的道理是：要"知學問之大"，就必須"聞先王之遺言"，這是本體。文章用"天之高""地之厚"比喻"學問之大"，用"登高山""臨深谿"比喻"聞先王之遺言"。兩層比喻環環相扣。例(3)要闡明的道理是：只有經歷了"積善成德"的修養過程，纔會達到"神明自得""聖心備"的境界，這是本體。文章用"積土成山""積水成淵"比喻"積善成德"的過程，用"風雨興""蛟龍生"比喻"神明自得""聖心備"的結果。我們注意到，以上三例都是喻體在前，本體在後，用的都是結構相同的平行句式。

二　借代

借代又叫"代稱"。每一種事物都有自己固定的名稱，這是本稱；有時爲了突出事物的特徵，使得表達更加形象、具體或文字富於變化，就用乙事物的名稱來代替甲事物的名稱。如三國時曹操的《短歌行》詩："何以解憂，唯有杜康。"詩中的"杜康"指酒。傳說杜康是最早造酒的人，就用杜康這個人名代稱酒。再比如：

(1) 臣本布衣，躬耕南陽。(諸葛亮《出師表》)

(2) 王之春秋高，一旦山陵崩，太子用事。(《戰國策·呂不韋相秦》)

(3) 傴僂提攜，往來而不絕者，滁人遊也。(歐陽修《醉翁亭記》)

(4) 宴酣之樂，非絲非竹。(歐陽修《醉翁亭記》)

(5) 太宗曰："前代明王使人如器，皆取士於當時，不借才於異代，豈得待夢傅說、逢呂尚然後爲政乎？且何代無賢，但患遺而不知

耳!"(《貞觀政要・唐太宗論取士》)

例(1)"布衣"是布製的衣服,古時平民穿布衣,就用""布衣"代稱平民。例(2)"春秋"是季節的名稱,用來代稱年紀。例(3)"傴僂"是駝背的意思,"提攜"是說牽扶著小孩;"傴僂提攜"用來代稱老老少少的行人。例(4)"絲"和"竹"是製作絃樂器和管樂器的材料,用來代稱音樂。例(5)"傅說"是商王武丁的大臣,"呂尚"是西周初大臣,輔佐武王滅商有功。"傅說""呂尚"用來代稱賢能之臣(所以文中有"借才於異代""何代無賢"的話)。

三　引用

爲了增強說服力或行文委婉典雅,作者不用自己的話說,而是引用古事或古語來傳達自己的思想觀點,這就是引用。通常說"引經據典"也是這個意思。引用分引事、引言兩類。

1. 引事。引事就是引用歷史上的事(包括傳聞)來說明自己的觀點。如:

(1) 齊桓公聞管子於鮑叔,楚莊聞孫叔敖於沈尹筮,審之也,故國霸諸侯也。(《呂氏春秋・察傳》)

(2) 僕嘗聞主言:古人有羹污衣、燭燃鬚不動聲色者,主能言不能行乎?(謝濟世《慧子記》)

(3) 孟子曰:"舜發於畎畝之中,傅說舉於版築之間,膠鬲舉於魚鹽之中,管夷吾舉於士,孫叔敖舉於海,百里奚舉於市。故天將降大任於是人也,必先苦其心志,勞其筋骨,餓其體膚,空乏其身,行拂亂其所爲,所以動心忍性,曾益其所不能。"(《孟子・舜發於畎畝之中》)

例(1)中的管子即管仲,齊桓公聽了鮑叔的推薦,任用他爲相,稱霸諸侯。孫叔敖是春秋時楚國人,曾隱居海濱,由於楚國大夫沈尹筮的推薦,楚莊王任用他爲令尹。文章引兩人的事蹟爲例,說明"聞而審(對別人的話要仔細審察),則爲福"的道理。例(2)引用了兩件古事。"羹污衣"說的是東漢時的劉寬,女僕給他端肉羹弄髒了朝服,他並不生氣。"燭燃鬚"是說北宋大臣韓琦晚上寫信,士兵端著蠟燭照明,不慎燭火燒了他的鬍鬚,他揮揮手繼續寫信。慧子引這兩人的事蹟勸主人要向他們學習。例(3)連引六件古事說明一個人要承擔大任,必須要經歷艱苦的磨煉。

2. 引言。引言就是引用古書中的話（也包括過去的諺語、格言等熟語）來説明自己的看法。如李翱《楊烈婦傳》：“孔子曰：'仁者必有勇。'楊氏當之矣。”"仁者必有勇"是《論語·憲問》裏的話，作者引這句話説明楊氏所以有那樣的大勇，是因爲她是一位仁者。再如：

(1) 古語云"士爲知己者死"，非過也。(《聊齋志異·石清虛》)

(2) 嬰聞之：聖人千慮，必有一失；愚人千慮，必有一得。(《晏子春秋·晏子辭千金不受》)

(3) 蓋聞之也：順針縷者成帷幕，合升斗者實倉廩，并小流而成江海。(《説苑·政理》)

(4) 諺曰："民保於信。"吾以信義也。(《左傳·衛侯爲夫人南子召宋朝》)

(5) 人有言曰：唯食可以忘憂。(《國語·梗陽人有獄》)

上面的幾例，很容易看出是引言，是明引；也有的不容易看出來，是暗引。如：

(6) 余弟子由適在濟南，聞而賦之，且名其臺曰"超然"。(蘇軾《超然臺記》)

(7) 妾聞志士不飲盜泉之水，廉者不受嗟來之食。(《後漢書·樂羊子妻》)

(8) 悟以往之不諫，知來者之可追。(陶淵明《歸去來兮辭》)

(9) 實迷途其未遠，覺今是而昨非。(陶淵明《歸去來兮辭》)

例(6)把"超然臺"命名爲"超然"，是因爲《老子》二十六章有"雖有榮觀(華美的居所)，燕處(安處)超然"的話。例(7)的"盜泉"，不止一本古書有記載。如《尸子》卷下："(孔子)過於盜泉，渴矣而不飲，惡其名也。"例中的"嗟來之食"出自《禮記·檀弓下》。例(8)的話出自《論語·微子》："往者不可諫，來者猶可追。"例(9)的話出自《楚辭·離騷》："回朕車以復路兮，及行迷之未遠。"這四例的引言都不容易看出來。

還有一種引言，把前人的話加以改造變成自己的話，爲我所用而不露痕跡；有的甚至比原來的話還富於表現力，這是一種化用。如：

(10) 吾嘗終日而思矣，不如須臾之所學也。(《荀子·勸學》)

(11) 落霞與孤鶩齊飛，秋水共長天一色。(王勃《滕王閣序》)

例(10)是化用《論語·衛靈公》裏的話："吾嘗終日不食，終夜不寢，以思，無益,不如學也。"例(11)是名句,實際上是由北周文學家庾信《三月三日華林園馬射賦》的句子化用而來。原句是:"落花與芝蓋(車蓋)同飛,楊柳共春旗一色。"但《滕王閣序》對景物的描寫比《馬射賦》中的話更爲出色。

四　委婉

這種修辭方式是説作者對想要表達的思想感情或觀點看法不便於直説,或不願意直説,就用曲折迂迴的話語來表達。《戰國策·吕不韋相秦》:"王之春秋高,一日山陵崩,太子用事,君危於累卵。"句中的"山陵崩"指帝王死。帝王死是一件不便於直説的事,就用"山陵崩"這種説法表達。再比如:

(1) 秦王老矣,一日晏駕,雖有子異人,不足以結秦。(《戰國策·吕不韋相秦》)

(2) 愚不能復治東阿,願乞骸骨,避賢者之路。(《説苑·政理》)

(3) 陛下嘗軔車於趙矣,趙之豪桀,得知名者不少。(《戰國策·吕不韋相秦》)

(4) 子曰:"以吾一日長乎爾,毋吾以也。"(《論語·子路曾皙冉有公西華侍坐》)

例(1)"晏駕"的意思是帝王的車駕晚出。同"山陵崩"一樣,也是帝王死的一種委婉説法。例(2)"乞骸骨"是古代官員請求退職的話,意思是使自己的尸骨能夠埋在故鄉。例(3)"軔車"的意思是使車子停下來。"軔車於趙"是説秦孝文王過去曾在趙國爲質。這也是不便直説的事,就説成是"軔車"。例(4)"一日長乎爾"是孔子對學生説的話,意思是年齡相差不多,也説得很委婉。

五　誇張

有時爲了給讀者留下深刻印象,運用各種想象誇大其詞也是一種修辭手段。如唐代詩人李白《北風行》詩裏説"燕山雪花大如席",雪花不可能大如席,這是一種誇張的描寫。再比如:

(1) 王問價，玉工曰："此無價以當之，五城之都僅可一觀。"（《尹文子·魏田父得玉》）

(2) 臨淄三百閭，張袂成陰，揮汗成雨。（《晏子春秋·晏子使楚》）

(3) 頃刻東逝，疾若飛隼。（王士禛《女俠》）

(4) 當此之時，天下之大，萬民之眾，王侯之威，謀臣之權，皆欲決蘇秦之策。（《戰國策·蘇秦以游説致富貴》）

(5) 今子無母於中，外託於不可知之國，一日倍約，身爲糞土。（《戰國策·吕不韋爲相秦》）

(6) 一日山陵崩，太子用事，君危於累卵，而不壽於朝生。（《戰國策·吕不韋爲相秦》）

例(1)把玉石的珍貴誇大爲"無價以當之"，例(2)描寫臨淄人口的稠密以至於"張袂成陰，揮汗成雨"，例(3)寫女俠騎黑衛行進"疾若飛隼"，例(4)誇飾蘇秦游説效果驚人，例(5)把地位卑賤説成是"糞土"，例(6)把處境危險隨時可能身死他國説成是"危於累卵""不壽於朝生"，這些都是誇張。

六　互文

互文又稱"互言""互辭""互文見義"，這是説上下文句的意思互相包含，互相補充，你中有我，我中有你。運用互文這種修辭格式可以收到言簡義豐的效果。如唐代詩人杜牧的《泊秦淮》詩："煙籠寒水月籠沙，夜泊秦淮近酒家。"這是説煙霧和月光籠罩著寒水和沙地，並非説籠罩寒水的只是煙霧，籠罩沙地的只是月光。"煙籠寒水月籠沙"一句中"煙""月"互文。再比如：

公入而賦："大隧之中，其樂也融融。"姜出而賦："大隧之外，其樂也洩洩。"（《左傳·鄭伯克段于鄢》）

這裏寫鄭莊公和母親姜氏進入隧道見面後又賦詩，漢代學者服虔説："入言公，出言姜，明俱出入，互相見。"這是説兩個人都進去，又都出來。"入"和"出"互文。再比如北朝時有一首《木蘭詩》，講一位叫作花木蘭的女子代父從軍的故事。詩中有幾句描寫花木蘭出征前做準備：

東市買駿馬，西市買鞍韉，南市買轡頭，北市買長鞭。

這是説到各市上買駿馬和各種裝備，四句互文；不能理解爲買馬一定到東市，買鞍韉、轡頭、長鞭一定到西市、南市和北市。

古代漢語中修辭的方式還有不少，需要逐步了解掌握。

第十一單元

講讀文選

老子

　　《老子》上下篇，漢代以後又稱《道德經》，通行本分八十一章。上篇《道經》，下篇《德經》。有研究者認爲成書於戰國中期。

　　老子的姓名說法不一。一說即老聃(dān)，姓李名耳，字伯陽，春秋時期楚國苦縣(在今河南省)人。道家學派創始人。《史記》有傳。

　　《老子》是先秦道家思想的代表性著作，其學說的核心是"道"。《老子》中的道是萬事萬物的本原，也是宇宙萬物變化的總體法則，有著永恆的本體意義。老子認爲事物的生成變化是"有"和"無"的統一；而"無"又是更根本的。《老子》一書包含有樸素的辯證法因素，觀察到萬物具有矛盾的兩個對立面，二者互相依存，互相轉化。老子主張貴柔守雌("柔弱勝剛強")，強調"無爲"。在社會歷史觀上，幻想回到"小國寡民"、無知無識的原始社會狀態。其思想對後世有很大的影響。

　　一九七三年長沙馬王堆三號漢墓出土的《老子》帛書(有甲本、乙本)《道經》在後，《德經》在前。一九九三年，湖北省荆門郭店一號楚墓出土竹簡本《老子》(戰國時期)，又給研究者提供了新的材料。

　　《老子》一書重要的注本有三國魏王弼的《老子注》、託名"漢河上公"撰的《老子章句》。今人對《老子》有不少的研究整理，如馬叙倫《老子校詁》、高亨《老子正詁》、朱謙之《老子校釋》、高明《帛書老子校注》等。

　　選文據諸子集成本《老子注》，中華書局一九五四年版。文章題目爲後加。

道可道

【説明】這是《老子》第一章。本章對道、常道；名、常名；有、常有；無、常無等重要概念作了綱領性的説明。

　　道可道，非常道；名可名①，非常名。無，名天地之始；有，名萬物之母②。故常無，欲以觀其妙；常有，欲以觀其徼③。此兩者同出而異名，同謂之玄④。玄之又玄，衆妙之門⑤。

① (可)道：説得出來。名：名稱。(可)名：叫得出來。常：恆常，永恆不變。帛書甲、乙本"常"作"恆"。
② 無：無形無名。名：(用來)稱呼。有：有形有名。母：(化育萬物的)母體。
③ 常無：永恆的無。欲：將。妙：(萬物初始的)微妙。徼(jiào)：邊界。這裏指事物間的界限。
④ 兩者：指"有"與"無"(也就是"始"和"母")。同出：都產生於同一個源。異名："無"和"有"是不同的稱呼。同謂之玄：都可以稱之爲"玄"。玄：幽微難識。
⑤ 玄之又玄：幽微之中又有幽微。衆妙：一切的妙。門：衆妙由此("玄之又玄")而出，所以説是"門"。

天下皆知美之爲美

【説明】這是《老子》第二章。本章闡述事物對立的兩個方面相輔相成的道理，認爲聖人要順應自然之道，表現了老子無爲的思想。

　　天下皆知美之爲美，斯惡已；皆知善之爲善，斯不善已①。故有無相生②,難易相成③,長短相形④,高下相傾⑤,音聲相和⑥,前後相隨。是以聖人處無爲之事⑦,行不言之教⑧。萬物作焉而不辭⑨,生而不有⑩,爲而不恃⑪,功成而弗居⑫。夫唯弗居,是以不去⑬。

① 皆知美之爲美:都知道美好的東西是美好的。斯惡已:醜的一面就產生了。美、惡:指物而言。善、不善:指事而言(參高亨《老子正詁》)。
② 有和無互相生成。
③ 相成:成就(對方)。
④ 相形:顯示出(對方)。
⑤ 高下:高和低。傾:簡本作"涅",帛書甲、乙本作"盈",借作"呈",是呈現、顯現的意思。
⑥ 音:聲的組合,曲調。聲:單音。相和:相配和諧。
⑦ 處無爲之事:意思是處事順從自然,不依照主觀的企圖去做。無爲之事:一切順從自然,毫無主觀意圖的作爲。
⑧ 行不言之教:意思是對人的教化順從自然,不用主觀的政令訓誡施行教導。
⑨ 作:(萬物自然)興起,產生。不辭:當作"不爲始",人不去創始。
⑩ 生而不有:萬物自然生成,所以不據爲私有。
⑪ 爲而不恃(shì):順從自然而爲,不憑著主觀的意圖去做。恃:憑藉。
⑫ 功成而弗(fú)居:取得功效既然不是出於自己的努力(是順從自然的結果),所以不居功。弗:不。
⑬ 唯:副詞,有強調作用。是以:所以。不去:(功)不離開。

三十輻共一轂

【說明】這是《老子》十一章。本章以車、器、室作比喻,闡明"無"的根本作用,表達了老子貴無的思想。

三十輻共一轂①,當其無,有車之用②。埏埴以爲器③,當其無,有器之用。鑿戶牖以爲室④,當其無,有室之用。故有之以爲利,無之以爲用⑤。

① 輻(fú):車輻,車輪上連接車輞和車轂的直木條。轂(gǔ):車輪中心有圓孔可以穿車軸的部件。
② 意思是車的功用正是產生於車轂的"無"。當:與……對當。無:車轂的中空處。車之用:車的功用(車能夠轉動)。
③ 埏(shān):用水揉和泥土。埴(zhí):黏土。器:器物。
④ 鑿:挖孔。戶:門。牖(yǒu):窗戶。
⑤ 有:指物的實體部分。爲利:(各種物)供方便利用。無:指物的空虛部分。爲用:起(支配的)作用。

知人者智

【説明】這是《老子》三十三章。從幾個方面論述要摒棄俗見,強調內在心智的修養是根本。

　　知人者智①,自知者明②。勝人者有力,自勝者強③。知足者富④,強行者有志⑤。不失其所者久⑥,死而不亡者壽⑦。

① 能了解別人的人只是有智慧。
② 能認識自我的人纔是明通。
③ 自勝者強:戰勝自我的人纔是強大。
④ 知道滿足的人就是富有。
⑤ 強勁奮進的人有志氣。
⑥ 不喪失立身之地的人能長久。
⑦ 死而不朽的人是壽。意思是有道之人身死而道猶存,這就是壽。

名與身孰親

【說明】這是《老子》四十四章。闡明無節制的貪求必然會走向反面，"知足""知止"纔"可以長久"。

名與身孰親①？身與貨孰多②？得與亡孰病③？是故甚愛必大費④，多藏必厚亡⑤。知足不辱⑥，知止不殆⑦，可以長久。

① 名:名聲。身:這裏指生命。親:值得珍愛。
② 貨:財貨。多:貴重。
③ 獲得與失去哪一樣有害。得:獲得。亡:失去。病:有傷害。
④ 所以過分的吝惜必然會造成巨大的耗費。是故:所以。愛:吝惜，捨不得。
⑤ 過多的聚斂必然會造成嚴重的損失。藏:收藏。亡:失去。
⑥ 知道滿足就不會招致侮辱。
⑦ 知道適可而止就不會招致危險。殆:危險。

小國寡民

【說明】這是《老子》八十章。本章反映了老子的社會歷史觀。他希望回到小國寡民、無知無識的原始社會，這是一種幻想。

小國寡民①。使有什伯之器而不用②，使民重死而不遠徙③。雖有舟輿，無所乘之④；雖有甲兵，無所陳之⑤。使民復結繩而用之⑥。甘其食，美其服，安其居，樂其俗⑦。鄰國相望，雞犬之聲相聞⑧，民至老死不相往來。

① 小國:使國變小。寡民:使人減少。

② 什伯之器:效率十倍百倍的器具。一説"什伯之器"指兵器。
③ 重死:看重死,即愛惜生命。遠徙(xǐ):往遠的地方遷移。
④ 雖然有船和車,但没有地方用到。輿(yú):車。乘:乘坐。
⑤ 雖然有鎧甲和兵器,但没有用到的地方。陳:陳列。這裏指使用。
⑥ 復:再。結繩:文字出現以前人們用繩子打結的方法來記事。之:指結繩。
⑦ 甘其食:認爲自己的飲食是美味的。美其服:認爲自己的衣服是美好的。安其居:認爲自己的居住是安適的。樂其俗:認爲自己的習俗是稱心滿意的。
⑧ 相望:互相看得到。相聞:互相聽得到。

莊子

莊子和《莊子》一書,參見上册第一單元的介紹。

莊子是繼老子之後道家的主要代表人物,他的思想源於老子而又有所發展,後來並稱老莊。同老子一樣,莊子也把"道"看作世界的本原,認爲道是一切事物内在的原因,無所不在,没有比"道"再根本的東西了。他認爲道"先天地生",没有界限,由此得出"萬物皆一"的見解。在認識論方面,莊子持相對主義和不可知論的觀點,認爲一切都處在"無動而不變,無時而不移"的變動之中,片面强調運動變化的絶對性,忽視事物的穩定性和差别性。他認爲從道的角度看,此即彼,彼即此,没有確定的界限,對事物的認識也就没有客觀的標準可以驗證。在社會生活方面,幻想擺脱一切外物和肉體的束縛,追求一種"天地與我並生,萬物與我齊一"的境界,"無己""無待",逍遥自得,獲得精神上的絶對自由。

選文據《莊子集釋》,中華書局一九六一年版。

逍遥遊(節選)

【説明】《逍遥遊》是《莊子》的第一篇。"逍遥"的含義,就是文中所説的"無己""無待",純任自然,與萬物混而爲一。超越了事物的一切區别,泯滅了自我與外物的界限,擺脱了一切限制,不需要有任何依靠,這樣就可以暢遊於"無窮",達到一種絶對自由的境界。

北冥有魚,其名爲鯤①。鯤之大,不知其幾千里也。化而爲鳥,其名爲鵬②。鵬之背,不知其幾千里也;怒而飛,其翼若垂天之雲③。是鳥也,海運則將徙於南冥④。南冥者,天池也⑤。《齊諧》者,志怪者也⑥。《諧》之言曰:"鵬之徙於南冥也,水擊三千里⑦,摶扶搖而上者九萬里⑧,去以六月息者也⑨。"野馬也,塵埃也,生物之以息相吹也⑩。天之蒼蒼,其正色邪?其遠而無所至極邪⑪?其視下也亦若是則已矣⑫。且夫水之積也不厚,則其負大舟也無力⑬。覆杯水於坳堂之上,則芥爲之舟⑭;置杯焉則膠⑮,水淺而舟大也。風之積也不厚,則其負大翼也無力。故九萬里則風斯在下矣,而後乃今培風⑯;背負青天而莫之夭閼者,而後乃今將圖南⑰。

描寫大鵬身軀巨大,"徙於南冥"就須先飛到九萬里的高空纔能乘風南飛。

① 冥:後寫作"溟",海。鯤(kūn):傳說中的大魚。
② 鵬:傳說中的大鳥。
③ 怒:雄健有力。垂天之雲:天邊的雲。垂:通"陲",邊。一說垂是垂掛的意思。
④ 是:這。海運:海動,海波動蕩。舊說認爲海動必起大風,俗語有"六月海動"的說法。徙(xǐ):遷移。
⑤ 天池:天然形成的池。
⑥ 齊諧:書名。一說人名。志:記載。怪:怪異的事物。
⑦ 水擊三千里:大鵬起飛時翅膀在水面上搧動,擊起的水浪有三千里之遠。
⑧ 摶(tuán)扶搖:乘著上升的巨大旋風。摶:迴旋,環繞。一本作"搏",拍擊。扶搖:上升的大旋風。
⑨ 乘著六月海動時的大風離去。去:離去。以:憑藉。息:氣息。這裏指風。

⑩ 霧氣和塵埃的蒸騰涌動都是生物吹拂氣息的結果。野馬：指春天野外山林沼澤中的霧氣遊動如同奔馬。塵埃：飛揚的細土。息：氣息，呼吸時進出的氣。
⑪ 蒼蒼：深藍色。其：難道。正色：原本的顔色。無所至極：沒有能够到達盡頭的地方。至：到達。極：盡頭。
⑫ 其：指代鵬。視下：向下看。亦若是則已矣：也就像這樣罷了。是：代詞，這樣。指人從地上朝上望天。則已：相當於"而已"。
⑬ 且夫(fú)：表示進一步再説一層意思。不厚：不深。負：承載。
⑭ 覆(fù)：翻倒。這裏指倒(dào)水。坳(ào)堂：堂上低窪的地方。坳：窪下。芥：小草。爲之舟：(小草可以)給它(杯水)做船。
⑮ 置：放置。焉：代詞，於此。膠(jiāo)：粘住。指杯浮不起來。
⑯ 斯：這就。在下：風在鵬的下面。而後乃今：然後纔。培風：憑藉風。培：通"憑"。
⑰ 負：背向著。莫之夭閼(è)：沒有什麼東西能够阻擋它。夭閼：雙聲聯綿詞，阻擋。圖南：謀劃著向南飛。南：向南飛。

蜩與學鳩笑之曰①："我决起而飛，搶榆枋②；時則不至，而控於地而已矣③，奚以之九萬里而南爲④？"適莽蒼者三飡而反，腹猶果然⑤；適百里者宿舂糧⑥；適千里者三月聚糧⑦。之二蟲又何知⑧！

指出蜩與學鳩嘲笑大鵬是出於無知。

① 蜩(tiáo)：蟬。學鳩(jiū)：一種小鳥。"學"一本作"鷽"(xué)。
② 决(xuè)：迅疾的樣子。搶(qiāng)：衝撞，碰觸。榆枋(fāng)：榆樹和檀樹。一本"搶榆枋"後有"而止"二字。
③ 時：有時。則：連詞，就。不至：飛不到。控：投，落下。
④ 哪裏用得著飛到九萬里的高空再向南飛呢？奚以……爲：表示反問的一種習慣説法。奚：疑問代詞。之：動詞，到……去。爲：句末語氣詞，用於疑問句。
⑤ 適：動詞，往……去。莽(mǎng)蒼：草野的顔色，這裏指近郊。三飡而反：這是説準備三餐之糧當天就能返回。飡(cān)：同"餐"。

反:返回。後寫作"返"。果然:肚飽的樣子。
⑥ 宿舂(chōng)糧:舂好在外過一宿的乾糧。
⑦ 三月聚糧:積蓄三個月的用糧。
⑧ 之:代詞,這。二蟲:指蜩與學鳩。何知:知道什麼。疑問代詞"何"作動詞"知"的前置賓語。

小知不及大知,小年不及大年①。奚以知其然也②?朝菌不知晦朔,蟪蛄不知春秋③,此小年也。楚之南有冥靈者,以五百歲爲春,五百歲爲秋④;上古有大椿者,以八千歲爲春,八千歲爲秋⑤。而彭祖乃今以久特聞⑥,衆人匹之,不亦悲乎⑦!

闡述"小知不及大知,小年不及大年"的道理。

① 知(zhì):智慧。後寫作"智"。不及:比不上。小年:壽命短。年:壽命。
② 根據什麼知道是這樣呢?奚(xī):疑問代詞,何。"奚"作介詞"以"的前置賓語。其:代詞,指代"小知……大年"。
③ 朝(zhāo)菌:蟲名。朝生暮死,活的時間不到一個月(參《讀書雜志》卷九之十二)。一説是一種菌類。晦(huì)朔(shuò):一個月的時間。晦:農曆每月的最後一日。朔:農曆每月初一。蟪(huì)蛄(gū):蟬的一種,舊説春生夏死,夏生秋死,壽命不到一年。春秋:指一年的時間。
④ 冥靈:疊韻聯綿詞,大樹名。五百歲爲春,五百歲爲秋:古代以春秋指代一年,春包括夏,秋包括冬。
⑤ 大椿:傳説的一種大樹。
⑥ 彭祖:傳説中長壽的人,據説活了八百歲。乃今:而今,如今。久:長壽。特:獨。聞:聞名。
⑦ 衆人:一般人。匹之:意思是講長壽就比彭祖。匹:配。這裏是比的意思。

湯之問棘也是已①:"窮髮之北有冥海者②,天池也。有魚焉,其廣數千里,未有知其修者③,其名爲鯤。有鳥焉,其名爲鵬,背若太山,翼若垂天之雲。摶扶搖羊角而上者九萬里④,絕雲氣,負青天⑤,然後圖南,且適南冥也。斥鷃笑之曰⑥:'彼且奚適也⑦?我騰躍而上,不過數仞而下,翱翔蓬蒿之間⑧,此亦飛之至也⑨。而彼且奚適也?'"此小大之辯也⑩。

寫斥鷃嘲笑大鵬,進一步申述"小大之辯"。

① 湯:商湯。棘(jí):商湯時的大夫。是:這。意思是也有這樣的話。
② 窮髮之北:傳說中的北極地帶。窮髮:不毛之地,指極荒遠的地方。髮:毛髮。比喻草木。
③ 廣:寬。修:長。
④ 羊角:旋風名。旋風迴旋像羊角。
⑤ 絕:穿越。負:背向著。
⑥ 斥鷃(yàn):小雀。
⑦ 且:副詞,將。奚適:往什麼地方去。疑問代詞"奚"作動詞"適"的前置賓語。
⑧ 仞(rèn):古代以八尺(一說七尺)爲一仞。蓬蒿(hāo):飛蓬和青蒿。蓬、蒿都長得不高。
⑨ 至:最高限度。
⑩ 辯:通"辨",分別。

故夫知效一官①,行比一鄉,德合一君②,而徵一國者③,其自視也亦若此矣④!而宋榮子猶然笑之⑤。且舉世而譽之而不加勸,舉世而非之而不加沮⑥;定乎內外之分,辯乎榮辱之境,斯已矣⑦。彼其於世未數數然也⑧;雖然,猶有未樹也⑨。夫列子御風而行,泠然善也⑩,旬有五日而後反⑪。彼於致福者,未數數然也⑫。此雖免乎行,猶有所待者也⑬。若夫乘天地之正,而御六氣之辯,以遊無窮者⑭,彼且惡乎待哉⑮?故曰:至人無己,神人無功,聖人無名⑯。

揭示"無待"的逍遙理念。

① 知(zhì)效一官:才智能夠勝任一官之職。知:後寫作"智"。效:勝任。
② 行比一鄉:品行能合於一鄉人的心意,即使一鄉的人心悅誠服。比(舊讀 bì):合。德合一君:道德合乎一個君主的心意。
③ 而:通"能",能力。徵(zhēng)一國:取信於一國之人。徵:信。這裏指取信。
④ 其:指上述幾種人。自視:自己看自己。此:指斥鴳的自滿自得。
⑤ 宋榮子:戰國時宋國人。猶然:笑的樣子。
⑥ 舉世:整個社會。舉:全。譽:稱讚。加勸:進一步受到鼓勵。勸:鼓勵。非:責難。沮(jǔ):沮喪,灰心。
⑦ 定:確定。內:自我。外:外物。分:分界。辯:通"辨",分辨。榮辱:榮耀和恥辱。境:界限。斯已矣:如此罷了。斯:代詞,此。
⑧ 其於世:他對於世俗(的名譽)。數(shuò)數:急切追求的樣子。
⑨ 猶有未樹:仍然有未樹立起來的東西。意思是還沒有達到最高境界。
⑩ 列子:列禦寇,戰國時鄭國人。御風:駕著風。泠(líng)然:輕妙的樣子。
⑪ 旬:十日。有:通"又"。
⑫ 致福者:求福這樣的事情。致:使……至。
⑬ 猶有所待者:仍然有所憑藉。待:憑藉。
⑭ 若夫:至於。乘天地之正:順應自然的本性。御六氣之辯:順應六氣的變化。御:駕車。這裏是順應的意思。六氣:陰、陽、風、雨、晦(昏暗)、明。辯:通"變"。無窮:指時間的無始無終和空間的無邊無際。
⑮ 他還依賴什麼呢?且:還。惡(wū)乎:於何,在……上。疑問代詞"惡"(何)作介詞"乎"(於)的前置賓語。待:憑藉。
⑯ 至人:道行達到最高境界的人。無己:無我,就是物我不分。無功:順應自然,沒有自我的功業。無名:不立名。

秋水（節選）

【説明】《秋水》篇通過河伯與海若的問答，説明萬物在時空上有種種的不同，處於無窮的變化之中，所以要去除大小、長短、貴賤、死生、有無等執著的成見。這裏節選河伯與海若的第一次問答。海若告知河伯，雖然天下之水莫大於海，但自己未嘗"自多"（自滿）；萬物皆寄託於天地，一物比之於自然如同毫末，所以没有任何"自多"的理由。

　　秋水時至，百川灌河①；涇流之大，兩涘渚崖之間，不辯牛馬②。於是焉河伯欣然自喜，以天下之美爲盡在己③。順流而東行，至於北海④。東面而視，不見水端，於是焉河伯始旋其面目，望洋向若而歎曰⑤："野語有之曰，'聞道百以爲莫己若'者，我之謂也⑥。且夫我嘗聞少仲尼之聞而輕伯夷之義者⑦，始吾弗信；今我睹子之難窮也，吾非至於子之門則殆矣⑧。吾長見笑於大方之家⑨。"

河伯原以爲"天下之美爲盡在己"，到了北海纔有所醒悟。

① 時至：按季節而至。時：季節。川：河流。河：黄河。
② 涇（jīng）流：暢通的直流。涘（sì）：岸。渚（zhǔ）：水中的小塊陸地。崖：高的河岸。不辯：分辨不清。辯：通"辨"。
③ 於是：在這個時候。河伯：黄河之神。美：美盛。盡在己：全都在自己這裏。
④ 北海：渤海一帶。
⑤ 東面：臉朝東。旋其面目：改變了自己的臉色。旋：扭轉。望洋：疊韻聯綿詞，仰視的樣子。若：海神，即下文的北海若。
⑥ 野語：俗語。百：形容（聞道）多。莫己若：没有什麽人比得上自己。"己"是"若"的前置賓語。若：如同，比得上。我之謂：説的就是我。"我"是"謂"的前置賓語。
⑦ 且夫：連詞，表示進一層論述。少仲尼之聞：認爲仲尼的見聞少。

輕伯夷之義：認爲伯夷的義節輕。"少、輕"是形容詞用作意動，都是瞧不起的意思。仲尼：孔子名丘字仲尼。伯夷：史書記載是商孤竹君之子，武王滅商，與其弟叔齊恥食周粟，餓死在首陽山，被認爲是有義節的人。

⑧ 窮：盡。這裏是到達盡頭的意思。殆：危險。

⑨ 長：長久，永遠。見笑：被笑。見：用在動詞前表示被動。大方之家：掌握了大道的人。方：道。

北海若曰："井䵷不可以語於海者，拘於虛也①；夏蟲不可以語於冰者，篤於時也②；曲士不可以語於道者，束於教也③。今爾出於崖涘，觀於大海，乃知爾醜，爾將可與語大理矣④。天下之水，莫大於海，萬川歸之，不知何時止而不盈；尾閭泄之，不知何時已而不虛⑤。春秋不變，水旱不知⑥。此其過江河之流，不可爲量數⑦。而吾未嘗以此自多者，自以比形於天地而受氣於陰陽⑧。吾在於天地之間，猶小石小木之在大山也，方存乎見少，又奚以自多⑨！計四海之在天地之間也，不似礨空之在大澤乎⑩？計中國之在海內，不似稊米之在大倉乎⑪？號物之數謂之萬，人處一焉⑫；人卒九州，穀食之所生，舟車之所通，人處一焉⑬。此其比萬物也，不似豪末之在於馬體乎⑭？五帝之所連，三王之所爭，仁人之所憂，任士之所勞，盡此矣⑮。伯夷辭之以爲名，仲尼語之以爲博⑯，此其自多也，不似爾向之自多於水乎⑰？"

北海若告訴河伯：自己"在於天地之間，猶小石小木之在大山"，河伯"自多於水"是一種淺陋的見識。

① 䵷：同"蛙"。一説"䵷"當作"魚"。語於海：談論大海。於：以。拘於虛：被居住的地方所限制。拘：受到限制。虛：後寫作"墟"，居住的地方。

② 夏蟲：只能在夏天存活的昆蟲。篤（dǔ）：固。閉塞不通達，局限。

時:存活的時間。
③ 曲士:鄉曲之士。指見識淺陋的人。曲:局部。束:束縛。教:(世俗的)教化。
④ 醜:鄙陋。爾將可與語大理矣:就可以同你談論大道理了。爾:你。
⑤ 莫大於海:沒有什麼比海更大的了。不知何時止而不盈:(萬川流歸大海)不知道何時停止但大海永遠不會滿。盈:滿。尾閭(lǘ):傳說是海底泄水之處。泄:泄漏。已:停止(泄水)。虛:指海水流出變空虛。
⑥ 不變:不增減。不知:不覺察。即不會受影響。
⑦ 過:超過。量(liàng)數:以數量計算。
⑧ 自多:自滿。自以:自以爲。比(bì):通"庇",寄託。形:形體。氣:生氣,使萬物生長發育之氣。古人認爲天地間有陰陽二氣可以化生萬物。
⑨ 方存乎見少:正存有所見甚少的念頭。存:存念。奚以:憑什麼。疑問代詞"奚"作介詞"以"的前置賓語。
⑩ 礨(lěi)空(kǒng):小孔,指蟻穴。澤:聚水的窪地。
⑪ 海內:四海之內。稊(tí)米:小的米粒。稊:草名,其粒實如小米。大(tài)倉:京城中的大穀倉。
⑫ 稱呼物類的數目之多叫作"萬",人在萬物中居其一。
⑬ "人卒"句:這一句的大意是:人羣聚集於九州,九州之內穀實生長的地方,舟車通達的地方都有人居住,個人(對衆人而言)在其中也僅居其一。卒(cuì):通"萃",聚集。九州:古代分中國爲九州。
⑭ 豪末:毫毛的末梢。豪:通"毫",尖細的毛。
⑮ 連:一說是五帝禪讓而相連續的意思。五帝:傳說中遠古的五位帝王,說法不一。三王:夏禹、商湯、周文王。仁人:有仁德的人。所憂:感到憂慮的。任士:肩負天下大任的人。所勞:爲之辛苦的。盡此:盡在毫末之中。意思是"所連""所爭""所憂""所勞"跟天地宇宙相比,就如同毫末。
⑯ 伯夷辭之:指伯夷辭讓孤竹之君位,其後又不食周粟。爲名:成就了名聲。仲尼語之以爲博:孔子講論自己的學說顯示了他的淵博。
⑰ 這就是他們的自滿,不就像你先前對"涇流之大"感到自滿一樣嗎?自多:自滿。

閲讀文選

庖丁解牛①（《莊子》）

【説明】文章闡述養生如同"庖丁解牛"，要順應自然之道。

庖丁爲文惠君解牛②，手之所觸，肩之所倚，足之所履，膝之所踦③，砉然嚮然，奏刀騞然④，莫不中音⑤。合於《桑林》之舞，乃中《經首》之會⑥。文惠君曰："譆，善哉！技蓋至此乎⑦？"

寫庖丁宰牛的高超技術。

① 節選自《養生主》。文章題目爲後加。
② 庖（páo）丁：名叫"丁"的廚工。文惠君：魏國的君主。解牛：宰牛。
③ 履：踩。踦（yǐ）：用膝蓋抵住。
④ 砉（xū）然：擬聲詞，這裏指皮肉筋骨分離的聲音。嚮：通"響"。奏刀：進刀。騞（huō）然：擬聲詞，這裏指插刀裂物的聲音。
⑤ 中（zhòng）音：合乎韻律。
⑥《桑林》《經首》：樂曲的名稱。會：節奏。
⑦ 譆（xī）：驚嘆聲。蓋（hé）：通"盍"，何，怎麽。

庖丁釋刀對曰："臣之所好者道也，進乎技矣①。始臣之解牛之時，所見無非全牛者②。三年之後，未嘗見全牛也。方今之時，臣以神遇而不以目視，官知止而神欲行③。依乎天理,批大郤,導大窾,因其固然④。技經肯綮之未嘗,而況大軱乎⑤?良庖歲更刀,割也;族庖月更刀,折也⑥。今臣之刀十九年矣,所解數千牛矣,而刀刃若新發於硎⑦。彼節者有間⑧,而刀刃者無厚;以無厚入有間,恢恢乎其於遊刃必有餘地矣⑨。是以十九年而刀刃若新發於硎。雖然,每至於族⑩,吾見其難爲,怵然爲戒⑪,視爲止,行爲遲,動刀甚微⑫,謋然已解,如土委地⑬。提刀而立,爲之四顧,爲之躊躇滿志,善刀而藏之⑭。"

文惠君曰:"善哉!吾聞庖丁之言,得養生焉⑮。"

指明養生如同"庖丁解牛",要順應自然之道。

① 道:根本的事理。進:超越。技:具體的操作技術。
② 全牛:完整的牛。
③ 以神遇:以精神與牛接觸。官知:感官知覺。這裏指視覺。神欲:指精神活動。
④ 天理:指牛體的自然構造。批:(用刀)擊。郤(xì):縫隙。導大窾(kuǎn):把刀引入骨節間的空隙之處。導:引導。窾:空(kòng)。因:順應。固然:本來的樣子。
⑤ 技(zhī)經:經絡連接的地方。技:當作"枝"。肯綮(qìng):筋肉糾結的地方。未嘗:不曾嘗試觸及。大軱(gū):大骨。
⑥ 族:衆,即一般的。折:硬砍斷。
⑦ 新發於硎(xíng):剛從磨刀石磨出來。硎:磨刀石。
⑧ 間(jiàn):空隙。
⑨ 恢恢乎:寬大有餘的樣子。遊刃:刀在牛體中插進轉動。
⑩ 族:交錯聚結。指筋骨聚結的地方。
⑪ 怵(chù)然:警惕的樣子。
⑫ 遲:慢。微:(動作)輕微。
⑬ 謋(huò)然:擬聲詞,形容牛的肢體解開的聲音。如土委地:就像泥土堆積在地上。委:堆積。
⑭ 躊躇滿志:志得意滿的樣子。善:擦拭。

⑮ 養生:指養生之道。

練習十一

一、熟讀本單元講過的文章。
二、閱讀本單元的閱讀文選。
三、給下面句子中加點的字注音:
　　1. 三十輻共一轂。(《老子·三十輻共一轂》)
　　2. 埏埴以爲器。(《老子·三十輻共一轂》)
　　3. 鑿戶牖以爲室。(《老子·三十輻共一轂》)
　　4. 雖有舟輿,無所乘之。(《老子·小國寡民》)
　　5. 北冥有魚,其名爲鯤。(《莊子·逍遙遊》)
　　6. 覆杯水於坳堂之上。(《莊子·逍遙遊》)
　　7. 我決起而飛,搶榆枋。(《莊子·逍遙遊》)
　　8. 朝菌不知晦朔。(《莊子·逍遙遊》)
　　9. 翱翔蓬蒿之間。(《莊子·逍遙遊》)
　　10. 兩涘渚崖之間,不辯牛馬。(《莊子·秋水》)
四、解釋下面句子中加點的詞:
　　1. 故常無,欲以觀其妙;常有,欲以觀其徼。(《老子·道可道》)
　　2. 長短相形,高下相傾。(《老子·天下皆知美之爲美》)
　　3. 鑿戶牖以爲室。(《老子·三十輻共一轂》)
　　4. 名與身孰親?(《老子·名與身孰親》)
　　5. 知足不辱,知止不殆。(《老子·名與身孰親》)
　　6. 是故甚愛必大費。(《老子·名與身孰親》)
　　7. 使民重死而不遠徙。(《老子·小國寡民》)
　　8. 甘其食,美其服,安其居,樂其俗。(《老子·小國寡民》)
　　9. 奚以之九萬里而南爲?(《莊子·逍遙遊》)
　　10. 且舉世而譽之而不加勸。(《莊子·逍遙遊》)
　　11. 此雖免乎行,猶有所待者也。(《莊子·逍遙遊》)
　　12. 天之蒼蒼,其正色邪?其遠而無所至極邪?(《莊子·逍遙遊》)

13. 小知不及大知，小年不及大年。(《莊子·逍遙遊》)
14. 比形於天地而受氣於陰陽。(《莊子·秋水》)
15. 井蛙不可以語於海者，拘於虛也。(《莊子·秋水》)

五、查閱工具書，解釋下面語詞中加點的字：
1. 恆常　流亡　遷徙　極端　祈年　優待　紋理
2. 冬夏常青　興風作浪　亡羊補牢　登峰造極　風燭殘年　迫不及待　莫名其妙　當家理財　陽奉陰違

六、把下面的句子譯成現代漢語：
1. 《齊諧》者，志怪者也。(《莊子·逍遙遊》)
2. 風之積也不厚，則其負大翼也無力。(《莊子·逍遙遊》)
3. 背負青天而莫之夭閼者，而後乃今將圖南。(《莊子·逍遙遊》)
4. 之二蟲又何知！(《莊子·逍遙遊》)
5. 奚以知其然也？(《莊子·逍遙遊》)
6. 絕雲氣，負青天，然後圖南，且適南冥也。(《莊子·逍遙遊》)
7. "聞道百以爲莫己若"者，我之謂也。(《莊子·秋水》)
8. 今我睹子之難窮也，吾非至於子之門則殆矣。(《莊子·秋水》)
9. 天下之水，莫大於海，萬川歸之，不知何時止而不盈。(《莊子·秋水》)
10. 吾在於天地之間，猶小石小木之在大山也。(《莊子·秋水》)

七、説説你對下面句子的理解：
1. 道可道，非常道。(《老子·道可道》)
2. 是以聖人處無爲之事，行不言之教。(《老子·天下皆知美之爲美》)
3. 勝人者有力，自勝者強。(《老子·知人者智》)
4. 若夫乘天地之正，而御六氣之辯，以遊無窮者，彼且惡乎待哉？(《莊子·逍遙遊》)
5. 伯夷辭之以爲名，仲尼語之以爲博，此其自多也，不似爾向之自多於水乎？(《莊子·秋水》)

常用詞

負　常　徙　極　待　莫　志　道　去　親

101. 負

負的基本義是背(bēi);扛。《戰國策·蘇秦以游説致富貴》:"負書擔橐,形容枯槁。"《漢書·朱買臣傳》:"其妻亦負戴相隨,數止買臣毋歌嘔道中。"泛指承擔;承載。《莊子·逍遥遊》:"且夫水之積也不厚,則其負大舟也無力。"王士禎《女俠》:"驢背負木夾函數千金。"雙音詞有[擔負],熟語有[身負重任]。

102. 常

"常"是一個形聲字,意符是"巾"。《説文》:"常,下裙也。"指古人穿的下衣(這個意思通作"裳")。《逸周書·度邑》:"叔旦泣涕于常。"(叔旦:人名。)《玉篇》:"常,恆也。"常的基本義是恆定不變。《老子》一章:"道可道,非常道。"韓愈《師説》:"聖人無常師。"雙音詞有[常規][常數]。由不變引申爲一般的;普通的。《史記·司馬相如列傳》:"蓋世必有非常之人,然後有非常之事。"雙音詞有[平常][常識],成語有[老生常談]。

103. 徙

這個字古文字從"彳"從"步"會意。《説文》解釋爲"迻",遷移的意思。《老子》八十章:"使民重死而不遠徙。"《莊子·逍遥遊》:"是鳥也,海運則將徙於南冥。"雙音詞有[遷徙]。

104. 極

《説文》:"極,棟也。"指屋脊的正梁。《後漢書·蔡茂傳》:"夢坐大殿,極上有三穗禾。"引申指最高點;最高最遠處。《莊子·逍遥遊》:"天之蒼蒼,其正色邪?其遠而無所至極邪?"《論衡·談天》:"女媧銷煉五色石以補蒼天,斷鼇足以立四極。"雙音詞有[極端],成語有[登峰造極]。

105. 待

《説文》:"待,俟也。"意思是等候。《左傳·鄭伯克段于鄢》:"多行不義必自斃,子姑待之。"雙音詞有[等待]。由等待引申爲有所期待;需求。《韓非子·五蠹》:"短褐不完者不待文繡。"(短褐:粗布衣服。文繡:華美的衣服。)由此引申爲有所依賴;憑藉。《商君書·農戰》:"國待農戰而安。"《莊子·逍遥遊》:"此雖免乎行,猶有所待者也。"

106. 莫

《說文》:"莫,日且冥也。"指日落時分(與"朝"相對)。讀 mù(這個意思後來作"暮")。《禮記·聘義》:"日莫人倦。"假借用作無定代詞,讀 mò,表示没有什麽東西;没有什麽人。《莊子·秋水》:"天下之水,莫大於海。"又:"'聞道百以爲莫己若'者,我之謂也。"

107. 志

《說文》:"志,意也。"指心意所向;意念。《論語·子路曾皙冉有公西華侍坐》:"何傷乎?亦各言其志也。"《史記·陳涉世家》:"燕雀安知鴻鵠之志哉!"雙音詞有[志向],成語有[志同道合]。志又通"識",基本義是記,這是它的假借義。《國語·魯語下》:"弟子志之。"(志:記住。)《莊子·逍遥遊》:"《齊諧》者,志怪者也。"(志:記載。)熟語有[永志不忘]。

108. 道

《說文》:"道,所行道也。"道路。《史記·陳涉世家》:"會天大雨,道不通。"引申爲途徑;方法。《說苑·政理》:"治國之道,愛民而已。"李翱《楊烈婦傳》:"明攻守勇烈之道。"抽象引申爲應當遵循的(政治的、道德的)準則。《論語·篤信好學》:"天下有道則見,無道則隱。"《孟子·天時不如地利》:"得道者多助,失道者寡助。"雙音詞有[道義]。又引申爲事物變化遵循的根本規律和法則。《莊子·庖丁解牛》:"臣之所好者道也,進乎技矣。"《論衡·談天》:"以天道人事論之,殆虚言也。"又引申爲遵循的學說主張。韓愈《師說》:"師者,所以傳道、受業、解惑也。"熟語有[孔孟之道]。

109. 去

"去"原是離開的意思。《戰國策·蘇秦以游説致富貴》:"資用乏絶,去秦而歸。"李翱《楊烈婦傳》:"得吾城不足以威,不如亟去。"雙音詞有[去留][去世]。引申爲距離。《列子·兩小兒辯日》:"我以日始出時去人近,而日中時遠也。"離開某處就是前往另一處,後來轉爲前往的意思。白居易《西原晚望》詩:"故園汴水上,離亂不堪去。"

110. 親

親的基本義是接觸;緊挨著。《孟子·離婁上》:"男女授受不親。"抽象義是關係緊密,值得珍愛;親近,親愛(跟"疏"相對)。《老子》四十四章:"名與身孰親?"《孟子·梁惠王下》:"君行仁政,斯民親其上。"用作名詞,指親近的人(父母、親族等)。《孟子·盡心上》:"孩提之童無不知愛其親者。"又《公孫丑下》:"寡助之至,親戚畔之。"雙音詞有[雙親][至親]。

古漢語常識

古代漢語常用工具書(下)

在《古代漢語常用工具書(上)》中我們介紹了一些常用的字典和辭書,本節介紹《說文解字》《故訓匯纂》《四庫全書總目》《詩詞曲語辭匯釋》四部工具書。

一 《說文解字》

《說文解字》,東漢許慎(約58—約147)編撰,是中國現存最早的一部體系完備的字書,也是一部重要的文字學著作。《說文解字》通過考察小篆字形結構探求字的初始意義,是我們學習古代漢語必讀的文獻。許慎把獨體的字叫"文",合體的字叫"字",所以取名《說文解字》(後世簡稱《說文》)。《說文》始作於漢和帝永元十二年(100),完成於安帝建光元年(121)。全書原分十四篇,又"叙目"一篇("篇"後又稱卷。今本每卷各分上下)。收字9353個,重文(異體字)1163個。所收字按部首編排,共分立五百四十部首。

下面以中華書局一九六三年影印本爲例說明《說文解字》(下稱《說文》)的釋字體例。

《說文》字頭的字體是小篆（也有少數是戰國古文）；如有古文、籀文，就列爲異體。部首排列的次序是"據形系聯"，就是把篆文形體相近或相關的部首排列在一起。同部首的字又遵循以類相從的原則，就是把意義相近的字排列在一起。圖中的雙行小字是北宋初徐鉉校訂《說文》時增加的注釋（有"臣鉉等曰"字樣）和注音。注音採用的是唐代孫愐《唐韻》的反切，並非東漢時代的讀音。釋字的體例是：每字先列小篆形體，再解釋字義，然後分析字形結構。部分字的後面還舉有書證。如：

元，始也。从一从兀。

> 祺，吉也。从示其聲。禥，籀文从基。
> 禔，安福也。从示是聲。《易》曰："禔既平。"

《説文》首創漢字的部首分類法，開創了以部首統領漢字的編纂方法。對於漢字的字形結構，許慎用"六書"的理論對秦時通行的小篆以及秦以前的一些古文字形進行了分析歸類；"六書"的分類奠定了分析漢字形體結構及其演變的基礎，影響很大。對於古漢語學習來說，尤其值得關注的是《説文》通過分析漢字的字形結構説明字的本義，保存了大量東漢以前的古字古義，爲古漢語詞彙研究的提供了重要依據。如：

> 斯，分析也。从斤其聲。《詩》曰："斧以斯之。"
> 隊（zhuì），从高隊也。从阜㒸（suì）聲。
> 匪，器，似竹筐。从匚非聲。《逸周書》曰："實玄黄于匪。"
> 術，邑中道也。

上面這幾個字表示的詞義都與後來有很大的不同。由《説文》的解釋我們可以知道，"斯"的本義是劈開，這個字用作代詞是它的假借義[①]。墜落的意思本作"隊"，"墜"是後起的分化字。竹筐的意思本作"匪"，"筐"也是後起的分化字。"術"的本義是道路，後來的一系列意義（如"技術、法術"等）都是引申義。

《説文》對很多字的本義的解釋都是確定不移的。當然，由於時代局限，特別是許慎沒有見到更早的古文字材料，也有一些解釋是錯誤的。

《説文》研究始于唐宋時期。著名的是南唐徐鉉、徐鍇二兄弟。徐鍇著有《説文解字繫傳》（世稱小徐本），徐鉉於宋太宗時奉旨校定《説文》（世稱大徐本）。後人研治《説文》，多以大徐本爲基礎，同時參校小徐本。《説文》研究至清代進入鼎盛時期，影響最大的是"説文四大家"：段玉裁《説文解字注》、桂馥《説文解字義證》、王筠《説文句讀》《説文釋例》、朱駿聲《説文通訓定聲》。段玉裁的《説文解字注》在校訂文字、闡釋《説文》體例方面很有貢獻；又參酌衆多古籍，對字的形義進行了細緻深入的説明，對閱讀《説文》幫助極大。下面是《説文解字注》（簡稱《段注》）對"走"和"理"兩個字的解釋：

> 《説文》："走，趨也。"

[①] 如《論語·子罕》："逝者如斯夫。"

《段注》:"《釋名》曰:'徐行曰步,疾行曰趨,疾趨曰走。'此析言之,許渾言不別也。今俗謂走徐趨疾者非。"

《説文》:"理,治玉也。"

《段注》:"《戰國策》'鄭人謂玉之未理者爲璞',是'理'爲剖析也。玉雖至堅,而治之得其鰓理以成器不難,謂之理。凡天下一事一物,必推其情至於無憾而後即安,是之謂天理,是之謂善治,此引伸之義也。戴先生《孟子字義疏證》曰:'理者察之而幾微,必區以別之名也,是故謂之分理。在物之質曰肌理,曰腠理,曰文理。得其分則有條而不紊,謂之條理。'鄭注《樂記》曰:'理者,分也。'許叔重曰:'知分理之可相別異也。'古人之言天理何謂也?曰理也者,情之不爽失也。未有情不得而理得者也。天理云者,言乎自然之分理也。自然之分理,以我之情絜人之情而無不得其平是也。"

段玉裁在對"走"的解釋中有"析言""渾言"的説法,這是《段注》中兩個重要的概念。"析言"著重於詞義區別的一面,"渾言"著重於詞義相同的一面。《説文》把"走"解釋爲"趨",是就這兩個詞意義相同的一面説的,所以《段注》説這種解釋是"渾言不別"。《釋名》對"步、趨、走"三個詞的意義作了辨析區分,所以《段注》説這種解釋是"析言"。這兩個概念的提出對於我們辨析詞義無疑很有幫助。《段注》又指出"今俗謂走徐趨疾者非",這提醒我們要注意詞義的發展變化。

《段注》在對"理"的解釋中著重分析"理"的意義變化。"是'理'爲剖析也"一句明確指出"理"的意義核心是"剖析""得其理"[①]。"理"的本義是"治玉",後來有很多引申義,但"剖析""得其理"是貫穿始終的一條綫,這對於我們考察詞義的前後聯繫很有啓發。

二 《故訓匯纂》

《故訓匯纂》是由武漢大學古籍研究所編纂的一部大型語文工具書。一九八五年開始編纂,二〇〇三年由商務印書館出版。它在清人阮元《經籍籑詁》的基礎上編訂而成,既吸收了《經籍籑詁》的成果,又對其進行了

---

① 理:事物的條理。

認真校訂和大量補充,收字頭近 2 萬個,訓詁資料近 50 萬條,共計 1300 萬字。該書匯集了先秦至晚清經史子集中二百多種重要文獻的訓詁資料,注文包括文獻本文中的訓詁材料、義訓、形訓、聲訓、通假和異體的説明、同源關係以及與之相關的典籍異文等,摘錄原例,詳列出處,如《故訓匯纂·凡例》所説:"力求使讀者尋檢一字而歷代訓釋一覽無遺,查閲一訓而諸書用例歷歷在目。"比較《經籍籑詁》,《故訓匯纂》有以下特點:

一、取材範圍的拓展和突破。《經籍籑詁》收唐以前八十多種書的訓詁資料,《故訓匯纂》涉及的古書有二百二十多種(新增加的主要是唐宋元明清時期重要的注疏與訓詁專書),基本上涵蓋了先秦至晚清的訓詁資料。既輯錄單音詞的訓詁材料,也收錄多音詞和短語的訓釋。

二、改進完善編排體例。《匯纂》按《康熙字典》二百十四部首編排,有單字漢語拼音索引、難檢字筆畫索引。每條訓詁資料嚴格按被釋字歸類,做到了"檢一字而諸訓皆存"(王引之《經籍籑詁·序》),方便讀者查檢。

三、從形音義相結合的角度探求字義、詞義。單字條目下,先列《説文》的説解以明字形,次列音讀。每一音項均標注現代音、中古音和上古韻部。一字有多音,不同的音項分列領屬各項意義。引述的故訓力求按本義、引申義、假借義、同源、通假、異體、異文的序列排列,以便讀者從形、音、義三者互求的關係上總體把握字詞的意義系統。

四、對《經籍籑詁》的訛誤遺漏作了校補訂正。引述故訓儘量取第一手資料。下面以"向"字爲例説明《故訓匯纂》的釋字體例。

"向"字條目下,先舉《説文》解釋"向"的字形和意義,下面注明音讀,分別標注現代音、中古音和上古韻部。然後列舉音項所統屬的各種意義,多達 40 條,清以前各種古書注解中關於"向"的解釋大致已搜羅齊備。所引各項注釋,靠前的是作者認爲的本義(如注①"向,北出牖也"),接下來列舉引申義(注⑯—⑲),還有假借義(注⑦㉕㉛㉜等)。最後舉出"向"的雙音組合(注㉟—㊵"向上""向使""向前"等)。

《故訓匯纂》把清代以前關於"向"的古書注解全部羅列出來,並依據一定次序整理編排(如注意從形音義的結合上探求字義詞義,注意區分本義、引申義和假借義,收錄複音詞等);通過查閲一個字的故訓,不僅可以了解古人對某一個字詞有哪些解釋,還可以比較各家得失,進一步探求詞義演變發展的綫索。

《故訓匯纂》內容豐富,資料翔實,編排合理,檢索方便。我們閲讀古書，如果想了解古人對某一字詞有哪些解釋，比較其得失，使用《故訓匯纂》十分方便。

清代阮元的《經籍籑詁》也是古書訓詁資料的彙編。它主要輯錄唐代以前各種古書的注解，對了解故訓起過重要作用，但搜集的資料不全，訛誤也較多，《故訓匯纂》出版後，其實用性就降低了。

三　《四庫全書總目》

清代乾隆年間，集中大批人力物力修成一部大型叢書《四庫全書》。在纂修期間，對採入《四庫全書》的書籍和一些沒有採入的書籍曾分別撰寫內容提要，後來把這些內容提要分類編排彙成一書，就是《四庫全書總目》（又稱《四庫全書總目提要》）。一九六五年中華書局出版了影印本，書末附有書名和著者姓名索引，便於查檢。

《四庫全書總目》由清代學者紀昀總其成，共二百卷。《總目》著錄的書，收入《四庫全書》的有3461種；"存目"中的有6793種（"存目"是未採入《四庫全書》的書籍）。這些書籍按經、史、子、集四部分類法編排，四部下又分小類（共分四十四小類），一些比較複雜的小類下又分子目。每一大類和小類的前面都有小序，說明這一類著作的源流和分類的理由。每種書的"提要"內容大致爲介紹著者，論述各書大意、著作源流及版本沿革，並簡要評述其得失等。《總目》基本上囊括了清代乾隆以前中國古代的主要著作，是規模巨大、内容詳贍的書目工具書，爲查考了解中國古代典籍提供了很大的方便，至今仍然具有重要的參考價值。下面是《總目》對《世說新語》的介紹（歸入子部小說家類）：

> 宋臨川王劉義慶撰，梁劉孝標註。義慶事蹟具《宋書》。孝標名峻，以字行，事蹟具《梁書》。黄伯思《東觀餘論》謂《世說》之名肇於劉向，其書已亡，故義慶所集名《世說新書》。段成式《酉陽雜俎》引王敦澡豆事尚作《世說新書》可證，不知何人改爲《新語》。蓋近世所傳，然相沿已久，不能復正矣。所記分三十八門，上起後漢，下迄東晉，皆軼事瑣語，足爲談助……孝標所注特爲典贍，高似孫《緯略》亟推之。其糾正義慶之紕繆，尤爲精核。所引諸書今已佚其十之九，惟賴是注以傳。故與裴松之《三國志》注、酈道元《水經注》、李善《文選》注同爲考證家所引據焉。

《四庫全書總目》卷帙浩繁，檢閱不便，乾隆四十七年（1782）又編有《四庫全書簡明目錄》二十卷。《簡明目錄》不錄"存目"，對提要也進行了删減。一九五七年上海古典文學出版社重印，附有書名和著者姓名索引。

四 《詩詞曲語辭匯釋》

近人張相著，一九五三年由中華書局出版。這是一部專門解釋唐宋金元明時期詩詞曲中特殊詞語的專著，共收字詞 537 個，附目 600 多條。《匯釋》所收詞語，如《叙言》所說："凡屬於普通義者，除有聯帶關係時，不復闌入；其字面生澀而義晦，及字面普通而義別者，則皆在探討之列。"這些"字面生澀而義晦""字面普通而義別"的特殊詞語，很多是當時的口語，在以前的工具書中不容易找到解釋。作者歷時八年，搜集大量資料，仔細推求詞的意義，對一些詞的來源也作了探討。排列次序一般是先詩後詞再曲，引證豐富，考釋精闢，是我們閱讀和研究古代詩詞曲的重要工具書。

書末有筆畫索引。

　　最後要説明的是，在使用工具書時，一定要認真閲讀"凡例"。"凡例"介紹一部工具書的内容、功能、特點以及編排條例等，能幫助我們迅速掌握工具書的使用方法，達到事半功倍的效果。

第十二單元

講讀文選

荀子

《荀子》爲荀況(約前313—前238)所作。荀子,戰國末思想家。趙國人,名況,時人尊號爲卿,因避西漢宣帝劉詢諱,漢代改稱孫卿。遊學於齊,後赴楚國。晚年在蘭陵(今山東省蘭陵縣)著書授徒,直至去世。

荀子批判和總結了先秦各家的學説思想。他的自然觀具有樸素的唯物主義思想,反對天命鬼神,認爲"天行有常",自然界有自己的客觀規律;提出"制天命而用之"的觀點,主張發揮人的能動性。他主張"性惡論",不讚成"性善論"。在認識論上,反對"生而知之",強調社會環境和後天教育學習的重要性。在政治理論上,主張"法後王",強調禮治,又兼用法治,這對韓非等法家有很大的影響。

《荀子》現爲三十二篇(有少數篇目爲弟子所記),由後人輯成。全書包括哲學、政治、經濟、軍事、教育等方面的論述。論點鮮明,結構完整,善用比喻,論證嚴密,學術性強。

通行的注本有唐代楊倞的注、清代王先謙的《荀子集解》和今人梁啓雄的《荀子簡釋》。

選文據《荀子集解》,中華書局一九八八年版。

勸學（節選）

【説明】"勸學"意思是勉勵人們學習。文章系統地論述了學習的意義、目的、方法和態度，見解精闢，是一篇全面論述教育和學習問題的大作。文章多用比喻和排比句式，層層推理，説理深入淺出，極富説服力。

君子曰[1]：學不可以已[2]。青，取之於藍而青於藍；冰，水爲之而寒於水[3]。木直中繩，輮以爲輪，其曲中規[4]，雖有槁暴不復挺者，輮使之然也[5]。故木受繩則直，金就礪則利[6]，君子博學而日參省乎己，則知明而行無過矣[7]。故不登高山，不知天之高也；不臨深谿，不知地之厚也[8]；不聞先王之遺言，不知學問之大也[9]。干越夷貉之子[10]，生而同聲，長而異俗[11]，教使之然也[12]。

開宗明義提出"學不可以已"的中心論點，由此展開論證，指出君子要"博學"自省，強調後天教育的重要性。

① 君子：指有道德學問的人。
② 已：停止。
③ 青：前一個"青"指靛(diàn)青，一種深藍色的染料。後一個"青"指藍色(藍的程度)。取：指提取。藍：草本植物，有蓼藍、馬藍等多種，葉可製靛青。青於藍：顏色比蘭草更藍。成語"青出於藍而勝於藍"源出於此。爲：造成。這裏指凝結。
④ 中(zhòng)：符合。繩：指木工用來打直綫的墨綫。輮(róu)：通"煣"，用小火煨烤木料使彎曲。以爲輪：用來做成車輪。規：圓規。木工用來取圓的工具。
⑤ 槁(gǎo)：(草木)乾枯。暴(pù)："曝"的古體，曬。挺：挺直，伸直。者：指代原因。然：這樣。指"雖有槁暴不復挺"。
⑥ 受繩：指經受墨綫的測量。金：指金屬(銅、鐵)製成的刀斧等。就：靠近，湊近。這裏指放到磨刀石上去磨。礪(lì)：磨刀石。

⑦ 博學:多方面廣泛地學習。日:每天。參省(xǐng):檢查。參:檢驗。省:反省,檢查。知(zhì):才智,見識。後寫作"智"。行:行爲。
⑧ 臨:從高處往下看。谿(xī):山谷。
⑨ 先王:儒家指堯、舜、禹、湯、文、武、周公等聖明的君主。遺言:留下來的話。
⑩ 干越:即吳越,這裏泛指當時中國南方各族。干:周代小國,在今江蘇省,後滅於吳。越:周代諸侯國,與吳國相鄰,在今浙江東部。夷:先秦時對東方各少數民族的稱呼。貉(mò):又作"貊",先秦時對北方各族的稱呼。子:指嬰兒。
⑪ 聲:指嬰兒生下來啼哭的聲音。俗:生活習慣。
⑫ 教:指後天的教育。

吾嘗終日而思矣,不如須臾之所學也①;吾嘗跂而望矣,不如登高之博見也②。登高而招,臂非加長也,而見者遠③;順風而呼,聲非加疾也,而聞者彰④。假輿馬者,非利足也,而致千里⑤;假舟楫者,非能水也,而絕江河⑥。君子生非異也,善假於物也⑦。

這是第二段第一層,用一系列比喻説明藉助於學習纔能成爲一個君子。

① 須臾:片刻,一會兒。
② 跂(qǐ):提起腳後跟站著。博見:看得廣遠。
③ 招:招手。加:更,更加。見者遠:別人在很遠的地方就能看見他(招手)。見者:能夠看見招手的人。
④ 疾:指疾勁有力。聞者彰:別人就能很清楚地聽到他的呼叫。聞者:聽到呼叫的人。彰:清楚。
⑤ 假:憑藉。輿馬:偏義複詞,指車子。輿:車箱,也指車。利足:腳善於走路。利:疾,迅捷。致:到達。
⑥ 舟楫(jí):偏義複詞,舟船。楫:同"檝",船槳。水:名詞用作動詞,游泳。絕:橫渡。江河:一本作"江海"。

⑦ 生：通"性"（依王念孫說），天性。善假於物：善於藉助外物。假：
憑藉。

　　南方有鳥焉，名曰蒙鳩①，以羽爲巢，而編之以髮，繫之葦苕②。風至苕折，卵破子死。巢非不完也，所繫者然也③。西方有木焉，名曰射干④，莖長四寸，生於高山之上，而臨百仞之淵⑤。木莖非能長也，所立者然也⑥。蓬生麻中，不扶而直⑦；白沙在涅，與之俱黑⑧。蘭槐之根是爲芷⑨，其漸之滫，君子不近，庶人不服⑩。其質非不美也，所漸者然也⑪。故君子居必擇鄉，遊必就士⑫，所以防邪僻而近中正也⑬。

　　這是第二段第二層，進一步說明成長環境的重要，指明"君子居必擇鄉，遊必就士"，以"防邪僻而近中正"。

① 蒙鳩（jiū）：鳥名，又叫鷦（jiāo）鷯（liáo），因做巢精巧，又稱巧婦鳥。
② 編之以髮：用髮絲來編結巢。繫之葦苕（tiáo）：把巢繫在蘆葦的穗上。苕：蘆葦的穗。
③ 完：完整，完好。所繫者然也：這是繫的地方不牢固使它成爲這樣的。者：代繫的地方，即葦苕。然：這樣，指"風至苕折，卵破子死"。
④ 射（yè）干：多年生草本植物。
⑤ 臨：居高俯視。仞（rèn）：長度單位，八尺爲一仞（一說七尺）。淵：深水，深潭。
⑥ 所立者然也：是長的地方使它這樣的。然：代"臨百仞之淵"。
⑦ 蓬：多年生草本植物。又叫飛蓬。麻：大麻，草本植物，莖高而直立。
⑧ 沙：通"紗"，輕細的絹。涅（niè）：一種泥狀的礦物，古代用作黑色染料。此二句據王念孫意見補入（見《讀書雜志》）。
⑨ 蘭槐：香草名，今稱蘭草。是：指示代詞，復指根。芷（zhǐ）：古代把蘭苗叫蘭槐或蘭，把蘭根叫作芷。
⑩ 其漸（jiān）之滫（xiǔ）：把它（芷）浸泡在臭水裏。漸：浸。之：芷。

瀋:腐臭的淘米水。庶人:平民。服:佩帶。

⑪ 所漸者然也:浸泡的汁水使它變成這樣的。

⑫ 擇鄉:選擇風俗淳美的鄉土。遊:交遊。外出求仕或求學。就:接近,這裏指結交。士:有一定才學道德的人,即賢士。

⑬ 這是用來防止邪僻的污染而接近正道的正確方法。邪僻:德行乖謬不正,這裏指惡德。中正:不偏不倚,這裏指正直之德。

　　物類之起,必有所始①;榮辱之來,必象其德②。肉腐出蟲,魚枯生蠹③;怠慢忘身,禍災乃作④。強自取柱,柔自取束⑤,邪穢在身,怨之所構⑥。施薪若一,火就燥也⑦;平地若一,水就濕也。草木疇生,禽獸羣居⑧,物各從其類也。是故質的張而弓矢至焉⑨,林木茂而斧斤至焉⑩,樹成蔭而衆鳥息焉,醯酸而蜹聚焉⑪。故言有召禍也⑫,行有招辱也。君子慎其所立乎⑬!

　　這是第二段第三層,進一步強調君子對自己的立身行事要謹慎,加強道德修養。

① 各種事物的發生一定有起始的原因。物類:泛指各種事物。

② 人們招來榮譽或恥辱,必定與他的德行相應。象:相應。

③ 腐:腐爛。枯:枯乾。指魚離開水乾枯而死。蠹(dù):蛀蝕器物的蟲子。

④ 怠慢忘身:行爲懈怠輕忽不考慮自身(安危)。作:發生。

⑤ 堅硬的東西自己招致折斷,柔弱的東西自己招致捆綁約束。柱:通"祝"(從王引之說,見王念孫《讀書雜志》),折斷。

⑥ 自身有邪惡污穢,這是造成別人對自己怨恨的緣由。所構:結成(怨恨)的根源。構:結在一起。

⑦ 柴火放置是一樣的,但火總是向乾燥的柴草燒去。施:鋪放。薪:柴火。

⑧ 草木疇(chóu)生:同類的草木生長在一起。疇:通"儔",同類。居:本作"焉",據王念孫說改。

⑨ 質:箭靶。的(dì):箭靶的中心。張:張掛。

⑩ 斤:斧子一類的工具。
⑪ 醯(xī):醋。蜹(ruì):同"蚋",蚊子一類的昆蟲。
⑫ 召:引來。
⑬ 所立:指立身行事的態度、原則。

　　積土成山,風雨興焉①;積水成淵,蛟龍生焉②;積善成德,而神明自得,聖心備焉③。故不積跬步④,無以至千里;不積小流,無以成江海。騏驥一躍⑤,不能十步;駑馬十駕,功在不舍⑥。鍥而舍之,朽木不折;鍥而不舍,金石可鏤⑦。螾無爪牙之利⑧,筋骨之強,上食埃土,下飲黃泉,用心一也⑨。蟹六跪而二螯⑩,非蛇蟺之穴無可寄託者,用心躁也⑪。是故無冥冥之志者,無昭昭之明⑫;無惛惛之事者,無赫赫之功⑬。行衢道者不至,事兩君者不容⑭。目不能兩視而明,耳不能兩聽而聰⑮。螣蛇無足而飛,梧鼠五技而窮⑯。《詩》曰⑰:"尸鳩在桑,其子七兮。淑人君子,其儀一兮。其儀一兮,心如結兮⑱。"故君子結於一也⑲。

　　這是第三段,說明學習要有長期的知識積累,要有持之以恆的精神和專心致志的態度。

① 興:興起、產生。焉:於此。
② 蛟龍:古代傳説中同類的兩種動物,形似蛇,居深水中,蛟能發洪水,龍能興雲雨。
③ 善:善行。神明:指超人的智慧。自得:自然而得。聖心:聖人的思想。
④ 跬(kuǐ)步:半步。跬:同"蹞"。古時稱舉足一次爲跬,兩足各跨一次爲步。
⑤ 駿馬拉車騰躍一次不能跨出十步遠。騏(qí)驥(jì):駿馬。騏:有青黑色斑紋,紋如棋盤的馬。驥:千里馬。
⑥ 駑(nú)馬:劣馬。十駕:馬拉車連續走十天的路程。功:功效。舍(shě):中止。後來寫作"捨"。

⑦ 鍥(qiè):用刀子刻。鏤(lòu):雕刻。
⑧ 螾(yǐn):同"蚓",蚯蚓。
⑨ 埃土:小土粒。埃:塵土。黃泉:地下的泉水。一:專一。
⑩ 六跪:"六"應是"八"。跪:脚。螯(áo):節肢動物身體前部的一對鉗夾。
⑪ 不是蛇鱔的窟穴就沒有地方寄居,這是因爲用心浮躁。虵(shé):同"蛇"。蟺(shàn):通"鱔",魚名,外形像蛇。寄託:寄居,託身。
⑫ 冥冥之志:不事張揚、精誠專一的精神。冥冥:昏暗不明,這裏指埋頭專心做事。昭昭之明:明達的智慧。昭昭:明亮的樣子。
⑬ 惛(hūn)惛:意同"冥冥"。不求顯耀。赫赫(hè):顯著盛大的樣子。
⑭ 衢(qú)道:歧路。衢:四通八達的路。不至:不能到達目標。不容:不被雙方容納。
⑮ 兩視:同時看兩個對象。明:看得清楚。兩聽:同時聽兩個聲音。聰:聽得清楚。
⑯ 螣(téng)蛇:傳説中一種能飛的蛇。梧鼠:即鼫(shí)鼠。鼫鼠,又稱五技鼠。傳説鼫鼠能飛不能過屋,能爬樹不能爬到樹頂,能游不能渡谷(山溝),能打洞不能掩身,能跑不能跑在人的前面。技:技能。窮:窮盡。指技能有限。
⑰ 見《詩經·曹風·鳲(shī)鳩》。
⑱ 尸鳩:即布穀鳥。傳説布穀鳥養育七隻小鳥,它早晨喂小鳥時,從上依次往下喂,傍晚又從下依次往上喂,天天如此,均等如一,從不間斷。這是讚頌淑人君子德行專一。淑:善。儀:儀態,態度。一:堅貞專一。心如結:心就像打了結一樣不會散開。形容專心致志。
⑲ 所以君子(在學習的時候)總是把精神集中在一個目標上。結:凝聚。

王霸(節選)

【説明】《王霸》闡述人君如何執政治國、鞏固政權、實現天下統一。荀子認爲,要使國家"大安""大榮",決定的因素在於要有正確的治國原則,能够尚賢任能。本文節選《王霸》篇中的兩個段落,著重闡述任用賢能對於王者治理天下的重要性,指出人君必須不考慮親疏貴賤,廣招人才,"唯誠能之求"。

羿、蠭門者,善服射者也①。王良、造父者,善服馭者也②。聰明君子者,善服人者也③。人服而埶從之,人不服而埶去之④,故王者已於服人矣⑤。故人主欲得善射,射遠中微⑥,則莫若羿、蠭門矣;欲得善馭,及速致遠⑦,則莫若王良、造父矣;欲得調壹天下,制秦楚⑧,則莫若聰明君子矣。其用知甚簡⑨,其爲事不勞而功名致大⑩,甚易處而綦可樂也⑪。故明君以爲寶,而愚者以爲難⑫。

列舉羿、蠭門、王良、造父爲例,說明王者想要統治天下就要任用聰明君子。

① 羿:古代傳說中善射的人。蠭(páng)門:傳說是羿的弟子,善射。服:從事。
② 王良:春秋時期晉國大夫趙簡子的車夫。造父:傳說是西周周穆王的車夫。馭:駕車。
③ 服人:使人順服。
④ 埶從之:權勢隨之而來。埶:後寫作"勢"。之:指代"人服"。去:離開。
⑤ 王者已於服人:所以稱王的人做到服人這一步就可以終止了。已:止。
⑥ 中(zhòng)微:射中極小的目標。
⑦ 及速致遠:達到很快的速度,能到很遠的地方。
⑧ 得:能够。調壹:調理統一。制秦楚:制服秦和楚這樣的大國。
⑨ 用知(zhì)甚簡:運用智謀思慮很少。知:後寫作"智"。
⑩ 爲事不勞:做事不辛苦。致:引出……的結果;導致。
⑪ 很容易處理而又極其輕鬆愉快。綦(qí):極。
⑫ 以爲寶:把聰明君子看作最珍貴的。難:難事。

夫貴爲天子，富有天下①，名爲聖王，兼制人②，人莫得而制也③。是人情之所同欲也，而王者兼而有是者也④。重色而衣之⑤，重味而食之，重財物而制之⑥，合天下而君之⑦。飲食甚厚，聲樂甚大，臺謝甚高⑧，園囿甚廣⑨，臣使諸侯，一天下⑩，是又人情之所同欲也，而天子之禮制如是者也⑪。制度以陳，政令以挾⑫；官人失要則死，公侯失禮則幽⑬，四方之國有侈離之德則必滅⑭。名聲若日月，功績如天地，天下之人應之如景嚮⑮，是又人情之所同欲也，而王者兼而有是者也。故人之情，口好味，而臭味莫美焉⑯；耳好聲，而聲樂莫大焉；目好色，而文章致繁、婦女莫衆焉⑰；形體好佚，而安重閒靜莫愉焉⑱；心好利，而穀禄莫厚焉⑲。合天下之所同願兼而有之，睪牢天下而制之若制子孫⑳。人苟不狂惑戇陋者，其誰能睹是而不樂也哉㉑！欲是之主並肩而存，能建是之士不世絕，千歲而不合㉒，何也？曰：人主不公㉓，人臣不忠也。人主則外賢而偏舉，人臣則爭職而妒賢㉔，是其所以不合之故也。人主胡不廣焉，無卹親疏，無偏貴賤，唯誠能之求㉕。若是，則人臣輕職業讓賢而安隨其後㉖；如是，則舜、禹還至，王業還起㉗，功壹天下，名配舜、禹㉘，物由有可樂如是其美焉者乎㉙？嗚呼！君人者亦可以察若言矣㉚！楊朱哭衢涂㉛，曰："此夫過舉蹞步而覺跌千里者夫㉜！"哀哭之。此亦榮辱安危存亡之衢已㉝，此其爲可哀甚於衢涂㉞。嗚呼！哀哉！君人者千歲而不覺也。

天子要擁有天下的一切，要控制天下所有的人，就要廣開用人之路。可悲的是"君人者"不明白這個道理。

① 有：占有，享有。
② 兼制人：制服所有的人。
③ 沒有什麽人能制服他。莫：否定性無定代詞，沒有什麽人。

④ 這是人情都想追求的,而這些王者都有。
⑤ 有各種色彩的衣服可以穿。重(chóng):多種多樣;豐厚。
⑥ 重財物而制之:有各種財貨掌控在手。一本無"物"字。
⑦ 合:兼併。君:作君主;統治。
⑧ 臺謝:泛指房屋建築。謝:通"榭",高臺上建築的木屋,多用於遊觀。
⑨ 園囿(yòu):園林,間或畜有禽獸供觀賞。
⑩ 把諸侯當作臣子一樣使喚,統一天下。臣:名詞用作狀語。
⑪ 天子之禮制如是者:天子的禮法制度正是這樣的。
⑫ 以:通"已"。陳:陳列,這裏是頒布的意思。挾(jiā):通"浹",周遍;完備。
⑬ 官人:官員。失:失去。這裏指違背。要:法令的約束。公侯:公爵和侯爵;泛指有爵位的貴族。幽:囚。
⑭ 侈離之德:背離的行爲。侈:通"誃(chí)",離開,分離。德:行爲。
⑮ 天下之人應之如景(yǐng)嚮:天下的人應從他就像影子隨形、回聲應和一樣。景:影子,後寫作"影"。嚮:通"響",回聲。
⑯ 人喜好美味,但沒有什麼滋味比王者吃到的更美的了。臭:氣味,這裏指滋味。莫:否定性無定代詞,沒有什麼東西。
⑰ 人喜好美色,但沒有什麼豐富的色彩和美女比王者看到的更多的了。文章:各種色彩的組合。這裏指服飾、車服之類。文:後寫作"紋"。致繁:極其繁複。
⑱ 佚:通"逸",安逸。安重閒靜:安穩悠閒。愉:舒適。一說通"愈",超過,勝出。
⑲ 穀祿:俸祿。按官位的不同授予相應數量的穀物作爲俸祿。
⑳ 天下人想要得到的東西他都有,全部占有天下並且控制他們就像控制自己的子孫一樣。罞牢:即"皋牢"。牢籠。
㉑ 人如果不是瘋子傻子,誰能看到這些不高興呢? 狂:瘋。惑:糊塗。戇(zhuàng):愚。陋:淺薄無知。
㉒ 想要達到這種局面的君主比比皆是,想要建立這種局面的士人代代不絕,可是他們千百年不能彼此遇合。竝肩而存:形容衆多。合:遇合。
㉓ 公:公正。

㉔ 外賢：疏遠賢人。外：置之於外，疏遠。偏舉：舉用自己偏愛的人。偏：偏於一面；不公正。爭職：爭權。妬：同"妒"。
㉕ 胡：爲什麼。廣：意思廣開用人之路。卹：同"恤"，顧慮；憂慮。偏：不公正對待。唯誠能之求："誠能"作動詞"求"的賓語前置。誠能：指確有才能的人。
㉖ 輕職業：一說"業"衍文。輕職：不看重職權。與上文"爭職"相對。安隨其後：安然隨從在賢人之後。
㉗ 還（xuán）至：立即到來。王業還（xuán）起：統一天下的大業立即興起。還：通"旋"，迅速；立即。
㉘ 就功業說是統一天下，就名聲說是可以和舜、禹比配。
㉙ 事情還有值得高興、像這樣美好的嗎？物：事。由：通"猶"，還。此句一本無"焉"字。
㉚ 若：指示代詞，這，這樣。
㉛ 楊朱：戰國時魏國人，主張"爲我"。反對儒家講"仁義"和墨家講"兼愛"。衢（qú）涂：歧路，岔道。衢：四通八達的大道。涂：通"途"。傳說楊朱外出走到一岔路口，聯想到人生的歧路，不禁傷感哭泣。
㉜ （到岔路口）錯走半步，一直走下去就差之千里了。過舉：錯走。過：錯。舉：舉步，抬腿邁步。頍（kuǐ）步：半步。覺跌：差失；差誤。
㉝ 此：指用不用賢人。已：句末語氣詞，相當於"矣"。
㉞ 甚於衢涂：比錯走歧路還要厲害。

韓非子

韓非和《韓非子》一書，參見第一單元的介紹。

韓非是荀子的學生，先秦法家的主要代表人物，《韓非子》是先秦法家集大成的著作。韓非總結前期法家法、術（駕馭臣下的權術）、勢（權勢）的理論加以發展，以法爲中心，主張君主獨裁。他認爲人皆"自爲"（利己），認爲儒家提倡的仁義道德對治理國家有害無益。在社會歷史觀方面強調社會的進化，反對厚古薄今。他的學說對後世影響很大。

《韓非子》今存五十五篇。文章觀點鮮明，論證周密，筆鋒犀利，善於運用寓言故事和歷史材料說理。

選文據《韓非子新校注》，上海古籍出版社二〇〇〇年版。

有度（節選）

【說明】"有度"是說治國要有法度。這是一篇系統闡述韓非法治思想的文章。作者強調法度是治國的根本，是決定國家強弱治亂的關鍵。這裏節選的是文章最後一段。作者指出君主治國要"因法數，審賞罰"，依法治國要做到"法不阿貴，繩不撓曲"，這樣纔能有效維護君主的權威。

夫人臣之侵其主也，如地形焉①，即漸以往，使人主失端②，東西易面而不自知③，故先王立司南以端朝夕④。故明主使其羣臣不遊意於法之外⑤，不為惠於法之內⑥，動無非法⑦。法所以凌過遊外私也⑧，嚴刑所以遂令懲下也⑨。威不貸錯，制不共門⑩。威制共則衆邪彰矣⑪，法不信則君行危矣⑫，刑不斷則邪不勝矣⑬。故曰：巧匠目意中繩，然必先以規矩為度⑭；上智捷舉中事，必以先王之法為比⑮。故繩直而枉木斲⑯，準夷而高科削⑰，權衡縣而重益輕⑱，斗石設而多益少⑲。故以法治國，舉措而已矣⑳。法不阿貴，繩不撓曲㉑。法之所加，智者弗能辭㉒，勇者弗敢爭。刑過不避大臣㉓，賞善不遺匹夫㉔。故矯上之失，詰下之邪㉕，治亂決繆㉖，絀羨齊非㉗，一民之軌，莫如法㉘。屬官威民㉙，退淫殆，止詐偽㉚，莫如刑。刑重則不敢以貴易賤㉛，法審則上尊而不侵㉜；上尊而不侵，則主強而守要㉝，故先王貴之而傳之㉞。人主釋法用私，則上下不別矣㉟。

古今社會情況不同，所以新舊時代的政治措施也不一樣，以仁義治天下在當今社會已行不通，必須推行法治。

① 人臣侵害君主的威權,如同地形迷惑走路人一樣。
② (地形)逐漸變化下去,使君主失去方向。即漸:一説當作"積漸",持續發展變化。端:正確的方向。
③ 易面:方位變化。
④ 司南:古代測定方向的儀器。端朝夕:正確指示東西的方向。朝夕:早晨和傍晚,指東和西的方向。
⑤ 遊意:在法規之外盤算,打主意。遊:遊離。意:個人的考慮。
⑥ 爲惠:(私自)給人施加恩惠。
⑦ 一舉一動都不違法。
⑧ 此句有脱誤。一説當作"峻法所以禁過外私也",意思是嚴厲的法度是用來禁止過失摒棄營私的。外:廢棄。
⑨ 遂令:使法令通達,即貫徹法令。懲下:懲治臣下。
⑩ 威勢不能由君臣施行(要由君主獨攬),法度不能同出於君臣兩個門户。貣:當作"貳",兩。錯:通"措",措置。這裏是施行的意思。
⑪ 衆邪彰:各種邪惡明目張膽地横行。
⑫ 信:有信用,説到做到。君行:當作"君位"。
⑬ 刑罰執行不果斷,那麼姦邪就不能制服。
⑭ 技術高超的木匠雖然目測就能够合乎取直的墨綫,但也一定要以圓規和曲尺作爲標準。匠:木匠。意:揣度。中(zhòng):符合。繩:墨綫。規:畫圓形的工具。矩:畫方形的工具。
⑮ 智慧極高的人雖然做事極快而且做得很合乎要求,但也一定要以先王的法度作爲比對的標準。捷:快。舉:舉動。這裏指做事。中事:做事合乎要求。
⑯ 墨綫拉直,所以彎曲的木料就會被砍削。枉:彎曲。斲:同"斫",砍削。
⑰ 水平儀放平,所以凸起的部分就要削去。準:測平的器具。夷:平。高科:凸起的部分。
⑱ 把秤吊掛起來稱輕重,重的就會減去一些,輕的就增加一些,達到平衡。權:秤錘。衡:秤杆。縣(xuán):懸掛。後寫作"懸"。益:增加。
⑲ 設置斗石量多少,多的就會減去一些,少的就增加一些,使斗石滿平。斗石:古代容量單位,十斗爲一石。
⑳ 舉:興起。這裏是説合於法度的就實行。措:擱置;停下來。這裏

是説不合法度的就制止。
㉑ 法度不偏袒地位尊貴的人，墨綫不遷就彎曲的木料。阿(ē)：偏私；偏袒。撓(náo)：通"橈"，彎曲。這裏有屈從的意思。
㉒ 受到法的制裁，聰明的人也不能辯解。加：施加。辭：用作動詞，用言辭辯解。
㉓ 刑過：懲罰罪過。
㉔ 獎賞善行不遺漏普通人。
㉕ 糾正君主的過失，追究臣下的邪惡。矯(jiǎo)：糾正。詰(jié)：追問；追究。
㉖ 治理混亂，處置謬誤。繆(miù)：通"謬"，謬誤。
㉗ 消減多餘的，整治錯誤的。絀(chù)：通"黜"，消除；削減。羨：多餘。齊：整治差錯使齊整。
㉘ 統一民衆行爲的規範，没有什麽比得上法的。一：用作使動，使一致。軌：車子兩輪間的距離。這裏指規範準則。
㉙ 屬官：當作"厲官"，激勵官吏。厲：後寫作"勵"。威民：威懾民衆。
㉚ 消除放縱怠惰，制止欺詐作僞。殆：通"怠"，怠惰。
㉛ 以貴易賤：憑藉地位尊貴輕視低賤的人。
㉜ 上尊而不侵：君主地位尊貴而不會被侵害。
㉝ 主强而守要：君主强有力而能把握治國的要領。
㉞ 貴之：看重它。貴：形容詞用作意動，以……爲貴。
㉟ 釋法用私：放棄法度而憑著偏私辦事。釋：放下。上下不别：君臣之間没有區别。"法審則上尊而不侵"是君臣有别，反之則是"上下不别"。

五蠹（節選）

【説明】《五蠹(dù)》是韓非的代表作。韓非提出以法治國、獎勵耕戰，進而統一天下的主張。他認爲社會上有五類人，即學者（儒士）、帶劍者（遊俠）、言談者（縱橫家）、患御者（依附權門以逃避兵役的人）和商工之民是亂法害國的五種蛀蟲，必須鏟除。這裏節選的部分主要批判儒家以仁義治國的錯誤，論述實行法治是歷史發展的要求。

夫古今異俗，新故異備①，如欲以寬緩之政治急世之民②，猶無轡策而御駻馬③，此不知之患也④。今儒、墨皆稱先王兼愛天下，則視民如父母⑤。何以明其然也⑥？曰："司寇行刑⑦，君爲之不舉樂⑧；聞死刑之報，君爲流涕⑨。"此所舉先王也⑩。夫以君臣爲如父子則必治⑪，推是言之⑫，是無亂父子也⑬。人之情性，莫先於父母⑭，皆見愛而未必治也⑮，雖厚愛矣，奚遽不亂⑯？今先王之愛民，不過父母之愛子⑰，子未必不亂也，則民奚遽治哉⑱！且夫以法行刑而君爲之流涕，此以效仁，非以爲治也⑲。夫垂泣不欲刑者，仁也；然而不可不刑者，法也⑳。先王勝其法不聽其泣㉑，則仁之不可以爲治亦明矣㉒。

古今社會情況不同，所以新舊時代的政治措施也不一樣，以仁義治天下在當今社會已行不通，必須推行法治。

① 古代和現代的社會情況不一樣，新舊時代的政治措施也不同。俗：習俗，指社會情況。備：措施。
② 寬緩之政：寬鬆和緩的政治措施，指儒家以仁義治國的政治措施。急世：劇烈變革的時代。
③ 轡(pèi)：駕馭牲口用的韁繩。策：馬鞭。駻(hàn)馬：烈馬。
④ 這是不明智造成的禍患。知(zhì)：智慧，明智。這個意義後寫作"智"。
⑤ 稱：稱讚。兼愛天下：愛天下所有人。則視民如父母：當爲"則視民如父母之愛子"（從陳奇猷說）。視：看待，對待。
⑥ 然：這樣。
⑦ 司寇：古代官名，掌管刑獄，糾察等事。
⑧ 舉樂(yuè)：演奏音樂。
⑨ 報：判決。涕：眼淚。
⑩ 這些是他們頌揚先王的地方。舉：頌揚，推崇。
⑪ 治：治理得好，太平。

⑫ 由此推論。
⑬ 亂：關係不和睦。
⑭ 情性：本性。莫先於父母：沒有什麼感情能超過父母疼愛子女的。
⑮ 子女都受父母疼愛，可是家庭未必就是和睦的。見愛：受到疼愛。治：（家）治理得好。
⑯ 雖然愛得很深，怎麼就能不亂呢？奚：何。遽（jù）：就。
⑰ 過：超過。
⑱ （父母那麼疼愛兒女）兒女未必就不犯上忤逆，那麼民眾怎麼就一定能治理得好呢？
⑲ 且夫：表示進一層議論，相當於"再説"。以（法）：介詞，依據。此以效仁，非以爲治：只是用這個來顯示仁愛罷了，并不是真的要用這個進行治理。效：呈現，表現。以：用，拿。
⑳ 仁也：是出於仁的考慮。法也：是法制的需要。
㉑ 先王首先實行法制，不會任從哭泣同情（而廢棄刑法）。勝：施行。聽：任從，順從。
㉒ 那麼仁不能用來治國，道理也就很清楚了。

　　且民者固服於勢，寡能懷於義①。仲尼②，天下聖人也，修行明道以遊海內③，海內説其仁，美其義④，而爲服役者七十人⑤，蓋貴仁者寡，能義者難也⑥。故以天下之大，而爲服役者七十人，而仁義者一人⑦。魯哀公，下主也⑧，南面君國⑨，境內之民莫敢不臣⑩，民者固服於勢。誠易以服人⑪，故仲尼反爲臣，而哀公顧爲君⑫。仲尼非懷其義，服其勢也⑬。故以義則仲尼不服於哀公，乘勢則哀公臣仲尼⑭。今學者之説人主也，不乘必勝之勢，而務行仁義則可以王⑮，是求人主之必及仲尼，而以世之凡民皆如列徒⑯，此必不得之數也⑰。

　　説明民眾原本就屈服於權勢，不會被仁義感化，以仁義治國是不能實現的空談。

① 固:本來。勢:權勢。寡:少。懷於義:被仁義感化。
② 仲尼:孔子的字。
③ 修行:修養德行。明道:彰明正道(指儒家之道)。遊海內:周遊天下。
④ 說(yuè):喜歡,這個意義後來寫作"悅"。美其義:讚美他的道義學說。美:用作意動,認爲……美。
⑤ 爲服役者:爲他服役的人,指門人。
⑥ 蓋:表示推測。貴:用作意動,以……爲貴,推崇。能義者難:能實行道義的人難得。
⑦ 仁義者:真正實行仁義的人。一人:指孔子。
⑧ 魯哀公:名蔣,春秋末、戰國初魯國國君。下主:不高明的君主。
⑨ 南面:古代國君臨朝時坐北朝南,故以"南面"稱君王之位。君:名詞用作動詞,做君主治理。
⑩ 臣:名詞用作動詞,稱臣服從。
⑪ 誠:確實。易以服人:容易用來制服人。一本"誠"前有"勢"字。
⑫ 顧:反而,却。
⑬ 仲尼不是被魯哀公的仁義感化,而是屈服於他的權勢。
⑭ 憑仁義,那麼仲尼不會屈服於魯哀公;憑權勢,魯哀公就能叫仲尼臣服。乘:憑藉。勢:權勢。臣:用作使動,使……爲臣。
⑮ 學者:有學問的人。這裏指儒家學派的人。說(shuì):說服。務行:致力於推行。王(wàng):稱王治天下。"不乘……可以王"是說人主的內容。
⑯ 是求人主之必及仲尼:這是要求天下的君主一定要像仲尼那樣。及:趕上,達到。凡民:普通民衆。列徒:指孔子的門人。列:衆。
⑰ 這一定是不能實行的道理。得:實現,行得通。數:道理。

和氏

【説明】文章講的是楚人卞和獻璞玉却遭遇刖刑的故事,藉此說明法術之士不被重用反遭迫害的艱難處境。又以吳起、商鞅變法的史實爲例,論述實行法治的意義以及面臨的重重困難。對法術之士不被任用表達了強烈不滿。

楚人和氏得玉璞楚山中,奉而獻之厲王①。厲王使玉人相之②。玉人曰:"石也。"王以和爲誑,而刖其左足③。及厲王薨,武王即位④,和又奉其璞而獻之武王。武王使玉人相之,又曰:"石也。"王又以和爲誑,而刖其右足。武王薨,文王即位⑤。和乃抱其璞而哭於楚山之下,三日三夜,泣盡而繼之以血⑥。王聞之,使人問其故,曰:"天下之刖者多矣,子奚哭之悲也⑦?"和曰:"吾非悲刖也,悲夫寶玉而題之以石,貞士而名之以誑⑧,此吾所以悲也。"王乃使玉人理其璞而得寶焉⑨,遂命曰"和氏之璧"⑩。

楚人卞和獻璞玉却連遭酷刑。

① 和氏:春秋時期楚國人,姓卞,名和。璞(pú):含玉的石頭。楚山:即荆山,在今湖北省南漳縣西。奉:捧。厲王:春秋時期楚國國君,芈姓,厲王是諡號。
② 玉人:治玉的工匠。相(xiàng):察看。這裏指鑑定。
③ 誑(kuáng):欺騙。刖(yuè):古代的一種砍去脚的酷刑。
④ 薨(hōng):周代稱諸侯死曰薨,秦漢以後也稱高級官員的死亡。
⑤ 文王:楚武王子。
⑥ 泣盡而繼之以血:眼淚哭乾又流出血來。形容哭得很悲傷。
⑦ 子奚哭之悲也:你爲什麼哭得這樣悲傷呢？子:你。奚:何,怎麼。
⑧ 題:稱作。貞士:忠貞之士。名:稱名,稱作。
⑨ 理:對玉璞進行加工。
⑩ 命:命名。

夫珠玉,人主之所急也①。和雖獻璞而未美,未爲主之害也,然猶兩足斬而寶乃論②,論寶若此其難也③！今人主之於法術也,未必和璧之急也④;而禁羣臣士民之私邪⑤。然則有道者之不僇也,特帝王之璞未獻耳⑥。主用術,則大臣不得擅斷,近習不敢賣重⑦;官行法,則浮萌趨於耕農⑧,

而游士危於戰陳⑨;則法術者乃羣臣士民之所禍也⑩。人主非能倍大臣之議,越民萌之誹⑪,獨周乎道言也⑫,則法術之士雖至死亡,道必不論矣⑬。

由和氏獻璞被刖足進而論說法術之士不被任用反遭迫害的艱難處境,並對其原因進行分析。

① 所急:急於追求的東西。
② 猶:還是。論:(正確地)評定,論定。
③ 鑑定珍寶竟然是如此困難呀。
④ 人主對於法術,不一定像追求和氏璧那樣急迫。法:頒布的成文法律以及實施法律的相關規定。術:君主駕馭臣民的權術。
⑤ 這一句的下面有脫文,文意欠明確。有人認爲,這是說法術既然要禁止羣臣士民的自私和邪惡,就一定會遭到臣民的抵制。
⑥ 這樣看來,有道者沒有被殺,只是因爲成就帝王之業的法寶(法術)還沒有獻上去。道:指高明的政治主張。僇:通"戮",殺戮。特:只。
⑦ 擅(shàn)斷:專權獨斷。擅:專。近習:指君主身邊受寵愛的人。賣重:賣弄權勢。重:權。
⑧ 官:官方。浮萌:無業遊民。萌:通"氓",民。趨於耕農:指從事農業生產。
⑨ 遊說之士也要在戰場上冒著危險作戰。陳(zhèn):軍陣,這個意義後來作"陣"。
⑩ 那麼法術就成了羣臣百姓視爲禍害的東西了。禍:用作意動。
⑪ 人主如果不能違背大臣的議論,擺脫民衆的誹謗。倍:通"背",違背。越:超越,這裏有擺脫的意思。民萌:民衆。
⑫ 獨自決斷使自己的思想主張與法治學說相符合。周:合。道言:指法術之言。
⑬ 道必不論:(法術之士的)法制學說就一定不會被認可肯定。

昔者吳起教楚悼王以楚國之俗①,曰:"大臣太重,封君太衆②。若此則上偪主而下虐民③,此貧國弱兵之道也④。不如使封君之子孫三世而收爵祿⑤,絕滅百吏之祿秩⑥,損不急之枝官⑦,以奉選練之士⑧。"悼王行之期年而薨矣⑨,吳起枝解於楚⑩。

商君教秦孝公以連什伍,設告坐之過⑪,燔《詩》《書》而明法令⑫,塞私門之請而遂公家之勞⑬,禁游宦之民而顯耕戰之士⑭。孝公行之,主以尊安,國以富強,八年而薨⑮,商君車裂於秦⑯。楚不用吳起而削亂⑰,秦行商君法而富強。二子之言也已當矣⑱,然而枝解吳起而車裂商君者何也? 大臣苦法而細民惡治也⑲。當今之世,大臣貪重,細民安亂⑳,甚於秦、楚之俗,而人主無悼王、孝公之聽㉑,則法術之士安能蒙二子之危也而明已之法術哉㉒? 此世所以亂無霸王也㉓。

以吳起、商鞅變法的史實為例,論述實行法治的重大意義以及實行法治的重重困難,對法術之士不被任用表達了強烈不滿。

① 吳起(? —前381):戰國時期軍事家。衛國人。善用兵。楚悼王任用他進行變法,楚強盛一時。悼王死後宗室大臣作亂,吳起被殺。教楚悼王以楚國之俗:以楚國的國情來教導楚悼王。
② 大臣權勢太重,有封邑的貴族太多。封君:有封邑的貴族。
③ 對上脅迫君主,對下虐待百姓。偪:通作"逼",逼迫,脅迫。
④ 貧、弱:用作使動。
⑤ 三世:三代。收爵禄:收回爵位和俸禄。
⑥ 絶:斷,不再延續。減:減少。禄秩:俸禄的等級。
⑦ 損:減少,裁減。不急:指無關緊要的。枝官:多餘無用的官員。
⑧ 奉:(用節省下來的財力)供養。選練之士:經過選拔和訓練的人。
⑨ 期(jī)年:一年。
⑩ 枝解:古代分裂肢體的一種酷刑。枝:通"肢",肢體。
⑪ 商君:商鞅(約前390—前338),戰國時衛國人,被封於於(wū)商,故又稱商君。曾輔助秦國國君秦孝公變法,為秦國富強奠定了基礎。孝公死後被殺。連什伍:結成"什伍"的聯保組織。連:連接,這裏是有組織的意思。什伍:古代户籍的編制,五家為一伍,二伍為一什。設告坐之過:設置告發連坐的罪責。告坐:告發連坐,使

⑫ 燔(fán)：焚燒。《詩》《書》：《詩經》《書經》，泛指儒家經典。
⑬ 杜絕私人的請託而暢通爲國建功之路。塞：杜絕。私門：豪門個人。遂：通。勞：功勞。
⑭ 禁絕靠游説來取得官職的人，使從事農耕和作戰的人顯貴起來。顯：使動用法，使顯貴。
⑮ 八年而薨：孝公三年商鞅變法，孝公二十四年秦孝公死後商鞅被殺，此作八年疑有誤。
⑯ 車裂：古代的一種酷刑，將人的頭及四肢分別綁到五輛車上，馬拉著車撕裂人的身體。
⑰ 削：國土被侵占。亂：國家動亂。
⑱ 當：恰當，正確。
⑲ 這是因爲大臣們苦於法治而小民們厭惡法治。苦：對……感到痛苦。細民：小民，平民。惡(wù)：厭惡。
⑳ 貪重：貪圖權力。安亂：習慣於混亂。
㉑ 聽：聽從，指能信從正確意見。
㉒ 那麼法術之士又怎能冒著吳起、商鞅的危險來闡明自己關於法術的主張呢？蒙：蒙受，冒著。二子：指吳起、商鞅。
㉓ 這就是當今世道混亂而無人成爲霸王的原因。

閲讀文選

愚者之定物①（《荀子》）

【説明】文章用一系列比喻説明不能用受到蒙蔽的疑惑之心來判定尚存疑惑的事物，否則必然導致錯誤的判斷。

凡觀物有疑，中心不定②，則外物不清。吾慮不清，則未可定然否也③。冥冥而行者，見寢石以爲伏虎也，見植林以爲後人也④：冥冥蔽其明也⑤。醉者越百步之溝，以爲蹞步之澮也⑥；俯而出城門，以爲小之閨也⑦：酒亂其神也。厭目而視者⑧，視一以爲兩；掩耳而聽者，聽漠漠而以爲哅哅⑨：埶亂其官也⑩。故從山上望牛者若羊，而求羊者不下牽也：遠蔽其大也⑪。從山下望木者，十仞之木若箸，而求箸者不上折也：高蔽其長也⑫。水動而景搖，人不以定美惡：水埶玄也⑬。瞽者仰視而不見星，人不以定有無：用精惑也⑭。有人焉以此時定物⑮，則世之愚者也。彼愚者之定物，以疑決疑，決必不當⑯。夫苟不當，安能無過乎？

① 節選自《荀子·解蔽》。題目爲後加。"解蔽"就是去除對人認識事物真相的各種蒙蔽干擾。定物：判定事物的真相。
② 疑：疑惑。中心不定：心中捉摸不定。
③ 慮：思考，認識。定然否：判斷事物的是非真僞。然：是這樣。否：不是這樣。
④ 冥冥：昏暗不明。寢石：臥伏的石頭。植林：直立的樹。後人：當作"立人"。站著的人。
⑤ 這是昏暗不清遮蔽了他的視覺。
⑥ 蹞(kuǐ)步：半步。形容極近的距離。澮(kuài)：田間排水的溝渠。
⑦ 俯：屈身向下。閨(guī)：宮中小門。"小之閨"或認爲是"七尺之閨"。
⑧ 厭(yè)目而視：用手指按著眼睛看東西。厭：通"擪(yè)"，用手指按。
⑨ 漠漠：形容無聲。哅(xiōng)哅：形容聲音喧鬧。
⑩ 埶：外力（如手的按壓）。這個意義後寫作"勢"。官：感官（如眼睛、耳朵）。
⑪ 求羊者不下牽：找羊的人不下山去牽它。遠蔽其大：距離遠掩蓋了牛體的大。
⑫ 求箸者不上折：找筷子的人不上山去折取它。高蔽其長：山勢高

掩蓋了樹木的高。

⑬ 景(yǐng)搖:人影搖動。景:影子。後寫作"影"。美惡:人的美醜。水埶玄:水勢動盪使人眩惑。玄:通"眩"。

⑭ 瞽:盲人。人不以定有無:人們不以盲人來判斷星的有無。用精惑:因爲盲人的視覺不明。精:視覺。用:當爲"目"。

⑮ 此時:指以上那些狀況出現而心中捉摸不定的時候。定物:判斷事物的真相。

⑯ 以疑決疑,決必不當:用受到蒙蔽的疑惑之心來判斷尚存疑惑的事物,這種判斷必然是錯誤的。

鄭武公欲伐胡①（《韓非子》）

【説明】關其思和鄰人之父勸諫別人,結果一個被殺,一個被懷疑,這說明不是認識一種道理難,而是難在運用這種認識去勸諫別人。

昔者鄭武公欲伐胡,故先以其女妻胡君以娛其意。因問於羣臣:"吾欲用兵,誰可伐者?"大夫關其思對曰:"胡可伐。"武公怒而戮之,曰:"胡,兄弟之國也。子言伐之,何也?"胡君聞之,以鄭爲親己,遂不備鄭。鄭人襲胡,取之。宋有富人,天雨墻壞,其子曰:"不築,必將有盜。"其鄰人之父亦云②。暮而果大亡其財③。其家甚智其子,而疑鄰人之父。此二人説者皆當矣,厚者爲戮,薄者見疑④,則非知之難也,處知則難也⑤。故繞朝之言當矣⑥,其爲聖人於晉⑦,而爲戮於秦也,此不可不察。

① 節選自《説難》。文章題目爲後加。胡:對北方和西方少數民族的統稱。
② 父(fǔ):對老年男子的尊稱。
③ 亡:丟失。
④ 厚者:嚴重的。薄者:輕一點的。見疑:遭到懷疑。

⑤ 知之難:認識一種事理難。處知:運用這種認識。
⑥ 繞朝:春秋時期秦國大夫。據《左傳·文公十三年》和馬王堆三號墓出土的古佚書記載:晉大夫士會出亡到秦國,晉國設計誘騙士會回國,繞朝識破了晉國的計謀,勸秦伯不要讓士會回國,秦伯不聽。士會返晉後,派人到秦國詆毀繞朝,秦伯聽信讒言殺死了繞朝。"繞朝之言"指繞朝勸諫秦伯的話。
⑦ 繞朝在晉國被看作極聰明人。

練習十二

一、熟讀本單元講過的文章。
二、閱讀本單元的閱讀文選。
三、給下面句子中加點的字注音:
  1. 木直中繩,輮以為輪,其曲中規。(《荀子·勸學》)
  2. 君子博學而日參省乎己,則知明而行無過矣。(《荀子·勸學》)
  3. 蘭槐之根是為芷,其漸之滫,君子不近,庶人不服。(《荀子·勸學》)
  4. 樹成蔭而眾鳥息焉,醯酸而蜹聚焉。(《荀子·勸學》)
  5. 蟹六跪而二螯,非蛇蟺之穴無可寄託者,用心躁也。(《荀子·勸學》)
  6. 形體好佚,而安重閒靜莫愉焉。(《荀子·王霸》)
  7. 故繩直而枉木斲,準夷而高科削,權衡縣而重益輕。(《韓非子·有度》)
  8. 猶無轡策而御駻馬,此不知之患也。(《韓非子·五蠹》)
  9. 及厲王薨,武王即位,和又奉其璞而獻之武王。(《韓非子·和氏》)
  10. 官行法,則浮萌趨於耕農,而游士危於戰陳。(《韓非子·和氏》)
四、解釋下面句子中加點的詞:
  1. 故木受繩則直,金就礪則利。(《荀子·勸學》)
  2. 不臨深谿,不知地之厚也。(《荀子·勸學》)

3. 假舟檝者，非能水也，而絕江河。(《荀子·勸學》)
4. 是故質的張而弓矢至焉，林木茂而斧斤至焉。(《荀子·勸學》)
5. 其用知甚簡，其爲事不勞而功名致大。(《荀子·王霸》)
6. 名聲若日月，功績如天地，天下之人應之如景嚮。(《荀子·王霸》)
7. 東西易面而不自知，故先王立司南以端朝夕。(《韓非子·有度》)
8. 海內說其仁，美其義，而爲服役者七十人。(《韓非子·五蠹》)
9. 魯哀公，下主也，南面君國，境內之民莫敢不臣。(《韓非子·五蠹》)
10. 王乃使玉人理其璞而得寶焉。(《韓非子·和氏》)
11. 主用術，則大臣不得擅斷，近習不敢賣重。(《韓非子·和氏》)

五、把下面的句子譯成現代漢語：
1. 青，取之於藍而青於藍。(《荀子·勸學》)
2. 君子生非異也，善假於物也。(《荀子·勸學》)
3. 巢非不完也，所繫者然也。(《荀子·勸學》)
4. 騏驥一躍，不能十步；駑馬十駕，功在不舍。(《荀子·勸學》)
5. 故人主欲得善射，射遠中微，則莫若羿、蠭門矣。(《荀子·王霸》)
6. 臣使諸侯，一天下，是又人情之所同欲也。(《荀子·王霸》)
7. 人主胡不廣焉，無卹親疏，無偏貴賤，唯誠能之求。(《荀子·王霸》)
8. 巧匠目意中繩，然必先以規矩爲度。(《韓非子·有度》)
9. 夫以君臣爲如父子則必治，推是言之，是無亂父子也。(《韓非子·五蠹》)
10. 故以義則仲尼不服於哀公，乘勢則哀公臣仲尼。(《韓非子·五蠹》)
11. 吾非悲刖也，悲夫寶玉而題之以石，貞士而名之以誑。(《韓非子·和氏》)

六、給下面的文獻各列出一種重要的古注：
《詩經》《論語》《左傳》《國語》《墨子》《老子》《莊子》《孟子》《荀子》《韓非子》《楚辭》《漢書》《三國志》《世說新語》

常用詞

理　服　勸　完　假　漸　制　興　至　效

111. 理
《説文》:"理,治玉也。"本義是加工玉石,即順著玉的紋理把它從石中剖分出來。《韓非子·和氏》:"王乃使玉人理其璞而得寶焉。"泛指治理;辦理。《荀子·天論》:"本事不理。"(本事:農業生産。)雙音詞有[處理][理事]。由玉的紋理引申爲事物的紋理;條理。《周易·繫辭上》:"仰以觀於天文,俯以察於地理。"抽象義是道理;規律。《莊子·庖丁解牛》:"依乎天理,批大郤,導大窾。"《孟子·告子上》:"故理義之悦我心,猶芻豢之悦我口。"(芻豢:家畜的肉。)雙音詞有[事理][情理]。

112. 服
《爾雅·釋詁上》:"服,事也。"從事;施行。《論語·爲政》:"有事,弟子服其勞。"《晏子春秋·內篇諫上》:"君身服之。"(身:親自。)做某方面的事是一種承擔,引申爲承受(勞役刑法等)。《韓非子·五蠹》:"故以天下之大,而爲服役者七十人,而仁義者一人。"蘇軾《超然臺記》:"余自錢塘移守膠西,釋舟楫之安而服車馬之勞。"《孟子·離婁上》:"善戰者服上刑。"服又有順從的意思。《荀子·王制》:"甲兵不勞而天下服。"《韓非子·五蠹》:"且民者固服於勢,寡能懷於義。"雙音詞有[服從]。

113. 勸
《説文》:"勸,勉也。"勉勵。《左傳·鞌之戰》:"赦之,以勸事君者。"《墨子·兼愛上》:"故聖人以治天下爲事者,惡得不禁惡而勸愛。"雙音詞有[勸勉]。引申爲勤勉努力。《莊子·逍遙遊》:"且舉世而譽之而不加勸。"引申爲説服人,勸説。謝濟世《憨子記》:"由是黠者日夜伺其短,誘樸者共媒糱,勸主人逐之。"

114. 完

《説文》:"完,全也。"意思是完好,没有缺損。《荀子·勸學》:"巢非不完也,所繫者然也。"《孟子·離婁上》:"城郭不完,兵甲不多。"雙音詞有[完整],成語有[完璧歸趙]。注意:完作没有剩餘講(如"紙用完了")是晚近產生的意義。

115. 假

《説文》:"叚,借也。"又:"假,非真也(不真實)。"文獻中"借"的意思多作"假"。《左傳·隱公十一年》:"假手于我寡人。"(假手:借別人的手)。《漢書·龔遂傳》:"遂乃開倉廩,假貧民。"雙音詞有[假借],熟語有[久假不歸]。由借用引申爲借助,憑藉。《荀子·勸學》:"假輿馬者,非利足也,而致千里;假舟楫者,非能水也,而絕江河。"

116. 漸

《廣雅·釋詁二》:"漸,漬也。"讀 jiān。浸漬;浸泡。《荀子·勸學》:"蘭槐之根是爲芷,其漸之滫,君子不近,庶人不服。"《漢書·晁錯傳》:"漸車之水。"引申爲(慢慢)流入。《尚書·禹貢》:"東漸于海。"《玉篇》:"漸,進也。"讀 jiàn。一點一點發展;逐步進行。《周易·坤卦·文言》:"臣弒其君,子弒其父,非一朝一夕之故,其所由來者漸矣。"雙音詞有[逐漸],成語有[循序漸進]。

117. 制

《説文》:"制,裁也。"裁斷;切割。《戰國策·齊策四》:"夫玉生於山,制則破焉。"《淮南子·主術》:"是故賢主之用人也,猶巧工之制木也。"抽象引申爲裁決;決斷。《韓非子·亡徵》:"大臣專制。"由裁斷引申爲限制範圍;強力約束,控制。《韓非子·功名》:"桀爲天子,能制天下,非賢也,勢重也。"又:"故短之臨高也以位,不肖之制賢也以勢。"雙音詞有[管制][壓制]。

118. 興

《説文》:"興,起也。"起來。《論語·衛靈公》:"從者病,莫能興。"陶淵明《歸園田居》詩:"晨興理荒穢,帶月荷鋤歸。"成語有[夙興夜寐]。引申爲產生;發生。《荀子·勸學》:"積土成山,風雨興焉。"抽象義爲興起。《史記·孝文本紀》:"漢興至孝文四十有餘載。"

119. 至

《玉篇》:"至,到也。"到達。《荀子·勸學》:"故不積蹞步,無以至千里。"又:"行衢道者不至,事兩君者不容。"引申爲達到最終點。《史記·春申君列傳》:"物至則反。"由此轉用作修飾語,極,最。《荀子·正論》:"罪至重而刑至輕。"賈誼《論積貯疏》:"古之治天下,至孅至悉也。"雙音詞有[至愛][至尊]。

120. 效

《廣韻·效韻》:"效,效力也。"獻出。《韓非子·內儲說上》:"左右因割其爪而效之。"又《功名》:"此堯之所以南面而守名,舜之所以北面而效功也。"雙音詞有[效勞][效忠]。效的另一常用義是模仿。《文心雕龍·宗經》:"故象天地,效鬼神。"雙音詞有[效法][仿效]。

古漢語常識

古書的注解(上)

閱讀古書,我們需要參考各種注解。我們看到的注解有兩類:今人作的注和古人作的注。今人作的注是用現代漢語寫的,還加了標點,比較好懂。但只看今注是遠遠不夠的,要真正提高古書閱讀能力,還必須參考古注。因爲從數量上看,中國的古書浩如煙海,加了今注的只是其中的一小部分,而古人對很多古書都是作了注釋的。更重要的是,即使加了今注的古書,閱讀時也離不開古注。因爲今注是在古注的基礎上寫出來的。再說古書中有些地方往往有多種理解,需要我們參考各種注解做出自己的判斷。比如文選中《論語·子路曾晳冉有公西華侍坐》中一句話:

冠者五六人,童子六七人,浴乎沂,風乎舞雩,詠而歸。

句中的"風"字,有的今注說:"風,這裏用作動詞。乘涼。"這個解釋是從哪裏來的呢?原來何晏的《集解》說:"浴乎沂水之上,風涼於舞雩之下。"朱熹的《集注》就直接說:"風,乘涼也。"有人則對這種解釋提出了疑問:暮春季節,魯國那個地方還很冷,浴水之後怎麼能風涼乾身呢?東漢王充《論衡·明雩篇》認爲"風"是歌詠的意思,這段話描寫的是雩祭的情景。"浴"字也有不同說法,如有人說"浴"實際上是一個"沿"字("浴"和"沿"字形相近),"風"是放的意思("風"和"放"聲音相近),"放"有至(到)的意思,這就把古書中的字也改了。所以,我們需要了解不同的解釋,細心比較,纔能作出恰當的判斷。

一　古注的概況

爲什麼古人還要給古書作注釋呢?這是因爲語言在不斷地地變化,前人寫的書,有一些後人就讀不懂了。清代學者戴震在《爾雅文字考序》中說:"昔之婦孺聞而輒曉者,更經學大師轉相講授而仍留疑義,則時爲之矣。"意思是說,古人說的話,當時的婦女小孩都能懂,後來雖然經過學者的講授,仍然有叫人疑惑的地方,這是時代變化造成的。所以從很早時候起,中國的古書裏就有對詞語的解釋。如:

(1) 季康子問政於孔子。孔子對曰:"政者,正也。子帥以正,孰敢不正?"(《論語·顏淵》)

(2) 無財謂之貧。(《老子》三十八章)

(3) 凡師,有鐘鼓曰伐,無曰侵,輕曰襲。(《左傳·莊公二十九年》)

(4) 老而無妻曰鰥,老而無夫曰寡,老而無子曰獨,幼而無父曰孤。(《孟子·梁惠王下》)

第(1)例,孔子用端正解釋行政("正"跟"政"讀音相同),這是用一個詞解釋另一個詞;後三例,都是用一個短語解釋一個詞。第(3)(4)例分別解釋了一組詞,辨析得很清楚。

上面的例子,都是散見於古書中的一些零星的材料,並不是專門給一部書作的注。中國古代大規模的注釋工作始於漢代,出現了很多有名的注釋家。如毛亨（給《詩經》作注）、馬融（給《周易》《尚書》《毛詩》《論語》《三禮》等作注，今不存）、鄭玄（給《周易》《尚書》《毛詩》《論語》《三禮》《孝經》等作注）、高誘（給《戰國策》《淮南子》《呂氏春秋》作注）、王逸（給《楚辭》作注）、趙岐（給《孟子》作注）等。他們生活的時代離先秦比較近，所作的注解至今還有很高的參考價值。如果沒有他們的工作，先秦的古書我們很難讀懂。

　　魏晉南北朝時期，玄學盛行，思想比較開放，古書注釋的規模進一步擴大。這一時期，先秦一些著名的子書和史書都有學者進行了注釋。如何晏的《論語集解》、王弼的《周易注》《老子注》、向秀和郭象的《莊子注》、杜預的《春秋左氏經傳集解》、韋昭的《國語注》、裴松之的《三國志注》、郭璞的《爾雅注》、皇侃的《論語義疏》等。到了唐代，國家統一，經濟發展，在古籍整理方面學者們也做了大量的工作，其中最著名的是孔穎達。他和一些學者奉唐太宗之命，撰寫《五經正義》（包括《周易》《尚書》《詩經》《禮記》《左傳》），影響巨大。這一時期，顏師古的《漢書注》、楊倞的《荀子注》、李善的《文選注》、成玄英的《莊子疏》都很有名。宋代成就最大的注釋家是朱熹。他撰寫的《四書章句集注》《詩集傳》《周易本義》《楚辭集注》，簡潔明了，平易暢達，至今仍然有重要的參考價值。

　　清代是古籍整理的高峰時期，這一時期的特點是學者多、規模大、質量高。有清一代，中國傳統的音韻、文字、訓詁之學發展到了一個前所未有的高水平，學者們學有根柢，學風嚴謹，注重證據，不尚空談，湧現出一大批高質量的古籍注釋。我們現在看到的《諸子集成》《新編諸子集成》，相當大的一部分都是清人的著作。

二　古注的名稱

　　給古書做注，今天常用的名稱是注、注釋；而古人的注，名稱很多，如"傳""注""箋""疏""正義""集解""章句""義疏"等。對其中一些常見的名稱要有所了解。

　　1. 傳（zhuàn）　傳是漢代經師訓釋先秦經典文獻的一種體式。孔穎達說："傳者，傳通其義也。"傳是傳述、傳達的意思。漢代把一些儒家經典稱為經（如《詩經》《尚書》《周易》等），傳就是對經的解釋，主要在於闡明經義。現在看到的傳大致有兩類：一類以解釋字句為主（如《毛詩故訓傳》）。

另一類以增補歷史事實爲主(如《春秋左氏傳》)。

2．注　注是把對古書的理解記在原文之下，使原文的意義著明顯豁的意思。注書稱注，是從東漢鄭玄開始的。如鄭玄撰有《周禮注》《儀禮注》《禮記注》。注後來成爲注釋的統稱。

3．疏　《説文》："疏，通也。"疏的意思是疏通其義，往往是對注而言；在注的基礎上進一步作解釋，既解釋經文，也解釋注文。常説的《十三經注疏》既有注，也有疏，合起來稱注疏。

4．箋　從漢代鄭玄開始，注書又叫箋。箋的意思是在原注不夠明白的地方作批注，加以補充説明，並記下自己不同的看法。比如《詩經》，就有毛亨的傳，鄭玄的箋。

5．正義　六朝的時候，盛行一種既解釋經典原文，又解釋注文，而特別注重闡發義理的體式，叫作義疏。到了唐代，孔穎達等學者對前代的義疏進行整理，有所匡正裁定，叫作正義。如孔穎達等撰寫的《五經正義》。後人引用的時候也簡稱疏。

6．章句　章句不以解釋詞義爲主，重在逐句逐章地加以串講，總括説明一段文字的大意。如趙岐的《孟子章句》、王逸的《楚辭章句》。下面是《孟子·公孫丑上》中的一段話：

　　凡有四端於我者。知皆擴而充之矣。若火之始然。泉之始達。苟能充之。足以保四海。苟不充之。不足以事父母。擴。廓也。凡有四端在於我者。知皆擴而充大之。若火泉之始微小。廣大之則無所不至。以喻人之四端也。人誠能充大之。可保安四海之民。誠不充大之。內不足以事父母。言無仁義禮智。何以事父母也。

小字是趙岐的解釋，可以看出章句大概的面貌。

7．集解、集釋、集注　這是把各家對同一部書的解釋匯集在一起的一種體式。

古代一些重要的典籍，往往有多家的注釋，把這些注釋按一定的體例匯集在一起並加以評説，便於讀書時比較分析。如何晏的《論語集解》、郭慶藩的《莊子集釋》、王先謙的《荀子集解》。下面是《論語·學而》中的話：

　　子曰。學而時習之。不亦説乎。馬曰。子者。男子之通稱。謂孔子也。王曰。時者。學者以時誦習之。誦習以時。學無廢業。所以爲説懌。

何晏注中"馬曰"的"馬"指馬融，"王曰"的"王"指王肅。我們怎麼知道"馬"指馬融、"王"指王肅呢？一般説，這類注釋的序中會有説明，或是某人在注中第一次出現時用全名。

　　以上這些名稱，大致説來都是對字詞、語句的解釋，這是古注的大宗，也是我們讀古書必須要參考的。從注釋的內容看，還有幾類也是我們要注意的。一類是以注釋典故出處爲主，第二類是注重闡發原書的思想，第三類重在爲原書增補相關資料。

　　古代有些作者爲文字典雅起見，行文往往喜歡引用典故（如駢體文和賦）。如果不了解這些典故的出處，還是不容易讀懂。所以有必要對這些典故的出處作出説明，唐代李善的《文選注》就是這樣。下面是《文選注》對陶淵明《歸去來兮辭》中兩句話的注釋：

　　　　攜幼入室。有酒盈罇。戰國策曰。扶老攜幼。迎孟嘗君。嵇康贈秀才詩曰。旨酒盈樽。

　　　　富貴非吾願。帝鄉不可期。大戴禮。孔子曰。所謂賢人者。躬爲匹夫。而不願富貴。莊子。華封人謂堯曰。乘彼白雲。至於帝鄉。

我們看到，對"盈""罇""期"這樣一些詞，固然應當加以解釋；但是如果對一些典故的出處不加説明，也會影響到我們對文章的理解和欣賞。

　　中國有一類講思想、哲學的古書，就是所謂子書（如《老子》《莊子》《荀子》等）。讀這些書的時候，有時候只知道字面的意思，還是不理解作者的思想觀點。古代的注釋家在這方面也下了很大的功夫，著重分析原書的思想哲理，闡述注釋家自己的觀點。下面是王弼對《老子》第二章一段話的注釋：

　　　　天下皆知美之爲美。斯惡已。皆知善之爲善。斯不善已。故有無相生。難易相成。長短相形。高下相傾。音聲相和。前後相隨。美者人心之所樂進也。惡者人心之所惡疾也。美惡猶喜怒也。善不善猶是非也。喜怒同根。是非同門。故不可得而偏舉也。此六者。皆陳自然不可偏舉之明數也。

再如郭象的《莊子注》對《逍遙遊》中一句話的注釋：

　　　　之二蟲又何知。二蟲。謂鵬蜩也。對大於小。所以均異趣也。夫趣之所以異。豈知異而異哉。皆不知所以然而自然耳。自然耳。不爲也。此逍遙之大義。

閲讀《逍遙遊》一篇，最重要的是對"逍遙"二字的理解。郭象在注釋中就專門談了他對"逍遙之大義"的認識。我們還注意到，對於"二蟲"的解釋，郭象的注也不同於今天的有些注解。

我們說的第三類古注，重在爲原書增補相關資料。這方面有代表性的如酈道元的《水經注》、裴松之的《三國志注》、劉孝標的《世說新語注》等。拿裴松之的《三國志注》來說，他廣採羣書一百四十餘種（很多書今天已經看不到了），注文較《三國志》正文多出三倍，保存了大量珍貴的史料，也爲古代語言的研究提供了寶貴的資料。

第十三單元

講讀文選

吕氏春秋

《吕氏春秋》又稱《吕覽》。全書二十六卷,分十二紀、八覽、六論,共計一百六十篇。撰寫此書的組織者是吕不韋。

吕不韋(？—前235),衛國濮陽(在今河南省)人。戰國末期政治家。他原是大商人,後來作了秦莊襄王的丞相,封爲文信侯。秦始皇即位,尊爲相國。後被遷往蜀郡(在今四川省),自殺身亡。《史記》有傳。

《吕氏春秋》由吕不韋集合門客編著,成於衆手,匯合先秦多家學説,所以有雜家之稱。其内容以儒家、道家的思想爲主,兼有名家、法家、墨家、農家以及陰陽家的學説,爲統一天下後的秦國治理國家提供思想指導。書中用大量的歷史故事、遺聞軼事説明事理,語言平易暢達。

《吕氏春秋》最早有東漢高誘的注。許維遹《吕氏春秋集釋》、陳奇猷《吕氏春秋校釋》、張雙棣等《吕氏春秋譯注》可資參考。

選文據諸子集成本《吕氏春秋》,中華書局一九五四年版。

去宥

【説明】《去宥》是《吕氏春秋·先識覽》的第七篇。"宥"通"囿"(yòu),意思是局限;"去宥"就是去除認識上的局限蔽塞。文章講了四個故事,説明認識上的偏見蔽塞使人是非顛倒,陷於悖謬。只有"去宥",纔能獲得通達正確的認識。

東方之墨者謝子將西見秦惠王。惠王問秦之墨者唐姑果①。唐姑果恐王之親謝子賢於己也②,對曰:"謝子,東方之辯士,其爲人甚險③,將奮於說以取少主也④。"王因藏怒以待之⑤。謝子至,說王,王弗聽⑥。謝子不說,遂辭而行⑦。凡聽言以求善也⑧;所言苟善,雖奮於取少主,何損⑨?所言不善,雖不奮於取少主,何益⑩?不以善爲之慤,而徒以取少主爲之悖⑪,惠王失所以爲聽矣⑫。用志若是,見客雖勞,耳目雖弊,猶不得所謂也⑬。此史定所以得行其邪也⑭,此史定所以得飾鬼以人、罪殺不辜,羣臣擾亂,國幾大危也⑮。人之老也,形益衰而智益盛⑯。今惠王之老也,形與智皆衰邪?

記述秦惠王不聽謝子的諫言,意在說明君主"聽言"應以善不善爲標準。

① 墨者:信奉墨家學說的人。謝子:姓謝的人。"子"是對人的尊稱。秦惠王:戰國時秦國的國君。唐姑果:秦國的墨家人物。
② 親:親近。一本作"視"。賢:超過,勝過。
③ 辯士:口才好,能說會道的人。險:難以測度,陰險。
④ 奮於說:竭力游說。奮:用力。取少主:取得少主的歡心信任。少主:指秦惠王的太子。
⑤ 因:於是。藏怒:懷怒。
⑥ 說(shuì):勸說,說服。
⑦ 說(yuè):高興。這個意義後來寫作"悅"。辭:告別。
⑧ 善:指好的、正確的意見。
⑨ 奮於:後當補"說以"二字。下句同。何損:有什麼損害。
⑩ 益:益處。
⑪ 爲(wèi)之慤(què):認爲他忠厚老實。爲:通"謂",認爲。慤:誠實,忠厚。徒:只。悖:悖逆。違背道理。

⑫ 迷失了聽言的目的。
⑬ 用志若是:像這樣用心思。是:這。勞:辛苦。弊(bì):疲憊。猶:仍然。所謂:(進言者)説話的宗旨。
⑭ 史定:秦國的史官,名定。史書無記載。所以得行其邪:能行其邪的原因。得:能。行其邪:做邪惡的事。指下文的"飾鬼以人""罪殺不辜"。
⑮ 飾鬼以人:用人裝扮成鬼。罪殺不辜(gū):加罪殺害無罪的人。辜:罪。擾(rǎo)亂:騷動不安。幾(jī):接近。
⑯ 形:身體。衰:變弱。智:智力。

　　荆威王學書於沈尹華,昭釐惡之①。威王好制②。有中謝佐制者,為昭釐謂威王曰③:"國人皆曰王乃沈尹華之弟子也④。"王不説,因疏沈尹華⑤。中謝細人也,一言而令威王不聞先王之術⑥,文學之士不得進⑦,令昭釐得行其私⑧。故細人之言不可不察也⑨。且數怒人主以為姦人除路⑩;姦路以除而惡壅卻,豈不難哉⑪?夫激矢則遠⑫,激水則旱⑬,激主則悖⑭,悖則無君子矣⑮。夫不可激者,其唯先有度⑯。

　　記述荆威王疏遠沈尹華,説明人主對那些挑撥離間的話要仔細考察。

① 荆威王:即楚威王,戰國時楚國的君主。書:文獻典籍。沈尹華:楚威王的臣子。昭釐(xī):楚國的公族。惡(wù):憎惡。
② 制:數術。這裏指用法制治國的方法。
③ 中謝:官職名,在君主身邊侍奉的近臣。佐制:在法制治國方面幫助楚威王。佐:幫助。為(wèi)昭釐謂威王曰:替昭釐對威王説。
④ 皆:都。
⑤ 説(yuè):高興。因:於是。疏:疏遠。
⑥ 細人:小人,地位卑微的人。不聞:聽不到。先王之術:先王的治國之道。術:途徑,方法。
⑦ 文學之士:研習、通曉古代文獻典籍的人。不得進:不能進用。進:提拔任用。
⑧ 行其私:實現個人的企圖。

⑨ 察：考察。
⑩ 數(shuò)：屢次，多次。怒：使……怒，激怒。爲(wèi)姦人除路：給姦邪的人開通仕進之路。
⑪ 姦人的仕進之路已開通，却厭惡賢人的仕進之路被阻塞，豈不是很難嗎？以：通"已"。惡(wù)：厭惡。壅(yōng)卻：阻塞。卻：同"却"。
⑫ 把弓上的箭奮力向後拉箭就射得遠。激：激發。對物體反向用力使向前運動。
⑬ 阻遏水流，水勢就猛。激：水流因受阻而騰涌飛濺。旱：通"悍"，猛烈。
⑭ 鼓動君主，君主就會悖謬。悖：違背常理。
⑮ 無君子：沒有君子輔佐。
⑯ 不受鼓動的，大概是先有準則的人吧。其：句首語氣詞，幫助表示測度語氣。唯：副詞。度：法度，準則。

鄰父有與人鄰者，有枯梧樹①。其鄰之父言梧樹之不善也，鄰人遽伐之②。鄰父因請而以爲薪③。其人不說曰④："鄰者若此其險也，豈可爲之鄰哉⑤？"此有所宥也⑥。夫請以爲薪與弗請，此不可以疑枯梧樹之善與不善也⑦。

把梧桐樹可不可做柴燒作爲梧桐樹好不好的依據，這是認識上的偏頗。

① 鄰父(fǔ)：二字是衍文。父：對老年男子的尊稱。枯梧樹：乾枯的梧桐樹。
② 鄰人：當作"其人"。遽(jù)：趕快，急速。伐：砍。
③ 因：於是。而：疑是衍文。薪：燒的柴。
④ 説(yuè)：高興。
⑤ 若此：像這樣。險：難以測度，陰險。爲之鄰：跟他做鄰居。
⑥ 這是有所蔽塞。
⑦ 此不可以疑枯梧樹之善與不善：這不可以作爲猜疑梧桐樹好還是不好的依據。

齊人有欲得金者,清旦被衣冠往鬻金者之所①。見人操金,攫而奪之②。吏搏而束縛之③,問曰:"人皆在焉,子攫人之金何故?"對吏曰:"殊不見人,徒見金耳④。"此真大有所宥也。

記述齊人攫金的故事,指明齊人"徒見金"的荒唐。

① 清旦:早晨。被(pī):穿戴。鬻(yù):賣。所:場所。
② 操:拿著。攫(jué):抓取。
③ 搏:抓住。束縛:捆綁。
④ 吏:疑是衍文。殊不見人:根本沒有看到人。殊:很,極。徒:只。

夫人有所宥者,固以晝爲昏①,以白爲黑,以堯爲桀②,宥之爲敗亦大矣③。亡國之主其皆甚有所宥邪?故凡人必別宥然後知,別宥則能全其天矣④。

強調"別宥"纔能保全自身。

① 固:本來。晝:白天。
② 堯:遠古時期的帝王,以賢明著稱。桀:夏朝的君主,以殘暴著稱。
③ 蔽塞造成的損害真是太大了。
④ 別宥:對蔽塞進行分析。知:(對事物正確地)認識。全其天:保全自身。天:身。

察傳

【說明】《察傳》是《呂氏春秋·慎行論》的第六篇。察傳的意思就是對傳言要審察明辨。文章講的故事說明,很多傳聞是似是而非,需要緣情循理分清真偽是非,否則會造成國亡身死的大禍。

夫得言不可以不察①。數傳而白爲黑，黑爲白。故狗似玃，玃似母猴②，母猴似人，人之與狗則遠矣。此愚者之所以大過也③。

聞而審，則爲福矣④；聞而不審，不若無聞矣。齊桓公聞管子於鮑叔⑤，楚莊聞孫叔敖於沈尹筮⑥，審之也，故國霸諸侯也。吳王聞越王句踐於太宰嚭⑦，智伯聞趙襄子於張武⑧，不審也，故國亡身死也。

列舉正反兩方面的事例，説明"得言不可以不察"。

① 得言：聽到傳説的話。察：審察。
② 玃(jué)：一種大猴。母猴：猴的一種。又稱獼猴、沐猴。
③ 所以大過：造成大錯的原因。
④ 而：有如果的意思。審：仔細考察。
⑤ 管子即管仲(管夷吾)，曾幫助齊公子糾與公子小白(齊桓公)爭奪君位，失敗後作爲罪人被押解回國。齊桓公從鮑叔那裏知道他很有才幹，任用他爲相，稱霸諸侯。聞：聽到。鮑叔：即鮑叔牙，齊國的大夫。
⑥ 孫叔敖是春秋時楚國人，曾隱居海濱。由於沈尹筮(shì)的推薦，楚莊王任用他爲令尹。沈尹筮：楚國大夫。
⑦ 吳王聽信太宰嚭(pǐ)關於越王句踐求和的話。伯嚭是春秋時楚國人，擔任吳王夫差的太宰，稱太宰嚭。吳王打敗越國，太宰嚭接受越人的賄賂，勸説吳王答應越國求和，結果吳國被越王勾踐所滅。
⑧ 智伯聽信張武關於攻打趙襄子的話。智伯名瑶，是晉哀公時的卿，與韓、趙、魏並稱晉國四家。趙襄子：名無恤，晉國的卿。張武：智伯的家臣。智伯聽信張武的話，糾合韓、魏把趙襄子圍困在晉陽，結果韓、趙、魏三家暗中聯合，滅掉了智氏。

凡聞言必熟論，其於人必驗之以理①。魯哀公問於孔子曰②："樂正夔一足，信乎③？"孔子曰："昔者舜欲以樂傳教於天下④,乃令重黎舉夔於草莽之中而進之,舜以爲樂正⑤。夔於是正六律,和五聲,以通八風⑥,而天下大服。重黎又欲益求人⑦,舜曰:'夫樂,天地之精也,得失之節也,故唯聖人爲能和⑧。樂之本也⑨。夔能和之以平天下⑩。若夔者一而足矣⑪。'故曰'夔一足',非'一足'也。"

舉"夔一足"爲例,說明"聞言必熟論","必驗之以理"。

① 熟論:深透的研究。驗之以理:用情理加以驗證。
② 魯哀公:春秋時魯國的國君。
③ 樂正:樂官之長。夔(kuí):人名,善音律,傳說舜的時候擔任樂正。一足:一只脚。信:確實。
④ 傳教:傳布教化。
⑤ 重(chóng)黎:傳說堯的時候掌管時令,後爲舜臣。草莽:草野。這裏指民間。
⑥ 正:規範。六律:中國古代樂音的標準名。相傳以竹管的長短分別聲音的高低清濁,樂器的音調都以此爲準。樂律分陰陽各六,陽爲律,陰爲呂。和:使配合得當。五聲:中國古代音樂術語。指宮、商、角、徵(zhǐ)、羽五個音階,相當於簡譜的1、2、3、5、6。通:調和。八風:八風(八方之風)之音。泛指音樂。
⑦ 益求人:多找一些人。益:增加。
⑧ 天地之精:天地之氣的精華。得失之節:政治得失的關鍵。唯聖人爲能和:只有聖人纔能做到和諧。
⑨ 這一句應作"和,樂之本也"。本:根本。
⑩ 和之:使音樂和諧。平天下:安定天下。
⑪ 像夔這樣的人一個就夠了。

宋之丁氏,家無井而出溉汲,常一人居外①。及其家穿井②,告人曰:"吾穿井得一人。"有聞而傳之者曰③:"丁氏穿井得一人。"國人道之,聞之於宋君④。宋君令人問之於丁氏⑤,丁氏對曰:"得一人之使⑥,非得一人於井中也。"求能之若此⑦,不若無聞也。

記述丁氏穿井的故事,説明不細察傳言導致荒誕的誤解。

① 出:出家門。溉:灌注,澆灌。汲:打水。這裏"溉""汲"連用指打水。常一人居外:經常有一個人住在外面(專管打水)。
② 穿井:挖井。
③ 傳之:傳説這件事。
④ 聞之於宋君:讓宋君聽到了這件事。聞:使聽到。
⑤ 問之:問這件事。
⑥ 得一人之使:等於得到一個人的使用。
⑦ 能:疑是"聞"字。求聞之若此:像這樣去探求傳聞。

子夏之晉①,過衛,有讀史記者曰②:"晉師三豕涉河③。"子夏曰:"非也,是己亥也④。夫'己'與'三'相近,'豕'與'亥'相似⑤。"至於晉而問之,則曰"晉師己亥涉河"也。

記述"晉師三豕涉河"的故事,説明對傳聞要仔細考察。

① 子夏:孔子的弟子卜商,字子夏。之:到……去。
② 史記:記載歷史的書。
③ 豕(shǐ):豬。涉河:渡過黄河。
④ 己亥:己亥這一天。己亥是干支紀日。
⑤ 相近、相似:指古文字的寫法形體近似。

辭多類非而是①,多類是而非。是非之經②,不可不分。此聖人之所慎也③。然則何以慎④?緣物之情及人之情以爲所聞,則得之矣⑤。

最後歸納文章的觀點是"緣物之情及人之情以爲所聞"。

① 辭:言辭。類:類似,像。非:不正確。是:正確。

② 經:界限。
③ 這是聖人要慎重對待的。
④ 然則:這樣說來,那麼……。何以慎:怎麼慎重對待呢?
⑤ 緣:順著。物之情及人之情:事物的情理和人的情理。爲所聞:審察聽到的話。爲:動詞,這裏是審察的意思。得之:得到真相。

論衡

《論衡》是中國古代一部重要的哲學著作,計三十卷,八十五篇,實存八十四篇(缺《招致》一篇)。作者王充(27—約97),字仲任,會稽上虞(在今浙江省)人。東漢著名哲學家。

東漢時,宗教神秘主義的讖緯學說和唯心主義的先驗論十分流行。王充捍衛和發展了古代的唯物主義,鮮明地提出氣是萬物的本原,萬物產生於"氣"本身的運動;"天道"自然無爲,一切的災異是"氣"變化的結果;人的生命和精神以氣作爲物質基礎。這些觀點唯物主義地解釋了人與自然、精神與肉體的關係。在認識論方面,承認感性認識是知識的來源,同時也重視理性思維的作用,強調"效驗"的重要性。他還反對把儒家的經典變成教條。《論衡》一書觀點鮮明,邏輯性強,語言明暢。近人劉盼遂《論衡集解》、黃暉《論衡校釋》可資參考。

選文據《論衡校釋》,中華書局一九九〇年版。

談天(節選)

【説明】《談天》是討論天地問題。古書記載說,共工怒撞不周山,使支撐天的柱子折斷,繫地的繩子斷絕。文章從自然之理和人事之理兩方面進行分析,論證了這是不可信的虛言,反映了作者的唯物主義自然觀。

儒書言①:"共工與顓頊爭爲天子②,不勝,怒而觸不周之山③,使天柱折,地維絶④。女媧銷煉五色石以補蒼天⑤,斷鼇足以立四極⑥。天不足西北,故日月移焉⑦;地不足東南,故百川注焉⑧。"此久遠之文,世間是之言也⑨。文雅之人,怪而無以非⑩;若非而無以奪⑪,又恐其實然,不敢正議⑫。以天道人事論之,殆虛言也⑬。

指出"儒書"中"補蒼天"的話是没有根據的"虛言"。

① 儒書:儒家的著作。
② 共(gōng)工:傳説中的神話人物。顓(zhuān)項(xū):傳説中古代的部族首領。
③ 觸:撞。不周之山:神話傳説中的山名。
④ 天柱:神話傳説,天的四方有支撐的柱子。地維:神話傳説繫地的繩子。維:繩子。絶:斷。
⑤ 女媧(wā):傳説中的女神,是創造人類的始祖。銷煉:冶煉。
⑥ 鼇(áo):傳説中海裏的大龜。四極:天四方極遠的地方。極:盡頭。
⑦ 西北方的天向下傾斜,所以日月往那裏移動。焉:代詞,指代一個範圍。
⑧ 東南方的地向下塌陷,所以河水流向那裏。
⑨ 久遠之文:很久以前的記載。世間是之言也:這一句疑爲"世間是之之言也"。意思是世間認可的説法。是之:認爲這種説法對。是:認爲對,肯定。
⑩ 文雅之人:有學問的人。怪:感到怪異。無以非:無法加以否定。
⑪ 或者認爲不對,但無法糾正(這種説法)。奪:改變。
⑫ 實然:確實是這樣。正議:秉持公正的立場加以評論。
⑬ 天道:自然的道理。人事:人間的事理。殆:大概。表示推斷。

與人争爲天子,不勝,怒觸不周之山,使天柱折,地維絶,有力如此,天下無敵。以此之力,與三軍戰①,則士卒螻蟻也,兵革毫芒也②,安得不勝之恨,怒觸不周之山乎③?且堅重莫如山④,以萬人之力共推小山,不能動也。如不周之山,大山也。使是天柱乎,折之固難⑤;使非天柱乎,觸不周山而使天柱折,是亦復難⑥。信顓頊與之爭,舉天下之兵,悉海內之眾,不能當也⑦,何不勝之有⑧!

論述"怒觸不周之山"的共工與顓頊爭為天子而不勝,在事理上講不通。

① 三軍:軍隊。
② 螻(lóu)蟻:螻蛄(一種昆蟲)和螞蟻。兵革:兵器鎧甲。革:皮革製的甲冑。毫芒:毫毛和芒刺。毫:細而尖的獸毛。芒:草木莖葉和穀類籽實殼上的尖刺。
③ 哪裏會有不勝的惱恨,一怒之下去撞不周山的事呢?安:疑問代詞,哪裏,怎麼。恨:極度的不滿。
④ 堅重:堅固沉重。莫如山:没有什麼能像山一樣。
⑤ 使是天柱:假使它就是天柱。固:本來。
⑥ 假使不周山不是天柱,撞上它就使得天柱折斷,這也很難。是:這。
⑦ 信:果真。舉:全部發動。悉:全部(調集)。當:對抗。
⑧ 怎麼會有不勝呢?句中"不勝"作動詞"有"的前置賓語。

且夫天者,氣邪?體也①?如氣乎,雲煙無異,安得柱而折之②?女媧以石補之,是體也。如審然,天乃玉石之類也③。石之質重,千里一柱,不能勝也④。如五嶽之巔,不能上極天乃為柱⑤。如觸不周,上極天乎⑥?不周為共工所折,當此之時,天毀壞也。如審毀壞,何用舉之⑦?"斷鼇之足以立四極",說者曰:"鼇,古之大獸也,四足長大,故斷其足以立四極。"夫不周,山也;鼇,獸也。夫天本以山為柱,共工折之,代以獸足,骨有腐朽,何能立之久⑧?且鼇足可以柱天⑨,體必長大,不容於天地⑩,女媧雖聖,何能殺之⑪?如能殺之,殺之何用⑫?足可以柱天,則皮革如鐵石,刀劍矛戟不能刺之,彊弩利矢不能勝射也⑬。

論述"天柱折""斷鼇之足以立四極"在事理上講不通。

① 且夫：表示進一層論述。氣邪？體也：是氣呢？還是實體呢？
② 如果是氣，就跟雲煙沒有什麼不同，怎麼能有柱子支撐它而被折斷呢？安：哪裏，怎麼。柱（zhǔ）：支撐。
③ 審然：確實這樣。天乃玉石之類：天就是玉石之類的東西。
④ 質：特性，性質。勝（舊讀shēng）：承擔，承受。
⑤ 五嶽（yuè）：中國古代說的五座名山：東嶽泰山，西嶽華山，南嶽衡山，北嶽恆山，中嶽嵩山。嶽：高山。巓（diān）：山頂。上極天乃爲柱：向上頂著天而成爲天柱。極：到達。乃：而。
⑥ （如果真有）像共工撞不周山那樣的事，（不周山）是上頂著天嗎？
⑦ 審：確實。何用：用什麼。"何"作"用"的前置賓語。舉：支撐起來。
⑧ 代以獸足：用獸足代替。何能：怎麼能。
⑨ 且：況且。柱（zhǔ）天：支撐天。
⑩ 不容於天地：天地之間容納不下。
⑪ 聖：聖明。何能：怎麼能。
⑫ 殺之何用：用什麼來殺它呢？"何"作"用"的前置賓語。
⑬ 戟（jǐ）：古代的一種兵器。彊弩（nǔ）：力量大的弓。弩：一種用機械發箭的弓。利矢：利箭。不能勝射：意思是射不穿。

察當今天去地甚高①，古天與今無異。當共工缺天之時②，天非墜於地也。女媧，人也；人雖長，無及天者③。夫其補天之時，何登緣階據而得治之④？豈古之天若屋廡之形⑤，去人不遠，故共工得敗之、女媧得補之乎⑥？如審然者，女媧多前⑦，齒爲人者，人皇最先⑧。人皇之時，天如蓋乎⑨？

論述"女媧補天"在事理上講不通。

① 去地：離地。
② 缺：（把天）弄殘缺，損毀。

③ 及天：够得著天。及：達到。
④ 何登緣階據而得治之：是攀登依靠什麼樣的東西而能補天的呢？登緣：攀登。階據：依靠。治：修治。
⑤ 若屋廡(wǔ)：像屋頂。屋：屋頂。廡：堂下四周的廊屋。
⑥ 敗：毀壞。
⑦ 審然：確實如此。多：當作"已"。已：通"以"。
⑧ 齒爲人：稱爲人。齒：稱，叫作。人皇：傳說中的遠古帝王，三皇（天皇、地皇、人皇）之一。
⑨ 天如蓋乎：天像車蓋一樣離人那麼近嗎？

∙∙∙∙∙∙∙∙∙∙∙∙

含氣之類，無有不長①。天地，含氣之自然也；從始立以來，年歲甚多，則天地相去，廣狹遠近，不可復計②。儒書之言，殆有所見③。然其言觸不周山而折天柱，絶地維，銷煉五石補蒼天，斷鼇之足以立四極，猶爲虛也④。何則？山雖動⑤，共工之力不能折也。豈天地始分之時，山小而人反大乎？何以能觸而折之⑥？以五色石補天，尚可謂五石若藥石治病之狀⑦。至其斷鼇之足以立四極，難論言也⑧。從女媧以來久矣，四極之立自若，鼇之足乎⑨？

進一步申述觸折天柱、"斷鼇之足以立四極"是不合事理的虛言。

① 含氣之類：指包括天地在内的自然萬物。氣：作者認爲氣是構成人和萬物的物質元素。長(zhǎng)：生長變大。
② 始立：開始產生。廣狹：寬窄。不可復計：不能再計算。
③ 殆：大概。所見：見於以前的説法。
④ 猶爲虛：也還是沒有實在的根據。猶：仍然。
⑤ 雖：當作"難"。
⑥ 何以：憑什麼，怎麼。"何"作介詞"以"的前置賓語。
⑦ 若藥石治病之狀：像藥石治病一樣。藥石：中醫治病的藥物和石針。

⑧ 論言:論説。
⑨ 若:不改變常態,像本來的樣子。鼇之足乎:(支撑四極的)是鼇的脚嗎?

顔氏家訓

《顔氏家訓》七卷二十篇。作者顔之推(531—約590以後),字介,琅邪臨沂(在今山東省)人。北齊文學家。歷官梁、北齊、北周和隋。

作者撰寫此書的目的,在於訓誡子孫,故名"家訓"。作者生當南北朝動亂時期,政權更迭,變故頻仍,作者歷經四朝,有著豐富的生活經歷。書的内容,大致是叙述作者的涉世經驗,指明立身、治家、處世的行爲規範,以作爲子弟的生活準則;對當時的政治、社會、文化亦多有評論。作者在書中對子弟諄諄告誡,夾叙夾議,娓娓道來,語言質樸平易,懇切動人。王利器《顔氏家訓集解》可資參考。

選文據《顔氏家訓集解》,中華書局一九九三年版。

涉務(節選)

【説明】"涉務"的"涉"是經歷、接觸或從事的意思,"務"指實際事務。文章尖鋭批評了南朝時期不諳實際、崇尚虚談、養尊處優的士大夫生活和不良世風,主張要"應世經務",説明只有經歷實踐的磨煉纔能治國理家。

士君子之處世,貴能有益於物耳①,不徒高談虚論,左琴右書②,以費人君禄位也③。國之用材,大較不過六事④:一則朝廷之臣,取其鑒達治體,經綸博雅⑤;二則文史之臣,取其著述憲章,不忘前古⑥;三則軍旅之臣,取其斷決有謀,强幹習事⑦;四則藩屏之臣,取其明練風俗,清白愛民⑧;五則使命之臣,取其識變從宜,不辱君命⑨;六則興造之臣,取其程功節費,開略有術⑩,此則皆勤學守行者所能辨也⑪。人性有長短,豈責具美於六塗哉⑫?但當皆曉指趣,能守一職,便無媿耳⑬。

從爲官的六類職責説明士君子應具備處理事務的實際能力。

① 士君子:有學問而且品德高尚的人。一本作"夫君子"。貴:可貴。物:事情。
② 徒:徒然。白白的,不起作用。左琴右書:指高雅閒適的生活。
③ 費:耗費。禄位:俸禄官位。
④ 大較:大略,大體上。
⑤ 鑒(jiàn)達:明白通達。治體:治理國家的法度。經綸(lún):整理絲綫。這裏指政治上的謀劃。博雅:博大純正。
⑥ 憲(xiàn)章:典章法制。前古:歷史。
⑦ 軍旅:軍隊。斷決有謀:决定事情有謀略。强幹:强悍幹練。習事:熟悉軍務。
⑧ 藩(fān)屏(píng)之臣:指地方官。藩屏:比喻對朝廷的護衛。藩:籬笆。屏:屏障。明練:通曉熟悉。風俗:風土人情,社會風氣。清白:清廉。
⑨ 使命之臣:奉朝廷之命處理内政、外交事務的臣子。識變從宜:(處理事情)能認識形勢的變化,做出相應恰當的處理。變:形勢的變化。從:順應。宜:合適。辱:辱没。
⑩ 興造之臣:負責建設工程的官員。程功:考量功效。節費:節約費用。開略有術:(對工程的)開發、籌劃有辦法。略:謀劃。
⑪ 守行:保持操行。指在言行上嚴格要求自己。辨:分辨,認識。一本作"辦"。
⑫ 人性:人的天資。責:要求。具:全。美:好(的表現),出色。六塗:上面説的六個方面。塗:通"途",途徑。
⑬ 但當:只要能做到。但:只。指趣:宗旨,主要的意圖。守:擔當(職責)。一職:一種職責。媿:同"愧",慚愧。

吾見世中文學之士①,品藻古今,若指諸掌②;及有試用,多無所堪③。居承平之世,不知有喪亂之禍④;處廟堂之下,不知有戰陳之急⑤;保俸禄之資,不知有耕稼之苦⑥;肆吏民之上,不知有勞役之勤⑦,故難可以應世經務也⑧。

批評"世中文學之士"對治國理民的實際毫無所知。

① 世中:社會上。文學之士:文人學士。
② 品藻(zǎo):評價。若指諸掌:像指手掌上的東西一樣(明白清楚)。諸:"之於"的合音。之:指代所指的東西。於:介詞。
③ 試用:指用他做實際的事。堪(kān):承擔。
④ 承平之世:太平安定的社會。喪:亡國。亂:國家動亂不安。
⑤ 處廟堂之下:在朝廷做官。廟堂:朝廷。戰陳(zhèn):指戰爭。陳:後寫作"陣"。
⑥ 保俸祿之資:享有國家的俸祿。保:擁有。資:錢財。耕稼:耕作,農業勞動。稼:種莊稼。
⑦ 肆(sì):踞。處於……地位。勤:辛苦。
⑧ 應世經務:應對社會,處理事情。經:經營,治理。

∙∙∙∙∙∙∙∙∙∙∙∙∙

梁世士大夫①,皆尚褒衣博帶,大冠高履②;出則車輿,入則扶侍③;郊郭之內④,無乘馬者。周弘正爲宣城王所愛⑤,給一果下馬,常服御之,舉朝以爲放達⑥。至乃尚書郎乘馬,則糾劾之⑦。及侯景之亂⑧,膚脆骨柔,不堪行步⑨,體羸氣弱,不耐寒暑⑩,坐死倉猝者,往往而然⑪。建康令王復性既儒雅⑫,未嘗乘騎,見馬嘶歕陸梁,莫不震懾⑬,乃謂人曰:"正是虎⑭,何故名爲馬乎?"其風俗至此。

批評"梁世士大夫"平時養尊處優,應對事變則一無所能。

① 梁世:南北朝時的梁朝(502—557)。
② 尚:崇尚,流行。褒(bāo)衣博帶:寬大的衣服。褒、博:寬大。褒:同"襃"。帶:衣帶。高履(lǚ):一種裝有高齒的木底鞋。履:鞋子。

③ 出則車輿(yú):出門坐車。輿:車箱,泛指車。入則扶侍:回家有人服侍。
④ 郊郭:近郊和城裏。郭:外城。
⑤ 周弘正:梁朝的時候擔任太學博士、國子博士,善於講論玄理。宣城王:梁簡文帝的太子蕭大器,封於宣城。
⑥ 果下馬:一種矮種馬,據說只有三尺高,騎著可在果樹下行走。服御:用。這裏指騎。舉朝:整個朝廷的人。放達:豪放任情,不拘禮俗。
⑦ 至乃:至於。尚書郎:官職名。糾(jiū)劾(hé):彈劾。上書皇帝揭發罪狀,請予處分。糾:同"糾",督察。劾:揭發檢舉。
⑧ 侯景之亂:侯景是北朝的降將,他在梁武帝太清二年(548)發動叛亂,攻破國都建康(今江蘇省南京市),梁武帝被困而死。
⑨ 膚脆骨柔:形容身體十分虛弱。脆:弱。柔:軟。堪:承受。
⑩ 羸(léi):瘦弱。耐:受得住。
⑪ 坐死:坐以待斃。坐:指不能採取積極行動。倉猝(cù):突然的事變。往往:處處。
⑫ 儒雅:氣度文雅。這裏是說沒有勇武的氣質。
⑬ 未嘗:從不曾。嘶:馬叫。歕(pēn):同"噴",噴氣,疾速呼氣。陸梁:跳躍。震懾:震驚恐懼。
⑭ 正是:(這)就是。

　　古人欲知稼穡之艱難①,斯蓋貴穀務本之道也②。夫食為民天,民非食不生矣③;三日不粒,父子不能相存④。耕種之,茠鉏之⑤,刈穫之,載積之⑥,打拂之,簸揚之⑦,凡幾涉手,而入倉廩⑧,安可輕農事而貴末業哉⑨?江南朝士,因晉中興,南渡江⑩,卒為羇旅⑪,至今八九世,未有力田,悉資俸祿而食耳⑫。假令有者,皆信僮僕為之⑬,未嘗目觀起一墢土,耘一株苗⑭;不知幾月當下,幾月當收,安識世間餘務乎⑮?故治官則不了,營家則不辦,皆優閑之過也⑯。

　　指出江南朝士不能"治官""營家"的原因是生活太過悠閑。

① 稼穡(sè)之艱難:農業勞動的艱苦。稼:種莊稼。穡:收割莊稼。
② 斯:這。蓋:副詞,表示推斷。貴穀:使穀物貴重。意思是把糧食生產放在重要的地位。務本:從事根本的事。本指農業生產。道:途徑。
③ 天:至高無上的。《漢書·酈食其傳》:"王者以民爲天,而民以食爲天。"生:存活。
④ 不粒:不進食。粒:穀食。相存:讓對方活著。
⑤ 茠(hāo):同"薅",拔草。鉏(chú):同"鋤",用鋤鬆土除草。
⑥ 刈(yì)穫:割穀物。載:用車裝。積:集中放在一起。
⑦ 打拂(fú):用工具擊打穀物,使籽實脫離莖稈。簸(bǒ)揚:用簸(bò)箕揚去穀粒的殼和米糧中的塵土。
⑧ 凡幾涉手:總共要經過幾道手。涉:經歷。倉廩(lǐn):穀倉。廩:同"廪"。
⑨ 安可:怎麼能。貴:看得貴重,重視。末業:不重要的事。業:事。
⑩ 朝(cháo)士:在朝廷做官的人。因:趁著。晉中興:指西晉(265—317)亡後,在江南又建立了東晉(317—420)政權。中興:王朝中途轉衰爲盛。
⑪ 羈(jī)旅:寄居在異鄉。
⑫ 未有力田:沒有耕種田地的事。力田:致力於種田。悉:全部。資:依靠。
⑬ 假令:假使。信:任憑。僮僕:僕人。
⑭ 起一墢(bō)土:翻起一塊土。墢:耕作時翻起的土塊。耘(yún):鋤草。
⑮ 下:下種。收:收穫。餘務:其他的事。務:事。
⑯ 不了:不明白。營家:經營家事。不辦:做不好。辦:治理。優閑:即"悠閑"。生活清閑,心情舒適,沒有事情牽掛。

閱讀文選

審己①（《呂氏春秋》）

【説明】文中的兩個故事説明，對事情的考察，最重要的不在於它的結果，而在於它自身内在的原因。

子列子常射中矣，請之於關尹子②。關尹子曰："知子之所以中乎③？"答曰："弗知也。"關尹子曰："未可。"退而習之三年，又請。關尹子曰："子知子之所以中乎？"子列子曰："知之矣。"關尹子曰："可矣，守而勿失。"非獨射也，國之存也，國之亡也，身之賢也，身之不肖也，亦皆有以④。聖人不察存亡賢不肖，而察其所以也。

① 文章節選自《呂氏春秋·季秋紀》。
② 子列子：即列禦寇，戰國時鄭國人。常：通"嘗"。請之：請教射箭這件事。關尹子：傳説是春秋末年道家人物，曾爲函谷關尹。一説姓尹名喜。
③ 所以中：射中的原因。
④ 有以：有原因。

齊湣王亡居於衛，晝日步足①，謂公玉丹曰②："我已亡矣，而不知其故。吾所以亡者果何故哉？我當已③。"公玉丹答曰："臣以王爲已知之矣，王故尚未之知邪？王之所以亡也者以賢也。天下之王皆不肖，而惡王之賢也，因相與合兵而攻王，此王之所以亡也。"湣王慨焉太息曰："賢固若是其苦邪④？"此亦不知其所以也，此公玉丹之所以過也⑤。

① 齊湣(mǐn)王：戰國時齊國的國君。亡：逃亡到別的地方。步足：散步。
② 公玉丹：齊湣王的臣子。
③ 已：止。意思是使不再發生。
④ 若是其苦：意思是受這樣的苦。若是：像這樣。
⑤ 所以：原因。過：過失。這裏是誤導對方的意思。

任數①（《呂氏春秋》）

【説明】孔子誤解顏回的故事説明僅靠耳目了解事情的真相是不可靠的。

孔子窮乎陳、蔡之間②，藜羹不糝③，七日不嘗粒，晝寢。顏回索米，得而爨之，幾熟④。孔子望見顏回攫其甑中而食之⑤。選間⑥，食熟，謁孔子而進食。孔子佯爲不見之。孔子起曰："今者夢見先君，食潔而後饋⑦。"顏回對曰："不可。嚮者煤炱入甑中⑧，棄食不祥，回攫而飯之。"孔子歎曰："所信者目也，而目猶不可信；所恃者心也，而心猶不足恃。弟子記之：知人固不易矣。"故知非難也，孔子之所以知人難也⑨。

① 文章節選自《呂氏春秋·審分覽》。
② 窮：受困。陳、蔡：春秋時諸侯國名。
③ 藜羹：帶汁的野菜。糝：當作"糁"(sǎn)，用米粒和羹。
④ 爨(cuàn)：燒火做飯。幾(jī)：接近。
⑤ 甑(zèng)：蒸飯的一種器具。
⑥ 選間：一會兒。
⑦ 饋：送給人食物。這裏指獻給鬼神祭品。
⑧ 炱(tái)：凝聚的煙塵。
⑨ 孔子之：三字是衍文。

練習十三

一、熟讀本單元講過的文章。

二、閱讀本單元的閱讀文選。

三、給下面句子中加點的字注音：
1. 不以善爲之愨,而徒以取少主爲之悖。(《呂氏春秋·去宥》)
2. 羣臣擾亂,國幾大危。(《呂氏春秋·去宥》)
3. 姦路以除而惡壅卻。(《呂氏春秋·去宥》)
4. 共工與顓頊爭爲天子。(《論衡·談天》)
5. 如五嶽之巓,不能上極天乃爲柱。(《論衡·談天》)
6. 刀劍矛戟不能刺之,彊弩利矢不能勝射也。(《論衡·談天》)
7. 皆尚褒衣博帶,大冠高履。(《顏氏家訓·涉務》)
8. 至乃尚書郎乘馬,則糺劾之。(《顏氏家訓·涉務》)
9. 茠鉏之,刈穫之。(《顏氏家訓·涉務》)
10. 古人欲知稼穡之艱難。(《顏氏家訓·涉務》)

四、解釋下面句子中加點的詞：
1. 一言而令威王不聞先王之術,文學之士不得進。(《呂氏春秋·去宥》)
2. 謝子,東方之辯士,其爲人甚險。(《呂氏春秋·去宥》)
3. 清旦被衣冠往鬻金者之所。(《呂氏春秋·去宥》)
4. 及其家穿井,告人曰:"吾穿井得一人。"(《呂氏春秋·察傳》)
5. 怒而觸不周之山,使天柱折,地維絕。《論衡·談天》
6. 文雅之人,怪而無以非。(《論衡·談天》)
7. 以天道人事論之,殆虛言也。(《論衡·談天》)
8. 石之質重,千里一柱,不能勝也。(《論衡·談天》)
9. 士君子之處世,貴能有益於物耳。(《顏氏家訓·涉務》)
10. 取其斷決有謀,強幹習事。(《顏氏家訓·涉務》)
11. 故治官則不了,營家則不辦。(《顏氏家訓·涉務》)
12. 一則朝廷之臣,取其鑒達治體,經綸博雅。(《顏氏家訓·涉務》)

五、查閱工具書,解釋下面語詞中加點的字：
1. 貫穿　稀疏　拳術　隔絶　通道　勝任　寶鑑　公務　步履
2. 遠涉重洋　任人唯賢　人生地疏　絡繹不絕　養生之道　不勝

其煩　前車之鑑　不務正業　履險如夷

六、把下面的句子譯成現代漢語：
1. 中謝細人也，一言而令威王不聞先王之術。(《呂氏春秋·去宥》)
2. 殊不見人，徒見金耳。(《呂氏春秋·去宥》)
3. 聞而不審，不若無聞矣。(《呂氏春秋·察傳》)
4. 樂正夔一足，信乎？(《呂氏春秋·察傳》)
5. 得一人之使，非得一人於井中也。(《呂氏春秋·察傳》)
6. (女媧)斷鼇足以立四極。(《論衡·談天》)
7. 且堅重莫如山，以萬人之力共推小山，不能動也。(《論衡·談天》)
8. 如氣乎，雲煙無異，安得柱而折之？(《論衡·談天》)
9. 古人欲知稼穡之艱難，斯蓋貴穀務本之道也。(《顏氏家訓·涉務》)
10. 不知幾月當下，幾月當收，安識世間餘務乎？(《顏氏家訓·涉務》)

七、熟悉古注中常用的術語。

八、下面是《論語注疏》和《孟子集注》中的兩段古注，請加上標點：
1. 子曰賢哉回也一簞食一瓢飲孔曰簞笥也在陋巷人不堪其憂回也不改其樂賢哉回也孔曰顏淵樂道雖簞食在陋巷不改其所樂【疏】子曰至回也○正義曰此章歎顏回之賢故賢哉回也云一簞食一瓢飲者簞竹器食飯也瓢瓠也言回家貧唯有一簞飯一瓠瓢飲也在陋巷人不堪其憂回也不改其樂者言回居處又在隘陋之巷他人見之不任其憂唯回也不改其樂道之志不以貧爲憂苦也歎美之甚故又曰賢哉回也○注孔曰簞笥也○正義曰案鄭注曲禮云圓曰簞方曰笥然則簞與笥方圓異而此云簞笥者以其俱用竹爲之舉類以曉人也
2. 所以謂人皆有不忍人之心者今人乍見孺子將入於井皆有怵惕惻隱之心非所以內交於孺子之父母也非所以要譽於鄉黨朋友也非惡其聲而然也怵音黜內讀爲納要平聲惡去聲下同○乍猶忽也怵惕驚動貌惻傷之切也隱痛之深也此即所謂不忍人之心也內結要求聲名也言乍見之時便有此心隨見而發非由此三者而然也……由是觀之無惻隱之心非人也無羞惡之心非人也無辭讓之心非人也無是非之心非人也惡去聲下同○羞恥己之不善也惡憎人之不善也辭解使去已也讓推以與人也是知其善而以爲是也非知其惡而以爲非也人之所以爲心不外乎是四者故因論惻隱而悉數之言人若無此則不得謂之人所以明其必有也

常用詞

徒　務　術　進　穿　涉　絕　勝　鑑　履

121. 徒

《說文》:"徒,步行也。"這是本義。《周易·賁卦》:"舍車而徒。"王士禎《女俠》:"移時,尼徒步手人頭驅衛而返。"用作名詞,指步兵;士卒。《左傳·昭公二十五年》:"帥徒以往。"泛指跟從的人;同一類的人。《左傳·昭公四年》:"旦而皆召其徒。"賈誼《論積貯疏》:"兵旱相乘,天下大屈,有勇力者聚徒而衡擊。"雙音詞有[徒黨]。特指跟從老師學習的人,弟子。《孟子·滕文公上》:"陳良之徒陳相。"雙音詞有[門徒]。步行不憑藉車子,引申爲沒有憑藉;空的。王士禎《女俠》:"徒手握束香擲於地。"虛化爲範圍副詞,僅僅,只。《三國志·周瑜傳》:"老賊欲廢漢自立久矣,徒忌二袁、呂布、劉表與孤耳。"成語有[家徒四壁]。

122. 務

"務"字的意符是"力"。《說文》:"務,趣也。"指努力從事於;致力於。《國語·周語》:"三時務農。"《顏氏家訓·涉務》:"古人欲知稼穡之艱難,斯蓋貴穀務本之道也。"熟語有[不務正業]。用作名詞,所致力的(緊要的)事情;事務。《韓非子·難二》:"不以小功仿大務。"《顏氏家訓·涉務》:"不知幾月當下,幾月當收,安識世間餘務乎?"雙音詞有[公務]。

123. 術

《說文》:"術,邑中道也。"指街道。《墨子·旗幟》:"巷術周道者必爲之門。"引申爲途徑;方法。《呂氏春秋·決勝》:"故執不可勝之術,以遇不勝之敵,若此則兵無失矣。"《顏氏家訓·涉務》:"六則興造之臣,取其程功節費,開略有術。"特指駕馭臣下的手段。《韓非子·和氏》:"主用術,則大臣不得擅斷。"雙音詞有[權術]。又引申爲專業性的技巧方法;技藝。《史記·刺客列傳》:"惜哉其不講於刺劍之術也!"雙音詞有[技術][醫術]。

124. 進

《説文》:"進,登也。"向前或向上移動。《韓非子·齊桓公好服紫》:"於是左右適有衣紫而進者,公必曰:'少却,吾惡紫臭。'"雙音詞有[前進]。抽象義爲得到任用提拔,地位上升。《史記·李斯列傳》:"以忠得進,以信守位。"《吕氏春秋·去宥》:"文學之士不得進。"又引申爲向上獻出;進獻。《戰國策·鄒忌諷齊王納諫》:"期年之後,雖欲言,無可進者。"雙音詞有[進言][進貢]。

125. 穿

《説文》:"穿,通也。"有孔洞可以通過;開鑿。《詩經·召南·行露》:"誰謂鼠無角,何以穿我墉?"(墉:墻。)《吕氏春秋·察傳》:"及其家穿井,告人曰:'吾穿井得一人。'"後引申爲穿衣服鞋襪(肢體通過衣物的孔隙)。《醒世恆言·杜子春三入長安》:"腰繫絲縧,脚穿麻履。"雙音詞有[穿戴]。

126. 涉

《説文》:"涉,徒行厲水也。"指徒步過河;泛指渡水。《吕氏春秋·察今》:"循表而夜涉。"(表:標記。)又《察傳》:"晉師三豕涉河。"《詩經·衛風·氓》:"送子涉淇。"(淇:水名。)成語有[跋山涉水]。引申爲經過;經歷。《顔氏家訓·涉務》:"載積之,打拂之,簸揚之,凡幾涉手,而入倉廩。"涉水是由此及彼,引申爲有所關連。雙音詞有[涉及][牽涉]。

127. 絶

《説文》:"絶,斷絲也。"本義是斷開。《論衡·談天》:"怒而觸不周之山,使天柱折,地維絶。"《左傳·鞌之戰》:"郤克傷於矢,流血及履,未絶鼓音。"雙音詞有[斷絶],成語有[絡繹不絶]。由斷開引申爲不能繼續,原有的已經窮盡。《莊子·漁父》:"疾走不休,絶力而死。"《戰國策·蘇秦以游説致富貴》:"資用乏絶,去秦而歸。"用作修飾語,指已到極點的。《資治通鑑·班超出使西域》:"卿曹與我俱在絶域。"雙音詞有[絶地][絶技]。由中間斷開又引申爲横穿道路、河流等(横穿像切斷一樣);穿過。《荀子·勸學》:"假舟檝者,非能水也,而絶江河。"

128. 勝

"勝"字的意符是"力"。《說文》:"勝,任也。"能夠承擔;禁得起。舊讀 shēng。《孟子·告子下》:"力不能勝一匹雛,則爲無力人矣。"《論衡·談天》:"石之質重,千里一柱,不能勝也。"雙音詞有[勝任],成語有[不勝其煩]。由能夠承擔引申爲能夠制服對方。《論語·子路》:"善人爲邦百年,亦可以勝殘去殺矣。"(勝殘去殺:克服殘暴,消除虐殺。)由此引申爲勝過對方。《尚書·五子之歌》:"予視天下愚夫愚婦,一能勝予。"(一:都。)特指戰勝。賈誼《論積貯疏》:"以攻則取,以守則固,以戰則勝。"成語有[百戰百勝]。

129. 鑑

"鑑"又作"鑒"。《說文》:"鑑,大盆也。"古代一種盛水的大盆。《周禮·天官·淩人》:"春始治鑑。"鑑可以用來照視,轉指鏡。《莊子·德充符》:"鑑明則塵垢不止,止則不明也。"用作動詞,照視形象。《莊子·德充符》:"人莫鑑於流水而鑑於止水。"照視可以看清楚,引申爲明白。《顏氏家訓·涉務》:"一則朝廷之臣,取其鑒達治體,經綸博雅。"由看清楚得失引申爲借鑑(可以作爲教訓的事)。《墨子·非命下》:"爲鑑不遠,在彼殷王。"(殷王:商王。)成語有[前車之鑑]。

130. 履

《說文》:"履,足所依也。"鞋子。《顏氏家訓·涉務》:"梁世士大夫,皆尚褒衣博帶,大冠高履。"熟語有[西裝革履]。用作動詞爲踐踏,踩。《詩經·小雅·小旻》:"如臨深淵,如履薄冰。"由此引申爲實行;做。《禮記·表記》:"處其位而不履其事,則亂也。"雙音詞有[履行]。

古漢語常識

古書的注解(下)

一　古注體例

　　今人的注好懂,讀古人的注解就比較難,主要有三個原因:一,注文本身是用文言寫的;二,很多注解寫得比較簡略,不像今天的注釋那麼詳細;三,注解的體例和術語跟今天不一樣,讀起來感到很生疏。想要讀懂古注,一定要對它的體例和術語有所了解。下面以十六單元選文《詩經·鄘風·相鼠》爲例對古注的體例作簡要的說明。

　　　　相鼠刺無禮也衛文公能正其羣臣而刺在位承先君之化無禮儀也○相息亮反篇内同【疏】相鼠三章章四句至禮儀○正義曰作相鼠詩者刺無禮也由衛文公能正其羣臣使有禮儀故刺其在位有承先君之化無禮儀者由文公能化之使有禮而刺其無禮者所以美文公也凱風美孝子而反以刺君此刺無禮而反以美君作者之本意然也在位無禮儀文公不黜之者以其承先君之化弊風未革身無大罪不可廢之故也相鼠有皮人而無儀相視也無禮儀者雖居尊位猶爲闇昧之行箋云儀威儀也視鼠有皮雖處高顯之處偷食苟得不知廉恥亦與人無威儀者同○行下孟反之處昌慮反人而無儀不死何爲箋云人以有威儀爲貴今反無之傷化敗俗不如其死無所害也【疏】相鼠至何爲○正義曰文公能正其羣臣而在位猶有無禮者故刺之視鼠有皮猶人之無儀何則人有皮鼠亦有皮鼠猶無儀故可恥也人無禮何異於鼠乎人以有威儀爲貴人而無儀則傷化敗俗此人不死何爲若死則無害也○箋視鼠至者同○正義曰大夫雖居尊位爲闇昧之行無禮儀而可惡猶鼠處高顯之居偷食苟得不知廉恥鼠無廉恥與人無禮儀者同故喻焉以傳曰雖居尊位故箋言雖處高顯之居以對之相鼠有齒人而無止止所止息也箋云止容止孝經曰容止可觀無止韓詩止節無禮節也人而無止不死何俟俟待也相鼠有體支體也【疏】傳體支體○正義曰上云有皮有齒已指體言之明此言體非徧體也故爲支體人而無禮人而無禮胡不遄死遄速也○遄市專反

《相鼠》正文前有一段説明文字，這在《詩經》中叫"小序"，意在説明各首詩的主旨。需要注意的是，爲了宣揚儒家思想，《詩經》的"小序"常常有曲解詩意的地方。

《詩經》的注解包括三部分：一是毛亨的傳（毛傳），二是鄭玄的箋（鄭箋），三是孔穎達的疏（孔疏）。《詩經》正文之下直接加注没有"箋云"兩個字的就是毛傳。如："相，視也。無禮儀者雖居尊位，猶爲闇昧之行。""止，所止息也。""俟，待也。""體，支體也。"

注解中標明"箋云"兩個字的後面就是鄭玄的箋。如對《詩經》正文"相鼠有皮，人而無儀"的箋注是："箋云：儀，威儀也。視鼠有皮，雖處高顯之處，偷食苟得，不知廉恥，亦與人無威儀者同。"對正文"人而無儀，不死何爲"的箋注是："箋云：人以有威儀爲貴，今反無之，傷化敗俗，不如其死無所害也。"

用方括號標明【疏】的後面是孔穎達的疏。需要説明的是，"疏"既有對正文的解釋（一般先疏正文），也有對毛傳、鄭箋的解釋，需要分辨清楚。我們看到，在正文"人而無儀，不死何爲"之後的疏有"'相鼠'至'何爲'"幾個字，這是指明下面一段文字是對《詩經》正文從"相鼠有皮"到"不死何爲"這四句話的解釋。孔疏的這一段文字是（用○隔開）："正義曰：文公能正其羣臣，而在位猶有無禮者，故刺之。……若死則無害也。"這一段文字後，圓圈（○）後又有"箋'視鼠'至'者同'"幾個字，這是説下面一段文字是對鄭箋從"視鼠有皮"到"亦與人無威儀者同"這段話的解釋。孔疏的這一段文字是（用○隔開）："正義曰：大夫雖居尊位……以傳曰雖居尊位，故箋言雖處高顯之居以對之。"

我們注意到，毛傳、鄭箋、孔疏的内容，既有對字詞的解釋，也有對《詩經》一段話的串講。讀完之後，我們對這首詩的内容就有了一個大致的了解。要注意的是，注疏對正文字句的意思有時會有不同的看法。比如"人而無止"的"止"：(1) 毛傳："止，所止息也。"(2) 鄭箋："止，容止。"這需要我們比較分析，決定取捨。

注疏中還有對字的注音。比如正文"相鼠有皮，人而無儀"之後是毛傳，再後是鄭箋。我們注意到鄭箋的後面有一個圓圈（○），圓圈後的文字是："行，下孟反。之處，昌慮反。"這是唐代學者陸德明《經典釋文》的注音①。"行"就是毛傳"猶爲闇昧之行"的"行"字,它的反切是"下孟反"。鄭箋的解釋裏有"雖處高顯之處"的話,這句話中有兩個"處"字,《釋文》的注音是"之處,昌慮反",可見這是對第二個"處"字的注音。最後一句正文"胡不遄死",毛傳:"遄,速也。"圓圈後的注音是:"遄,市專反。"這是《釋文》對正文中"遄"字的注音。

二　古注的術語

閱讀古注,除了了解古注的體例,還要熟悉古注的一些術語。下面介紹一些常見的術語。

1. 曰、爲、謂之　使用這三個術語的時候,注釋的文字在"曰""爲""謂之"的前面,被注釋的詞在"曰""爲""謂之"的後面。這三個術語不僅解釋詞義,還常常用來辨析同義詞、類義詞之間的細微差别。三個術語的意思,大致相當於現代漢語的"叫作""稱作"。如:

(1)《詩經·衛風·氓》:"三歲爲婦,靡室勞矣。"鄭箋:"有舅姑曰婦。"

(2)《詩經·衛風·氓》:"爾卜爾筮,體無咎言。"毛傳:"龜曰卜,蓍曰筮。"

(3)《詩經·豳風·七月》:"言私其豵,獻豜于公。"毛傳:"豕一歲曰豵,三歲曰豜。"

(4)《詩經·豳風·七月》:"九月築場圃,十月納禾稼。"毛傳:"春夏爲圃,秋冬爲場。"

(5)《莊子·逍遥遊》:"朝菌不知晦朔。"成玄英疏:"月終謂之晦,月旦謂之朔。"

(6)《荀子·勸學》:"行衢道者不至。"王先謙《荀子集解》:"王念孫曰:《爾雅》'四達謂之衢'。"

第(1)例的意思是女子有舅姑叫作婦。第(2)例"卜"和"筮"是同義詞,用

---

① 《經典釋文》是唐代學者陸德明撰寫的一部音義書。採集了漢魏以後二百三十多家對十四部典籍的注音資料(以注音爲主,也兼有釋義)。既有對正文的注音,也有對注文的注音。

"曰"加以辨析。第(5)例"晦"和"朔"是類義詞,用"謂之"加以辨析。

2. 謂　使用"謂"的時候,被注釋的詞放在"謂"的前面,注釋的文字在"謂"的後面。注釋的話常常說明被釋詞所指的對象或範圍。"謂"的意思,大致相當於現代漢語的"是指""是説""説的是"。如:

(1)《孟子·梁惠王上》:"彼奪其民時,使不得耕耨以養其父母。"趙岐注:"彼,謂齊、秦、楚也。"

(2)《莊子·逍遙遊》:"覆杯水於坳堂之上。"成玄英疏:"坳,污陷也,謂堂庭坳陷之地也。"

(3)《楚辭·九歌·山鬼》:"子慕予兮善窈窕。"王逸注:"子,謂山鬼也。"

(4)《楚辭·九歌·山鬼》:"折芳馨兮遺所思。"王逸注:"所思,謂清潔之士,若屈原者也。"

爲了明確第(1)(3)(4)例"彼""子""所思"所指的對象,分別用"齊、秦、楚""山鬼""清潔之士"來説明。第(2)例"坳堂"不好懂,用"堂庭坳陷之地"來解釋。

3. 貌、之貌　"貌""之貌"的意思就是"……的樣子",主要用來解釋形容詞,是對形貌、狀態、性質的一種説明。被釋詞在前,解釋的內容在後。如:

(1)《莊子·逍遙遊》:"夫列子御風而行,泠然善也。"郭象注:"泠然,輕妙之貌。"

(2)《詩經·衛風·氓》:"淇水湯湯,漸車帷裳。"毛傳:"湯湯,水盛貌。"

(3)《楚辭·九歌·山鬼》:"東風飄兮神靈雨。"王逸注:"飄,風貌。"

(4)《詩經·衛風·氓》:"氓之蚩蚩,抱布貿絲。"毛傳:"氓,民也。蚩蚩者,敦厚之貌。"

4. 猶　"猶"的意思是"好像""等於説"。被解釋的詞在前,解釋的話在後。解釋的話往往是一個詞,被釋詞同用來解釋的詞意義相近。如:

(1)《莊子·逍遙遊》:"翱翔蓬蒿之間。"成玄英疏:"翱翔,猶嬉戲也。"

(2)《莊子·逍遙遊》:"彼於致福者,未數數然也。"成玄英疏

"數數,猶汲汲也。"

(3)《詩經·衛風·氓》:"桑之未落,其葉沃若。"毛傳:"沃若,猶沃沃然。"

(4)《詩經·豳風·七月》:"同我婦子,饁彼南畝。"鄭箋:"同,猶俱也。"

5. 之言、之爲言　"之言""之爲言"是通過聲音的聯繫用一個詞去解釋另一個詞。被解釋的詞在前,用來解釋的詞在後,中間用"之言""之爲言"表示兩個詞的聯繫。用來解釋的詞同被釋詞在讀音上相同或相近,這在傳統的訓詁學上叫"聲訓"。如:

(1)《莊子·逍遙遊》:"故九萬里則風斯在下矣,而後乃今培風。"郭慶藩《莊子集釋》引王念孫:"培之言馮也。馮,乘也。"

(2)《詩經·豳風·七月》:"春日載陽,有鳴倉庚。"鄭箋:"載之言則也。"

(3)《爾雅·釋訓》:"鬼之爲言歸也。"

(4)《論語·爲政》:"爲政以德,譬如北辰,居其所而衆星共之。"朱熹集注:"政之爲言正也,所以正人之不正也。德之爲言得也,得於心而不失也。"

我們注意到,"培"和"馮(píng)"是雙聲,"載"和"則"也是雙聲。"鬼"和"歸"聲母、韻母都一樣,只是聲調有差別。"政""正"同音,"德"和"得"同音。聲訓是古人訓釋詞義的一種重要方式,可以幫助我們破除字形的限制,通過讀音的聯繫去探求詞的意義。不過古代有的聲訓帶有主觀隨意性,有牽強附會的地方,這是我們要注意的。

6. 讀爲、讀曰、讀若、讀如　"讀爲""讀曰"是用本字來説明假借字(假借字的讀音同本字的讀音相同或相近)。注解中"讀爲""讀曰"的前面是假借字,後面是本字。如:

(1)《荀子·勸學》:"君子生非異也,善假於物也。"王先謙《荀子集解》:"王念孫曰:生讀爲性。《大戴記》作'性'。"

(2)《荀子·勸學》:"強自取柱,柔自取束。"王先謙《荀子集解》:"王引之曰:柱當讀爲祝。……此言物強則自取斷折,所謂太剛則折也。"

(3)《詩經·衛風·氓》:"淇則有岸,隰則有泮。"鄭箋:"泮,讀爲畔。畔,涯也。"

  (4)《尚書·堯典》:"播時百穀。"鄭玄注:"時讀曰蒔。"

第(1)例"生"借作"性"("性"是先天的質性)。第(2)例,王引之認爲"柱"是假借字,"祝"是本字("祝"有斷的意思,但"祝"的本義並非斷)。第(3)例"泮"借作"畔",邊界的意思。第(4)例"時"借作"蒔",移植的意思。

  "讀若"和"讀如"主要是用來注音,表示注釋的字同被注釋的字讀音相同或相近。如:

  (5)《説文》:"耑(zhuān),數也。一曰相讓也。讀若專。"

  (6)《説文》:"廝,又卑也。"段玉裁注:"今俗語讀如渣。"

有時候,"讀若"和"讀如"也用來説明假借字:

  (7)《禮記·儒行》:"雖危,起居竟信其志。"鄭玄注:"信,讀如屈伸之伸。假借字也。"

  (8)《楚辭·九歌·國殤》:"霾兩輪兮縶四馬。"洪興祖補注:"霾讀若埋。"

第(7)例"信"借作"伸",伸展的意思。第(8)例,"霾"借作"埋",指車輪陷入泥土中。

  7. 當爲 "當爲"用來糾正文字的錯誤。如:

  《禮記·樂記》:"武王克殷,反商。"鄭玄注:"'反'當爲'及'字之誤也。'及商'謂至紂都也。"

鄭玄認爲,"反"是一個錯字,應當改成"及"字。

  8. 衍文、脱文 "衍文"簡稱"衍",指誤增的文字。"脱文"簡稱"脱"(也寫作"奪"),指脱漏的文字。如:

  (1)《淮南子·人間訓》:"事或欲以利之,適足以害之;或欲害之,乃反以利之。"王念孫《讀書雜志》卷八十五説:"'或欲利之''或欲害之'相對爲文,'利之'上不當有'以'字,此因下句'以'字而誤衍也。《太平御覽·學部三》引此無'以'字。"

  (2)《荀子·王制》:"夫是之謂天德,王者之政也。"《讀書雜志》卷八十五説:"'王者'上當有'是'字。'是王者之政也'乃總承上文之詞。下文'是王者之人也''是王者之制也''是王者之論也'皆與此文同一例。今本脱'是'字,則語意不完。《韓詩外傳》有'是'字。"

閱讀古書要參考古注，對此我們一定要充分重視。另一方面也要知道，古注畢竟是古人作的，在思想上不可避免會有這樣那樣的局限，甚至嚴重地歪曲原書的意思；就是在語言文字的解釋方面，也不可能百分之百的正確。所以閱讀古注的時候還是要具體問題具體分析。古人的注不好懂，我們只要選擇好的注本，由淺入深，多讀多看，持之以恆，閱讀能力就一定會不斷地提高。

第十四單元

講讀文選

賈誼

  賈誼(前200—前168),洛陽(在今河南省)人。西漢著名政論家、文學家。世稱賈生。漢文帝初年召爲博士,不久升爲太中大夫。後來貶爲長沙王太傅,又爲梁懷王太傅。任職期間曾多次上書評論時政,對治國理民提出了不少建議,但終究不能實現自己的抱負,抑鬱而死。賈誼的著述,以政論文最爲有名,議論風發,氣勢充沛,情辭激切。著作有《新書》十卷。今人輯有《賈誼集》。
  選文據點校本《漢書·食貨志》,中華書局一九六二年版。

論積貯疏

  【説明】"疏"是古代的一種文體,是臣子上給皇帝條陳自己意見的奏議,也稱"奏疏"。漢文帝時,生產力尚未得到完全恢復,很多農民放棄農業生產而從事工商業活動,農業生產受到影響。賈誼的這篇奏疏,指明蓄積不足的極大危害,闡述發展農業生產、儲備糧食對治國安邦的重要性,意在引起皇帝的警覺。

  筦子曰①:"倉廩實而知禮節②。"民不足而可治者,自古及今未之嘗聞③。古之人曰："一夫不耕,或受之飢④;一女不織,或受之寒。"生之有時而用之亡度,則物力必屈⑤。古之治天下,至孅至悉也,故其畜積足恃⑥。今背本而趨末⑦,食者甚衆,是天下之大殘也⑧;淫侈之俗日日以長,是天下之大賊也⑨。殘賊公行,莫之或止⑩;大命將泛,莫之振救⑪。生之者甚少而靡之者甚多,天下財產何得不蹷⑫？漢之爲漢,幾四十年矣,公私之積猶可哀痛⑬。失時不雨,民且狼顧⑭;歲惡不入,請賣爵子⑮。既聞耳矣,安有爲天下阽危者若是而上不驚者⑯！

指出古代治理天下,"其畜積足恃"。分析當時的形勢,指出國家和個人都缺乏充足的蓄積。

① 筦(guǎn)子:即管子。筦:同"管"。管仲,名夷吾,春秋時齊國的相,輔佐齊桓公稱霸。《管子》一書是後人所輯。
② 語見《管子·牧民》。倉廩(lǐn)實:糧食儲備充足。倉廩:糧倉。廩:同"廩"。實:充實,充滿。知禮節:能樹立禮法觀念。
③ 不足:指生活用度(吃、穿等)不足。可治:能夠治理好。未之嘗聞:没有聽説過。代詞"之"作動詞"聞"的前置賓語。
④ 古之人曰:語見《管子·輕重甲》。夫:成年男子。或:有的人。
⑤ 生之有時:物資的生產有一定的時間限制。用之亡(wú)度:消費没有限度。物力:可供使用的物資。屈(jué):盡,竭盡。
⑥ 至孅(xiān)至悉:極爲細緻,極爲周備。至:達到極點。孅:細。悉:周備。畜積:指物資的儲備。恃(shì):依靠。
⑦ 拋棄根本的事,去從事不重要的事。本:指農業生產。趨:奔赴,奔向。末:指工商活動。
⑧ 是:這。指"背本而趨末,食者甚衆"。殘:傷害。
⑨ 淫侈(chǐ):奢侈,過度消費。俗:社會風氣。長:滋長,蔓延。賊:傷害。
⑩ 莫之或止:沒有誰能夠制止它。莫:沒有什麼人。之:代詞,作動詞"止"的前置賓語,指代"殘賊公行"。或:語氣詞,常用在否定句

中加強否定語氣。

⑪ 大命:國家的命脈,國運。泛(fěng):通"覂",翻倒。振救:挽救。振:救濟。

⑫ 生之者:生產糧食的人。靡(mí):過度耗費。蹷(jué):同"蹶",盡。

⑬ 漢之爲漢:漢朝建國以來。爲:成爲。幾(jī):接近。公私之積猶可哀痛:這是說建國的時間不短了,但國家和個人兩方面的蓄積還是少得叫人痛心。猶:仍然。

⑭ 失時:違背農時(該下雨的時候不下雨)。狼顧:據說狼走路時常常回頭看,以防襲擊。這是形容人們看到不下雨恐懼不安的樣子。顧:回頭看。

⑮ 歲惡:災荒年。歲:收成。不入:交不上稅。入:交納。賣爵(jué)子:(朝廷)出賣爵位,(百姓)出賣兒女。

⑯ (這樣的事)傳到朝廷耳朵裏,哪裏有治理天下像這樣的危險而天子還不震驚呢?既:已經。安:哪裏,怎麼。爲:治理。玷(diàn)危:危險。上:指皇帝。

世之有飢穰,天之行也①,禹、湯被之矣②。即不幸有方二三千里之旱,國胡以相恤③?卒然邊境有急④,數十百萬之衆,國胡以餽之⑤?兵旱相乘,天下大屈⑥,有勇力者聚徒而衡擊⑦,罷夫羸老易子而齩其骨⑧。政治未畢通也⑨,遠方之能疑者並舉而爭起矣⑩,乃駭而圖之,豈將有及乎⑪?

分析一旦有戰爭和自然災害,就會有動亂發生,難以應對。

① 飢:通"饑",災荒。穰(ráng):穀物豐收。天之行:自然的運行規律。行:運行。

② 禹:夏禹,傳說是遠古部落聯盟的領袖,舜的繼承人。湯:商湯,商朝的建立者。被:遭受。傳說夏禹的時候遭受九年水災,商湯的時候遭受七年旱災。

③ 即:如果。方二三千里:是說面積大。方:縱橫,方圓。國胡以相恤(xù):國家用什麼來救濟呢?胡以:用什麼。胡:何。恤:救濟。

④ 卒(cù)然:突然。卒:通"猝"。急:緊急的事。指戰爭。
⑤ 數十百萬之衆:是說軍隊人多。餽(kuì):同"饋",送(糧食)。
⑥ 兵旱:戰爭和自然災害。乘:接續。屈(jué):(物資)竭盡。
⑦ 徒:徒黨,同類的人。衡擊:使用強力劫掠攻擊別人。衡:通"橫",兇暴。
⑧ 罷(pí)夫羸(léi)老:老弱的人。罷:通"疲"。羸:瘦弱。易:交換。齩(yǎo):同"咬"。
⑨ 朝廷對國家的管理還沒有能夠達到全國的範圍。政治:對國家的管理。畢:全部。通:達到。
⑩ 邊遠地方那些有力量與朝廷比擬的人就會一同起來作亂。能:衍文。疑(nǐ):通"擬",比擬,比照……做。並舉:一同行動。
⑪ 乃:纔(表示某種情況發生得過晚)。駭(hài):吃驚害怕。圖:謀劃(對付)。豈將有及乎:難道會來得及嗎?

夫積貯者,天下之大命也①。苟粟多而財有餘,何爲而不成②!以攻則取,以守則固,以戰則勝③;懷敵附遠,何招而不至④!今敺民而歸之農⑤,皆著於本⑥,使天下各食其力,末技游食之民轉而緣南畝⑦,則畜積足而人樂其所矣⑧。可以爲富安天下,而直爲此廩廩也⑨,竊爲陛下惜之⑩。

指明糧食的儲備關係到國家的生死存亡,應鼓勵農業生產,"畜積足"就可以"爲富安天下"。

① 糧食的儲備關係到國家的生死存亡。大:最重要的,根本的。命:命脈(生命和血脈)。
② 苟:如果。粟(sù):糧食。何爲而不成:怎麼能做不成功呢?
③ 取:指攻占。固:牢固不可破。
④ 安撫敵對的人,讓遠方的人歸附,怎麼能招而不至呢?招:招來。採用某種方式使來。
⑤ 敺(qū):通"驅",驅使。歸之農:讓他們歸向農業。之:指代民。
⑥ 著(zhuó):附著,不離開。本:指農業生產。
⑦ 末技:不重要的技藝。指工商業活動。游食:沒有固定的居住生

活的地方,到處遊走謀食。緣南畝(mǔ):走向田間。指務農。緣:順著……走。南畝:農田。畝:同"畮"。

⑧ 所:居住的地方。

⑨ 本來可以使天下富足安定,却竟然造成了這樣令人恐懼的情勢。爲(富):成爲,形成。富:食用富足。安:安定。直:竟。爲(此):造成。懍懍(lǐn):恐懼的樣子。懍:通"懔"。

⑩ 竊(qiè):謙辭。私下。惜:哀傷。

韓愈

韓愈(768—824),字退之,河南河陽(在今河南省)人。自稱郡望是昌黎(治所在今遼寧省),世稱韓昌黎。唐代著名文學家、哲學家。歷官至吏部侍郎,卒謚文,又稱韓吏部、韓文公。他在政治上反對藩鎮割據;思想上尊儒排佛,堅決維護儒家的思想傳統。在文學上,他與柳宗元都是古文運動的倡導者,反對六朝以來的駢儷文風,提倡清新流暢的散體文。他的散文創作各體兼長,繼承先秦兩漢的古文傳統,推陳出新,氣勢剛健雄渾,文學語言富有表現力,被譽爲"文起八代之衰",對後世有很大的影響。著作有《昌黎先生集》。

選文據馬其昶《韓昌黎文集校注》卷一,上海古籍出版社一九八六年版。

師説

【説明】"説"是論説文的一種文體。文章闡述對從師的看法,主要論點是"學者必有師","道之所存,師之所存"。作者讚揚"古之聖人"樂於從師,批評"今之衆人"恥於從師,意在恢復尊師好學的"師道"。

古之學者必有師①。師者,所以傳道、受業、解惑也②。人非生而知之者,孰能無惑③?惑而不從師,其爲惑也終不解矣④。生乎吾前,其聞道也固先乎吾,吾從而師之⑤。生乎吾後,其聞道也亦先乎吾,吾從而師之。吾師道也,夫庸知其年之先後生於吾乎⑥!是故無貴無賤,無長無少,道之所存,師之所存也⑦。

指出"學者必有師",從師是爲了聞道,凡聞道者皆可以爲師。

① 學者:學習的人。
② 所謂老師,就是靠他"傳道、受業、解惑"的。以:憑藉。傳:傳授。道:學說主張。韓愈說的道指儒家學說。受:通作"授",講授。業:學業。解惑:解析疑難問題。
③ 孰:誰。《論語·述而》:"孔子曰:'我非生而知之者。'"
④ 困惑却不跟從老師學習,那些成爲困惑的問題就終究不能解決了。其:那;那些。
⑤ (生)乎:相當於"於",在。聞道:領悟某種學說道理。固先乎吾:本來就在我之前。從而師之:跟從他學習,以他爲師。師:動詞,以……爲師,學習,效法。
⑥ 我學習的是道,哪裏用得著知道他是生在我之前還是生在我之後呢?庸:哪裏。
⑦ 是故:所以。道之所存,師之所存:道在的地方,就是老師在的地方。意思是道在誰身上,就向誰學習。

嗟乎!師道之不傳也久矣,欲人之無惑也難矣①。古之聖人,其出人也遠矣,猶且從師而問焉②;今之衆人,其下聖人也亦遠矣,而恥學於師③。是故聖益聖,愚益愚④。聖人之所以爲聖,愚人之所以爲愚,其皆出於此乎⑤!愛其子,擇師而教之⑥;於其身也,則恥師焉,惑矣⑦!彼童子之師,授之書而習其句讀者⑧,非吾所謂傳其道解其惑者也⑨。句讀之不知,惑之不解,或師焉,或不焉⑩;小學而大遺,吾未見其明也⑪。巫醫、樂師、百工之人,不恥相師⑫。士大夫之族,曰師曰弟子云者⑬,則羣聚而笑之。問之,則曰:彼與彼年相若也,道相似也⑭。位卑則足羞,官盛則近諛⑮。嗚呼!師道之不復可知矣⑯。巫醫、樂師、百工之人,君子不齒⑰,今其智乃反不能及,其可怪也歟⑬!

　　比較"古之聖人"樂於從師,"今之衆人"恥於從師。感嘆今之君子遠不如"巫醫、樂師、百工之人"。

① 師道:尊師學習的道理。
② 出人:超出一般人。猶且:尚且,還。
③ 衆人:一般人。下:低於。恥學於師:以向老師學習爲恥。
④ 因此聖人更加聖明,愚人更加愚昧。益:越來越,更加。
⑤ 其:副詞,表示推測。出於此:產生於此。此:指上文說的古之聖人"猶且從師而問",今之衆人"恥學於師"。
⑥ 擇:選。
⑦ 身:自身,自己。則:就。恥師:恥於向老師學習。惑:糊塗。
⑧ 童子:未成年的男子。授之書:教給他書本的文字。句讀(dòu):斷開句子的知識。句:一句話後面的停頓。讀:一句話中間短暫的停頓。古代的書沒有斷句標點,所以要學習句讀。
⑨ 並不是我說的傳道解惑。
⑩ 或師:有的知識向老師學習。或不(fǒu):有的不向老師學習。或:代詞,有的。前一個"或"指代"句讀之不知"。後一個"或"指代"惑之不解"。
⑪ 小學:小的問題從師學習。大遺:大的問題丟棄不學。遺:遺棄,丟掉。明:明白事理。
⑫ 巫醫:古代的巫師常以巫術爲人治病,稱巫醫。樂師:以歌唱、演奏樂曲爲職業的人。百工:各種手工業者。相師:相互請教學習。師:動詞。
⑬ 士大夫:統指有官位或有地位名望的文人。族:類,一類人。曰師曰弟子云者:如果說到誰是誰的老師,誰是誰的學生。云者:如此等等。
⑭ 相若、相似:相近,差不多。
⑮ 位卑:(老師的)地位低下。則足羞:就感到十分的羞恥。官盛:(老師的)官位高。則近諛:就覺得是近於阿諛奉承。
⑯ 不復:不再回來。

⑰ 君子:有地位的人。即上文説的"士大夫"。不齒:不與同列。即看不起的意思。齒:排列在一起。
⑱ 乃:竟然。反不能及:反而不如"巫醫、樂師、百工之人"。及:趕上。

聖人無常師①。孔子師郯子、萇弘、師襄、老聃②。郯子之徒,其賢不及孔子③。孔子曰:"三人行,則必有我師④。"是故弟子不必不如師,師不必賢於弟子⑤。聞道有先後,術業有專攻,如是而已⑥。

指出"聖人無常師",在某一方面勝過自己,就應當以之爲師。

① 常:固定不變。
② 郯(tán)子:春秋時郯國的國君,孔子曾向他請教過官名的事(事見《左傳·昭公十七年》)。萇(cháng)弘:周敬王時的大夫,孔子曾向他請教過關於音樂的事(事見《孔子家語·觀周》)。師襄:春秋時魯國的樂官,名襄,孔子曾向他學習彈琴(事見《史記·孔子世家》)。老聃(dān):即老子。孔子曾向他問禮(事見《孔子家語·觀周》)。
③ 郯子之徒:郯子那些人(上面説的四個人)。徒:同類的人。其賢:他們的優秀。
④ 《論語·述而》:"三人行,必有我師焉。擇其善者而從之,其不善者而改之。"
⑤ 賢於:勝過。
⑥ 術業:學術技藝。專攻:專門的研究。攻:治。如是而已:如此罷了。

李氏子蟠①,年十七,好古文②,六藝經傳皆通習之③,不拘於時④,學於余。余嘉其能行古道⑤,作《師説》以貽之⑥。

交代寫作《師説》的緣由。

① 李氏子蟠(pán)：韓愈的學生，唐德宗貞元十九年進士。
② 古文：指先秦、兩漢時期的散文，與駢文相對。
③ 六藝經傳(zhuàn)：六經的經文和注釋文字。六藝：即六經，即《詩經》《尚書》《儀禮》《周易》《春秋》《樂經》(《樂經》今不存)。傳：解釋"經"的文字。通習：普遍地學習。
④ 不受時俗的拘束。
⑤ 嘉：讚許。古道：古代的正道(如樂於從師、好古文等)。
⑥ 貽(yí)：贈送。

柳宗元

柳宗元(773—819)，字子厚，祖籍河東(在今山西省)，世稱柳河東。唐代著名的文學家。官至禮部員外郎。在參加了一場政治革新失敗後，被貶為永州司馬，後又任柳州刺史，又稱柳柳州。柳宗元和韓愈都是古文運動的倡導者，並稱"韓柳"，為唐宋八大家之一。他的散文形式多樣，其寓言、山水遊記和短篇傳記尤有特色，筆鋒銳利，多有寄託，社會性強。說理文峭拔矯健，條理謹嚴。著作有《河東先生集》。

選文據《柳宗元集》卷二十三，中華書局一九七九年版。

送薛存義序

【説明】作者藉表彰薛存義為官清正，抨擊當時貪官污吏危害百姓的黑暗政治，明確提出官吏是百姓雇傭來為自己辦事的僕役，百姓黜罰貪官污吏是理所當然。

河東薛存義將行①，柳子載肉於俎②，崇酒於觴③，追而送之江之滸④，飲食之⑤。且告曰："凡吏於土者，若知其職乎⑥？蓋民之役，非以役民而已也⑦。凡民之食於土者⑧，出其十一傭乎吏，使司平於我也⑨。今受其直怠其事者，天下皆然⑩。豈惟怠之，又從而盜之⑪。向使傭一夫於家⑫，受若直，怠若事，又盜若貨器⑬，則必甚怒而黜罰之矣⑭。以今天下多類此,而民莫敢肆其怒與黜罰者何哉⑮?勢不同也⑯。勢不同而理同,如吾民何⑰?有達於理者,得不恐而畏乎⑱!"

明確提出官吏是"民之役",百姓黜罰貪官污吏是理所當然。

① 河東:道名,治所在今山西省。薛存義:與柳宗元同爲河東人。柳宗元任永州司馬期間,薛存義曾任零陵縣(在今湖南省)代理縣令二年。他離職時柳宗元寫了這篇序。行:(指離開零陵縣)要走。
② 柳子:柳宗元自稱。載肉於俎(zǔ):把肉放在俎裏。載:盛放。俎:古代祭祀時盛放牛羊等祭品的禮器。這裏指食器。
③ 崇酒:斟滿酒。崇:充滿。觴(shāng):酒器。
④ 追:跟隨。滸(hǔ):水邊。
⑤ 飲(yìn):給……喝。食(sì):給……吃。
⑥ 吏於土者:在地方做官的人。吏:做官。若:第二人稱代詞,你。職:職責。
⑦ 蓋:副詞,表示論斷。民之役:百姓的僕役。非以役民而已也:並不是憑藉做官來役使百姓的。以:介詞,憑藉,用……來。役(民):動詞,役使,強力驅使人做事。
⑧ 食於土:靠土地生活。
⑨ 出其十一:拿出收入的十分之一。僱乎吏:雇傭官吏。乎:相當於"於",後接行爲的對象。使司平於我:讓他們給百姓主持公道。使:讓(做官的人)。司:掌管。平:公平,公道。我:百姓自己。
⑩ 受其直:接受他們給的俸祿。直:工錢。這個意思後作"值"。息其事:對他們交辦的事情十分懈怠。者:……的情況。天下皆然:普天下都是這樣。
⑪ 哪裏只是懈怠,還進而敲詐勒索他們。惟:只。從:跟著,進一步地。盜:偷盜財物。這裏指敲詐勒索。
⑫ 向使:假使。夫:成年男子。
⑬ 貨:錢財。器:器物。
⑭ 黜(chù):撤銷職務使離開。罰:懲罰。
⑮ 以今:一本無"以"字。類此:跟這種情況一樣。而:但。肆(sì)其怒:盡情地表達自己的憤怒。肆:放任,不加限制。者:代詞,代

原因。
⑯ 勢:權勢,地位。
⑰ 理同:雇傭者對被雇傭者有"黜罰"的權力,這個道理是一樣的。如吾民何:能拿我們百姓怎麼樣?意思是既然有這個"理"在,理所當然百姓也就會有反抗他們、"黜罰"他們的行動。
⑱ 達:明白。得不恐而畏乎:(做官)能不恐慌畏懼嗎?

　　存義假令零陵二年矣①。蚤作而夜思,勤力而勞心②。訟者平,賦者均③,老弱無懷詐暴憎④,其爲不虛取直也的矣,其知恐而畏也審矣⑤。
　　吾賤且辱,不得與考績幽明之説⑥;於其往也,故賞以酒肉而重之以辭⑦。

　　表彰薛存義的政績,點出送行之意。

① 假:代理。令:縣令。零陵:縣名,唐時屬永州。
② 蚤:通"早"。作:起來。夜思:夜裏還在考慮公事。勤、勞:辛苦。
③ 訟(sòng):訴訟,打官司。賦:收賦税。均:公平合理。
④ 老弱:對"老弱"之人。懷詐:內懷欺詐。暴(pù)憎:外露憎惡。暴:顯露出。後作"曝"。
⑤ 他不是白拿俸禄,這是真真確確的了。他知道做官的恐慌畏懼,這也是明確的了。的、審:都是明白、清楚的意思。
⑥ 賤且辱:指作者被貶爲永州司馬。賤:地位低。辱:指被貶官。不得與(yù)考績幽明之説:不能參與考核官吏成績優劣、罷免提升官吏的評議。得:能。考績:考核官吏的成績。幽:爲官昏聵。明:爲官賢明。説:評議。
⑦ 賞:賜給。重(chóng)之以辭:酒肉之外,又加上這篇序。重:加上。之:指酒肉。辭:文辭。指這篇序。

李贄

　　李贄(1527—1602),號卓吾,又號宏甫,別號溫陵居士,泉州晉江(在今福建省)人。明代思想家、文學家。李贄在思想上自稱"異端",提倡個性解放,對封建傳統教條和假道學有大膽的揭露,後以"敢倡亂道,惑世誣民"的罪名被迫害而死。文學上主張創作要抒發己見,重視小説、戲曲在文學上的地位。著作有《焚書》《續焚書》《藏書》《續藏書》等。

選文據《焚書》卷三,中華書局一九六一年版。

童心説(節選)

【説明】童心就是兒童般純真的心境。作者尖鋭地指出,儒家經典並非"萬世之至論";"多讀書識義理"蒙蔽了人的童心,以致假言、假文、假事充斥,"無所不假"。文章强烈呼籲人的真心真情的表達。

夫童心者,真心也。若以童心爲不可,是以真心爲不可也①。夫童心者,絶假純真,最初一念之本心也②。若失却童心,便失却真心;失却真心,便失却真人③。人而非真,全不復有初矣④。

點明"童心"就是"真心"。

① 不可:不對,不是。
② 絶假:斷絶虚假。最初一念:人心最初萌生的念頭。本心:原本有的真心。
③ 失却:失去。真人:具有真心的人。
④ 而:這裏表示假設,是如果的意思。全不復有初:完全不再有人的最初(的本真)了。

童子者,人之初也;童心者,心之初也。夫心之初,曷可失也①!然童心胡然而遽失也②?蓋方其始也③,有聞見從耳目而入,而以爲主于其内而童心失④。其長也,有道理從聞見而入⑤,而以爲主于其内而童心失。其久也,道理聞見日以益多,則所知所覺日以益廣⑥,於是焉又知美名之可好也,而務欲以揚之而童心失⑦;知不美之名之可醜也,而務欲以掩之而童心失⑧。夫道理聞見,皆自多讀書識義理而來也⑨。古之聖人,曷嘗不讀書哉⑩!然縱不讀書,童心固自在也⑪;縱多讀書,亦以護此童心而使之勿失焉耳⑫;非若學者反以多讀書識義理而反障之也⑬。夫學者既以多讀書識義理障其童心矣,聖人又何用多著書立言以障學人爲耶⑭?童心既障,於是發而爲言語則言語不由衷⑮,見而爲政事則政事無根柢⑯,著而爲文辭則文辭不能達⑰。非內含以章美也⑱,非篤實生輝光也⑲,欲求一句有德之言,卒不可得⑳。所以者何㉑?以童心既障,而以從外入者聞見道理爲之心也㉒。

分析童心喪失的過程。指明學者童心喪失,以"多讀書識義理"而把"聞見道理"作爲自己的心,以至於做文章"不能達",做官理政"無根柢"。

① 曷(hé)可失:怎麼可以失去。曷:疑問代詞,何,怎麼。
② 胡然:爲什麼這樣。胡:疑問代詞。遽(jù):迅速。
③ 蓋:大概,表示推斷。方其始:當一開始的時候。
④ 聞見:聽到的和看到的。以爲主于其內:把它(聞見)作爲內心的主導。以爲:用……作爲。
⑤ 道理:指對事物的理性認識。從聞見:通過聞見。
⑥ 益多:增多。所知所覺:了解的和感覺的。益廣:增廣。廣:擴大。
⑦ 可好(hào):值得喜歡。務欲以揚之:一定要去宣揚它(美名)。務:務必,致力於。
⑧ 可醜:值得憎惡(wù)。醜:認爲醜惡。務欲以掩之:一定要去掩蓋它(不美之名)。
⑨ 義理:合於一定道德規範的理念和準則。
⑩ 曷嘗:何嘗。意思是未嘗(不讀書)。
⑪ 縱:即使。固自在:童心本來就在。固:本來。
⑫ 亦以護此童心:也要以此保護這種童心(不使它喪失)。

⑬ 學者:這裏的學者與聖人相對,指後來的讀書人。反以多讀書識義理而反障之:反而因爲多讀書識義理而蒙蔽了童心。障:遮蔽,蒙蔽。
⑭ 既:既然。聖人又何用多著書立言以障學人爲耶:聖人又爲何要多著書立說來蒙蔽學人呢？立言:提出一種學說主張。爲:句末語氣詞,表示疑問。
⑮ 發:表達。不由衷:不是出於本心。衷:内心。
⑯ 見(xiàn):顯現,表現。這個意思後來寫作"現"。爲政事:從事管理國家方面的事務。根柢(dǐ):根基,基礎。柢:樹木的根。作者認爲從事政務要有真心,這是做事的根基。
⑰ 著:寫作。達:(對思想内容說得)透徹到位。
⑱ 内含:内心具有。章美:(有内涵而)彰顯出外在的美。章:後來寫作"彰"。顯示,顯現。
⑲ 篤(dǔ)實:(内在的)純厚不虛。篤:厚。生輝光:(品德的篤實)產生光輝。《周易·大畜》:"象曰:大畜,剛健篤實,輝光日新。"
⑳ 卒不可得:終究不能得到。卒:終了。
㉑ 所以這樣是爲什麽呢？
㉒ 把"從外入"的"聞見道理"作爲自己的心。

夫既以聞見道理爲心矣,則所言者皆聞見道理之言,非童心自出之言也①。言雖工,於我何與②？豈非以假人言假言,而事假事、文假文乎③？蓋其人既假,則無所不假矣④。由是而以假言與假人言⑤,則假人喜;以假事與假人道,則假人喜;以假文與假人談,則假人喜。無所不假,則無所不喜。滿場是假,矮人何辯也⑥？然則雖有天下之至文⑦,其湮滅于假人而不盡見于後世者,又豈少哉⑧！何也？天下之至文,未有不出於童心焉者也。

論述喪失了童心,就會成爲假人;成爲假人,就無所不假。

① 則:那麽。童心自出:由童心本身而產生。自:本身。

② 話説得很精巧,與真正的我有什麼關係呢?。何與(yù):何干。
③ 假人:虛假矯飾的人。言假言:説假話。事假事:做假事。文假文:寫假文章。文(假文):用作動詞,寫作。
④ 無所不假:沒有什麼不是假的。
⑤ 由是:由此。
⑥ 矮人何辯:矮人指沒有主見,只能隨聲附和不能分辨是非的人。辯:通"辨",分辨。《朱子語類》卷二十七:"正如矮子看戲一般,見前面人笑,他也笑。"
⑦ 然則:這樣説來,那麼……。至文:最好的文章。
⑧ 湮(yān)滅於假人:被假人埋没。湮:埋没。盡見(xiàn):完全顯現。見:後寫作"現"。又豈少哉:難道還少嗎?豈:副詞,常用於反問句。

....

　　夫六經、《語》、《孟》①,非其史官過爲褒崇之詞,則其臣子極爲贊美之語②。又不然,則其迂闊門徒、懵懂弟子記憶師説③,有頭無尾,得後遺前,隨其所見,筆之於書④。後學不察⑤,便謂出自聖人之口也,決定目之爲經矣⑥,孰知其大半非聖人之言乎?縱出自聖人,要亦有爲而發⑦,不過因病發藥,隨時處方⑧,以救此一等懵懂弟子、迂闊門徒云耳⑨。藥醫假病,方難定執⑩,是豈可遽以爲萬世之至論乎⑪?然則六經、《語》、《孟》乃道學之口實,假人之淵藪也⑫,斷斷乎其不可以語於童心之言明矣⑬。

　　指出六經、《語》、《孟》是"有爲而發",不能看作"萬世之至論"。

① 六經:六部儒家的經典(《詩經》《尚書》《儀禮》《周易》《春秋》《樂經》)。《語》:《論語》。《孟》:《孟子》。
② 非……則:不是……就是……。其:那些。史官:主管文書、典籍,並負責記述前代史實和搜集記録當代史料的官員。過爲(wéi):記述不符合實際,過分。爲:動詞,指記述,撰寫。褒(bāo)崇:讚

③ 迂(yū)闊：做事、考慮問題不切合實際。懵(měng)懂：糊塗，不明事理。師說：老師的話。
④ 遺：丟失。筆：寫。
⑤ 後學：後來的學習者。察：考察。
⑥ 決定：認定。目之爲經：把它看作是經典。目：用作動詞。
⑦ 要：總歸。有爲：有緣故，有針對性。發：發話，發表（看法）。
⑧ 因病發藥：依據病症下藥。因：順應，依據。隨時處方：隨著病情的變化給病人開藥方。處方：開藥方。
⑨ 此一等：這一類。云耳：表示限止的語氣，相當於"而已"。
⑩ 假病：根據病情。假：憑藉。方難定執：藥方難以一成不變。執：把握。
⑪ 怎麼就可以把這作爲千秋萬代最正確的言論呢？遽(jù)：就。至：最高的。
⑫ 道學：宋代儒家的一種哲學思想，也稱理學。這裏指迂腐守舊的讀書人。口實：藉口。淵藪(sǒu)：指人和事物聚集的地方。這裏有充滿的意思。淵：魚聚集的地方。藪：獸聚集的地方。
⑬ 斷斷：絕對。常用於否定句。不可以語於童心之言：不能與他們談論"童心之言"。於：以。

閱讀文選

原謗①（皮日休）

【説明】文章從民衆怨恨上天、詆毀堯舜説起，尖鋭地指出後來的君主如果"不爲堯舜之行"，民衆就可以消滅他們。

天之利下民，其仁至矣。未有美於味而民不知者，便於用而民不由者②,厚於生而民不求者③。然而暑雨亦怨之,祁寒亦怨之④,己不善而禍及亦怨之,己不儉而貧及亦怨之。是民事天⑤,其不仁至矣。天尚如此,況於君乎?況於鬼神乎?是其怨訾恨讟,蓰倍於天矣⑥。有帝天下、君一國者,可不慎歟?故堯有不慈之毀,舜有不孝之謗⑦。殊不知堯慈被天下而不在於子,舜孝及萬世乃不在於父。嗚呼!堯、舜大聖也,民且謗之;後之王天下有不爲堯舜之行者,則民扼其吭,捽其首,辱而逐之,折而族之,不爲甚矣⑧。

① 選文據四部叢刊本《皮子文藪》卷三。皮日休(約834—883),字逸少,又字襲美。襄陽(在今湖北省)人。唐代文學家。
② 由:遵循。
③ 厚於生:使人民生活充裕。
④ 祁(qí)寒:大寒。
⑤ 是:這樣看來。是:這。事:事奉。這裏是對待的意思。
⑥ 訾(zǐ):說別人的壞話,詆毀。讟(dú):誹謗;怨言。蓰(xǐ)倍:好幾倍。蓰:五倍。
⑦ 堯沒有把天下傳給兒子丹朱,被詆毀說不慈愛。舜沒有博得父親瞽瞍的歡心,被毀謗爲不孝。
⑧ 扼(è):用力掐住。吭(háng):喉嚨。捽(zuó):揪住。折:斷。族:滅族。甚:過分。

論馬①(岳飛)

【說明】文章鮮明地指出,良馬"不稱其力,稱其德";人也是這樣,如果輕狂浮躁,熱衷於炫耀自己,那只是"駑鈍之材"。

驥不稱其力,稱其德也②。臣有二馬,故常奇之③。日啖芻豆至數斗④,飲泉一斛⑤;然非精潔,則寧餓死不受。介胄而馳⑥,其初若不甚疾,比行百餘里,始振鬣長鳴,奮迅示駿⑦,自午至酉⑧,猶可二百里。褫鞍甲而不息不汗⑨,若無事然。此其爲馬,受大而不苟取,力裕而不求逞⑩,致遠之材也。值復襄陽,平楊么⑪,不幸相繼以死。今所乘者不然。日所受不過數升,而秣不擇粟⑫,飲不擇泉;攬轡未安⑬,踴躍疾驅,甫百里,力竭汗喘,殆欲斃然⑭。此其爲馬,寡取易盈,好逞易窮⑮,駑鈍之材也。

① 摘選自四庫全書本《金陀萃編》卷七。《金陀萃編》由岳飛之孫岳珂編撰,是岳飛傳記資料的彙編。岳飛(1103—1142),字鵬舉,相州湯陰(在今河南省)人。宋代著名的抗金將領,其事蹟爲後代傳頌。文章題目爲後加。
② 驥(jì):良馬。稱:稱道。
③ 奇之:覺得它不平常。
④ 噉(dàn):吃。芻(chú)豆:指牲口的草料。斛:通作"斗"。
⑤ 斛(hú):容量單位。十斗爲一斛。
⑥ 介胄(zhòu):披上甲衣戴上頭盔。
⑦ 鬣(liè):獸類頸上的長毛。奮迅:振奮起來加快速度。
⑧ 午:午時。白天十一點到一點。指中午時分。酉(yǒu):下午五點到七點。指傍晚時分。
⑨ 褫(chǐ):剝奪。這裏是解下的意思。
⑩ 食量大但不隨便食用,力量充沛但不炫耀。逞(chěng):特意顯示。
⑪ 值:遇到。復襄陽:收復襄陽(地名)。楊么(yāo):南宋初年洞庭湖地區的農民起義領袖。岳飛曾參與鎮壓楊么農民起義。
⑫ 秣(mò):牲口的飼料。這裏用作動詞,吃(飼料)。
⑬ 攬轡(pèi)未安:剛跨上馬繮繩還沒有拉好。轡:駕馭牲口的繮繩。
⑭ 甫:剛剛,纔。殆:幾乎,近於。
⑮ 寡取:指食量小。易盈:容易滿足。窮:指氣力衰竭。

練習十四

一、熟讀本單元講過的文章。

二、閱讀本單元的閱讀文選。

三、給下面句子中加點的字注音：

1. 至纖至悉也，故其畜積足恃。（賈誼《論積貯疏》）
2. 生之者甚少而靡之者甚多，天下財產何得不蹶。（賈誼《論積貯疏》）
3. 罷夫羸老易子而齩其骨。（賈誼《論積貯疏》）
4. 今毆民而歸之農，皆著於本。（賈誼《論積貯疏》）
5. 孔子師郯子、萇弘、師襄、老聃。（韓愈《師說》）
6. 李氏子蟠，年十七，好古文，六藝經傳皆通習之。（韓愈《師說》）
7. 柳子載肉於俎，崇酒於觴。（柳宗元《送薛存義序》）
8. 以今天下多類此，而民莫敢肆其怒與黜罰者何哉？（柳宗元《送薛存義序》）
9. 非其史官過爲褒崇之詞，則其臣子極爲贊美之語。（李贄《童心説》）
10. 又不然，則其迂闊門徒、懵懂弟子記憶師説。（李贄《童心説》）

四、解釋下面句子中加點的詞：

1. 生之有時而用之亡度，則物力必屈。（賈誼《論積貯疏》）
2. 世之有飢穰，天之行也，禹、湯被之矣。（賈誼《論積貯疏》）
3. 今背本而趨末，食者甚衆，是天下之大殘也。（賈誼《論積貯疏》）
4. 師者，所以傳道、受業、解惑也。（韓愈《師説》）
5. 無貴無賤，無長無少。（韓愈《師説》）
6. 古之聖人，其出人也遠矣，猶且從師而問焉。（韓愈《師説》）
7. 位卑則足羞，官盛則近諛。（韓愈《師説》）
8. 追而送之江之滸，飲食之。（柳宗元《送薛存義序》）
9. 凡吏於土者，若知其職乎？（柳宗元《送薛存義序》）
10. 非内含以章美也，非篤實生輝光也。（李贄《童心説》）
11. 得後遺前，隨其所見，筆之於書。（李贄《童心説》）
12. 豈非以假人言假言，而事假事、文假文乎？（李贄《童心説》）

五、查閱工具書,解釋下面語詞中加點的字:
1. 本末　摧殘　被災　語病　修身　顧及　妥當　敗筆　直達　經緯
2. 君子務本　骨肉相殘　芳草被徑　禍國病民　力所能及　門當戶對　通情達理　大事宣揚　苦心經營　成事不足敗事有餘

六、把下面的句子譯成現代漢語:
1. 民不足而可治者,自古及今未之嘗聞。(賈誼《論積貯疏》)
2. 漢之爲漢幾四十年矣,公私之積猶可哀痛。(賈誼《論積貯疏》)
3. 世之有飢穰,天之行也,禹、湯被之矣。(賈誼《論積貯疏》)
4. 生乎吾前,其聞道也固先乎吾,吾從而師之。(韓愈《師説》)
5. 聖人無常師。(韓愈《師説》)
6. 是故弟子不必不如師,師不必賢於弟子。(韓愈《師説》)
7. 蓋民之役,非以役民而已也。(柳宗元《送薛存義序》)
8. 今受其直怠其事者,天下皆然。(柳宗元《送薛存義序》)
9. 夫童心者,絕假純真,最初一念之本心也。(李贄《童心説》)
10. 以童心既障,而以從外入者聞見道理爲之心也。(李贄《童心説》)

七、李贄説:"然則六經、《語》、《孟》乃道學之口實,假人之淵藪也。""夫既以聞見道理爲心矣,則所言者皆聞見道理之言,非童心自出之言也。""天下之至文,未有不出於童心焉者也。"説説你對這些話的理解。

常用詞

粟　本　殘　末　時　歲　圖　業　達　經

131. 粟

穀子,籽實去皮後叫小米。《呂氏春秋·審時》:"其粟圜而薄糠。"《聊齋志異·石清虛》:"孔中果有小字,細如粟米。"泛指糧食。《史記·平準書》:"太倉之粟,陳陳相因。"賈誼《論積貯疏》:"苟粟多而財有餘,何爲而不成?"

132. 本

《説文》:"本,木下曰本。"本義是草木的根。《國語·晉語》:"伐木不自其本,必復生。"雙音詞有[根本],成語有[無本之木]。引申指根本性的;最重要的。《論語·學而》:"君子務本。"熟語有[以人爲本]。古代特指農業生產。賈誼《論積貯疏》:"今毆民而歸之農,皆著於本。"

133. 殘

《説文》:"殘,賊也。"毀壞;傷害。《史記·淮陰侯列傳》:"項王所過無不殘滅者。"(項王:項羽。)賈誼《論積貯疏》:"今背本而趨末,食者甚衆,是天下之大殘也。"雙音詞有[摧殘],成語有[骨肉相殘]。引申爲不完整。《漢書·藝文志》:"周室既微,載籍殘缺。"又引申爲剩餘。《列子·湯問》:"以殘年餘力。"成語有[殘渣餘孽]。

134. 末

《説文》:"末,木上曰末。"指樹梢。《左傳·昭公二十一年》:"末大必折。"泛指物的末端。《孟子·梁惠王上》:"明足以察秋毫之末。"引申指非根本性的;不重要的。《荀子·議兵》:"不求之於本而索之於末。"成語有[舍本逐末]。古代特指手工業、商業等。賈誼《論積貯疏》:"今背本而趨末,食者甚衆,是天下之大殘也。"《顏氏家訓·涉務》:"安可輕農事而貴末業哉?"

135. 時

《説文》:"時,四時也。"指季節。《説苑·政理》:"農失其時,則敗之也。"賈誼《論積貯疏》:"失時不雨,民且狼顧。"雙音詞有[四時][農時]。泛指時間;歲月。《論語·季氏》:"少之時,血氣未定,戒之在色。"《吕氏春秋·首時》:"天不再與,時不久留。"雙音詞有[時光]。

136. 歲

《説文》:"歲,木星也。"星名,即木星。《國語·周語》:"歲之所在。"木星的公轉周期約爲十二年,每年運行一個區段,古時用來紀年,歲轉指年。

晁錯《論貴粟疏》:"終歲不製衣則寒。"由此轉指一年的收成,年成。賈誼《論積貯疏》:"歲惡不入,請賣爵子。"泛指歲月,時光。《論語·陽貨》:"日月逝矣,歲不我與。"

137. 圖

《爾雅·釋詁一》:"圖,謀也。"思慮;謀劃。《韓非子·存韓》:"願陛下熟圖之。"賈誼《論積貯疏》:"遠方之能疑者並舉而爭起矣,乃駭而圖之,豈將有及乎?"引申爲謀劃應對;謀劃取得。《左傳·鄭伯克段于鄢》:"不如早爲之所,無使滋蔓,蔓難圖也。"《尹文子·魏田父得玉》:"鄰人陰欲圖之。"雙音詞頁[圖謀],成語有[唯利是圖][圖財害命]。

138. 業

《説文》:"業,大版也。"指古時樂器架子橫木上用作裝飾的大版。《詩經·周頌·有瞽》:"設業設虡(jù)。"(虡:樂器架的立柱。)轉指書寫用的書版。《禮記·玉藻》:"手執業,則投之。"由此轉指學業。《孟子·告子下》:"願留而受業於門。"韓愈《師説》:"師者,所以傳道、受業、解惑也。"泛指事務;行業;事業。《國語·周語上》:"庶人、工、商各守其業以共其上。"

139. 達

《玉篇》:"達,通也。"達的基本義是暢通。《荀子·君道》:"公道達而私門塞矣。"《孟子·人皆有不忍人之心》:"若火之始然,泉之始達。"成語有[四通八達]。引申爲通到;到達。《列子·湯問》:"指通豫南,達於漢陰。"由暢通引申爲意願行得通,得志;地位顯貴(與"窮"相對)。《孟子·盡心上》:"窮則獨善其身,達則兼善天下。"又《論語·雍也》:"己欲立而立人,己欲達而達人。"雙音詞有[顯達]。

140. 經

經本指織品的縱綫(跟横綫的"緯"相對)。《文心雕龍·情采》:"經正而後緯成。"紡織必須先定經綫,引申爲準則;常規。《國語·周語下》:"國無經,何以出令?"特指典範性的著作。韓愈《師説》:"六藝經傳皆通習之。"雙音詞有[經典]。又引申指根本的界限。《吕氏春秋·察傳》:"是非之經,不可不分。"經綫用來確定位置界限,用作動詞,指度量;劃界。《淮南子·要略》:"經山陵之形。"由此引申爲治理;處理。《顔氏家訓·涉務》:"不知有勞役之勤,故難可以應世經務也。"雙音詞有[經營][經辦]。

古漢語常識

中國的古書

　　我們學習古代漢語的目的是為了讀懂中國的古書;讀懂古書,除了要提高自己的古漢語水平,還需要對中國古書各方面的情況有一個了解。我們這裏說的"古書"是一個寬泛的概念,泛指古代文字記錄的各種文獻。

　　中國的古書有多少,難以計數;中國的書籍歷史有多長,也難以確切地計算。在三千多年以前的甲骨文中,就出現了"册"字和"典"字,字形像是把竹簡編連起來的樣子。在成文於西周時期的《尚書·多士》中有"惟殷先人有册有典"的話,意思是殷人的祖先有記載歷史的典册。商周時期還有"作册"的史官(見《尚書·洛誥》),負責記錄王命,掌管典册,可見中國古書的歷史之長。

一　古書的樣式

　　在中國書籍漫長的發展歷程中,書的樣式(形態)發生了很多變化。這裏說的書的樣式是對書的內容而言,包括字是寫在什麼材料上的(甲骨、青銅器、簡帛、紙張等)、字是怎樣著錄的(刻鑄、手寫、印刷等)、單頁是怎樣製作成册的等。

(一) 非紙質的書

　　甲骨文獻和金文文獻是我們今天看到的最早的文字資料,這兩種文字距今已有三千多年的歷史了(參"漢字"一節)。從著錄的材料看,因為是把文字刻在龜甲和牛骨(也有其他動物的骨頭)上,所以叫作甲骨文。從著錄的方式看,甲骨文絕大多數是用刀刻的,所以又叫"契(qì)文""刻辭"。有的學者估計，至今發現的甲骨文在十萬片以上。

　　金文從商代後期逐漸流行。從著錄方式看，一般是先用筆寫好再鑄出來。這樣的文辭又叫"銘文"。金文的內容相當豐富，其中以封賞爲最多。受封人在器物上鑄上有關的文字，傳之子孫。金文很多是長篇文字，有人統計，二百字以上的銘文有十三篇。西周晚期的毛公鼎，多達四百九十多字，是現存最長的銘文。甲骨文獻和金文文獻是我們研究早期上古漢語的珍貴資料。

　　甲骨文獻和金文文獻之後，從戰國到三國時期，簡策和帛書是兩種主要的文獻形式，這就是簡帛文獻。簡就是竹木片，帛是絲織品，這兩種材料都可以用來記錄文字。《論衡·量知篇》說："截竹爲筒，破以爲牒（dié，竹片），加筆墨之跡，乃成文字。"書寫簡牘的主要工具是筆和書刀。用毛筆寫字，如果寫錯了，就用書刀削去。後來把修改文字就叫作"筆削"。

　　簡是一種統稱，分開來說，竹子的叫簡，就是竹簡；木質的叫"牘"（dú）、"札"；合起來叫"簡牘"。所以漢語中有"書簡""書札""尺牘"（書信）這樣的詞。簡牘是細長片狀的，長短不一樣。書寫前要把青竹簡用火烤乾水分，一是便於書寫，二是防止蟲蛀。烘烤時青竹有水分滲出，像出汗一樣，後來把著述完成叫"汗青"。"汗青"一詞又借指史册。南宋愛國志士文天祥有兩句很有名的詩："人生自古誰無死，留取丹心照汗青。"

　　長一些的文字要寫在很多枚簡牘上，把這些簡牘按順序編連在一起，就成爲"册"。編連用的繩子叫"編"，有麻繩，也有絲質的和熟牛皮的。《史記·孔子世家》說孔子讀《易》"韋編三絕"，"韋"指的就是熟牛皮。《漢書·張良傳》說"（老父）出一編書"送給張良，古人解釋說："聯簡牘以爲書，故云一編。"後來"編撰""人手一編"、書的"上編、下編"等說法就是這樣來的。

　　通常說的"篇"，《說文》解釋爲"書"，最初就是指編連在一起的簡册。《隋書·經籍志》說漢代的學者劉歆"總括羣篇"，"羣篇"就是"羣書"的意思。用若干支簡牘寫完一定量的內容，從尾部向前卷起來，再捆紮好存放。用帛寫的文字，有的是折疊放在一起，也有的是從尾向前卷成一束。

　　中國有很長的養蠶絲織的歷史。有學者認爲，早在春秋時期就在絲織品上寫字了，這就是帛書（帛是絲織品的總稱）。帛是一塊一塊的，一九七三年在湖南長沙馬王堆三號漢墓出土的帛書，有整幅的帛，也有半幅的帛，用墨書寫，有小篆和隸書兩種形體。

　　用簡帛寫的書現在叫簡本、帛書。簡帛文獻的內容十分豐富，很多重要的傳世典籍都有簡帛本問世。比如文選中的《老子》《戰國策》就有帛書本，《晏子春秋》有簡本的資料。簡帛文獻的出土爲我們提供了比較可靠的依據，可以同傳統文獻互相比證。

除了甲骨文、金文和簡帛文獻，非紙質的書還有石質文獻。《墨子·天志中》說："又書其事於竹帛，鏤之金石。"這句話將金（青銅器）、石並提，可見刻石文字跟青銅器銘文一樣，受到當時人們的重視。

石質文獻有刻石、寫石兩種。石鼓文是現存最早的刻石文字，是春秋戰國間的秦刻石，在十塊鼓形石上刻著記述田獵活動的四言詩句。再後來，影響更大是儒家經典的刻石，如東漢時的"熹平石經"（也叫"漢石經"，刻有七種經典。"熹平"是東漢的一個年號）、三國魏時的"正始石經"（用古文、小篆、漢隸三種字體書寫，也叫"三體石經"。刻有三種經典。"正始"是一個年號）、唐文宗時的"開成石經"（又叫"唐石經"，刻有十二種經典。"開成"是唐代的一個年號）等。儒家之外，佛教、道教等宗教刻石經典留下來的也不少。這些石經對於典籍文字的校勘有重要價值。

除刻石外，還有一種寫石文字，就是盟書（又稱"載書""載辭"）。盟書是一種盟誓文辭，用朱墨兩種顏色寫在玉片或石片上，也是重要的文獻資料。

（二）紙質的書

非紙質材料雖然對文化的保存和傳播作出了巨大貢獻，但金石簡牘笨重，縑帛昂貴難得，有很大的局限。爲滿足社會發展的需要，必須要有新的書寫材料，這就是紙的發明。

造紙術是中國古代的重大發明之一，是對人類文明的重大貢獻。依據《後漢書·蔡倫傳》的記載，傳統上認爲造紙始於公元二世紀初（稱作"蔡侯紙"）。考古發掘表明，早在公元前二世紀就有了造紙術的發明，書寫有文字的紙也不斷有出土發現。有研究認爲，東漢初期紙張已經使用來製作書籍了。古書記載，東晉時一度掌握朝政的桓玄在公元四〇四年曾下令"今諸用簡者，皆以黃紙代之"，這是政府第一次明令用紙張代替竹簡，從此紙張就占據了書籍製作材料的主導地位。

從文字著錄看，手寫和刻印是紙質書籍的兩種方式。

在雕版印刷技術發明之前，很長的一個時期只能在紙上手寫手抄，這種方式一直影響到後來。古人抄書可以說是艱苦卓絕。《南齊書·沈驎士傳》記載："（沈驎士）篤學不倦，遭火，燒書數千卷。驎士年過八十，耳目猶聰明，手以反故（紙的反面）抄寫，火下細書，復成二三千卷，滿數十篋。"《晉書·左思傳》載左思寫成《三都賦》後備受讚譽，"於是豪貴之家競相傳寫，洛陽爲之紙貴"。後來，雖然印刷技術不斷發展，但抄書一直延續不斷，一些重要的典籍都有抄寫本傳世。比如二十世紀初在甘肅敦煌發現的著名的敦煌文獻，漢文抄寫本就在三萬件以上。明代永樂年間官修的大型類書《永樂大典》，總計有三億七千萬字，當時有正、副兩部抄本。清代乾隆年間編纂的特大型叢書《四庫全書》前後共抄寫了七部，分藏在南北七個地方。傳世的抄寫本不僅有文獻價值，一些抄寫本書寫精美，裝潢講究，也具有極高的藝術價值。

　　紙質書籍文字著録的另一種方式是刻印。中國古代的印刷技術主要有兩種：雕版印刷和活字印刷。雕版印刷技術的發明，有研究認爲大約在唐初。甘肅敦煌發現的唐咸通九年(868)刻印的《金剛經》是公認的有確切日期的雕版印刷品。五代時期（公元十世紀）的後唐長興三年(932)，皇帝批准依照唐代《開成石經》刊刻九經印版，後來又增刻了其他儒家經典，頒行天下。這之後雕版印刷日益流行，刻書的規模範圍也日益擴大了。

　　活字印刷是北宋時期（公元十世紀到十二世紀）發明的，宋代科學家沈括在《夢溪筆談》一書中詳細記述了這項技術的工藝流程。此後歷代都有用各種質料的活字（木質的、泥的、銅的、錫的等）印刷的書籍。中國現存規模最大的一部類書《古今圖書集成》就是清代雍正年間用銅活字印刷的。

　　紙質書籍的裝幀經歷過幾種不同的形式，其中一種重要的形式叫作卷軸裝。這是把若干張寫書的紙粘連在一起，在紙的末尾裝上一根軸，從後向前卷起。至於我們現在還能經常看到的古書的綫裝形式，通常認爲興起於明代中葉以後（有人認爲更早一些），此後就成爲古書裝幀的主要形式，古樸典雅，一直延續至今。

二　古書的撰述

　　中國的古書，時代越是久遠存在的問題就越多：比如作者和成書年代問題、篇名書名問題、內容篇目問題等。下面主要以秦代以前的古書爲例作簡要的説明。

　　先秦的古書，作者往往很不明確，這是我們首先要注意的。我們看東漢學者班固撰寫的《漢書·藝文志》，就會發現有的古書並沒有作者，比如《易經》十二篇、《尚書》古文經四十六卷、《春秋》古經十二篇之類。有的書名稱作者只有一個姓氏，比如《筦（管）子》《莊子》《韓子》《呂氏春秋》之類。如果是給經書做解釋的書，也只稱姓氏，比如《易傳周氏》《歐陽章句》《毛詩故訓傳》《左氏傳》之類。有的文章，即使是作者很確定，上面也不寫作者的名字。《史記·老莊申韓列傳》記載，韓非寫的文章傳到秦始皇那裏以後，秦王十分稱讚，說：" 寡人得見此人與之游，死不恨矣！"李斯在旁邊說：" 此韓非之所著書也。"這說明文章上沒有寫韓非的名字。

秦以前的古書，一部書往往不是一個人寫定的，成書也不在一時，常常要經過門人後學的不斷整理。拿《論語》來說，《漢書·藝文志》說是"夫子既卒，門人相與輯而論篹"，所以叫《論語》。再拿《孟子》的作者來說，有的研究者就列舉了六種說法。即使像《史記》這樣作者確定的書，也有別人的增補。還有些書（比如《禮記》），實際上是資料彙編的性質，經過長期的累積，更是出於眾人之手。更有一類書，雖然標明作者是某時的人，實際上是後人寫的。比如《列子》，作者就不是戰國時的列禦寇，有研究認爲是晉人所作。由於作者不是一人，成書時間長，所以很多古書的斷代就成了一個需要研究的大問題。

說到篇名和書名，有些書也不是像今天這樣寫作之前先定下一個名字，而是從書中摘出頭幾個字作篇名。比如《詩經》各篇的題目，《論語》二十篇的篇名，《莊子》中的《馬蹄》《胠篋》《秋水》也是這樣。也有的書，最初只有篇名，沒有書名。《史記·老莊申韓列傳》說韓非"作《孤憤》《五蠹》《內外儲》《說林》《說難》十餘萬言"，說莊子"作《漁父》《盜跖》《胠篋》"，說老子"乃著書上下篇"，《史記·孟子荀卿列傳》說荀子"序列著數萬言而卒"，都沒有說到書名，可見一些書名是後來加上去的。

還有的書，一部書有幾個書名。比如《左傳》，又稱《左氏春秋》《左氏傳》《春秋左氏傳》。《戰國策》，又稱《國策》《國事》《短長》《事語》《長書》《修書》。《史記》，又稱《太史公書》《太史公記》。《老子》，又稱《道德經》。如此等等。

說到古書的內容，問題就更爲複雜。首先是古書散失的很多，其次是內容不能貫通一致。如前所說，那時的文字主要是寫在簡牘上的，在長期流傳的過程中，如果編連的繩子散亂斷開了，簡牘就會脫落，排列的順序也會錯亂，所以常常出現"簡札錯亂""書缺簡脫"的情況，更不要說戰亂和自然災害造成的損失了。比如《尚書》，古書上說是有人藏在屋室的牆壁中纔保存到漢代的,但取出來的時候竹簡斷爛了不少,經過拼湊整理,只得到二十八篇。

　　至於內容不能貫通一致,原因也不止一個。由於一些古書不是由一個人寫定的,從門人弟子來說,不同的人記述整理就不一樣;再加上理解有不同,增損改寫在所難免。從傳承來說,有的書師徒傳授各有不同,如《論語》就有齊人和魯人的不同傳本。從時間來說,由於作品的形成時間長(如《詩經》,就是西周到春秋中期的作品),前後的內容也會有不小的變化。還有一個原因,有的書是口頭傳授的。比如《尚書》,據說西漢孝文帝時已經沒有什麼人能讀懂了,聽說山東有一個伏生能講解這部書,就派晁錯去學習,伏生當時就是"口誦"教授晁錯的。當時伏生已九十多了,"不能正言,言不可曉",就讓他的女兒傳語教晁錯。可山東話跟晁錯的家鄉(潁川,今在河南省)話又不一樣,有十分之二三晁錯也聽不明白。解釋《春秋》的書也有不同的內容,原因之一是解釋時並不是傳授一個寫定的本子,而是"口授弟子,弟子退而異言"。所以《隋書·經籍志》總結說:"學者逃難,竄伏山林,或失本經(可以作爲根據的本子),口以傳說。"這種"口說流傳,未著竹帛"的情況就造成了不少的紛爭。由此知道,我們讀古書需要比對不同的本子。

三　古書的整理

　　中國的古書存在的問題很多,所以需要做大量的整理工作。比如同一部書到後來出現了不同的本子,這就是版本問題。古書內容複雜,就有一個目錄分類的問題。古書散失的很多,就需要把那些殘餘的零散篇章儘可能找到並整理出來,這就是輯佚問題。對於那些名實不符的書,需要還原它們的本來面目,這就是辨僞的問題。對於書中語言文字的錯亂,需要校勘糾正,這就是校勘的問題。對於後人讀不懂的字句,需要解釋說明,這就是注釋問題。凡此種種,都成了各種專門的學問,雖然我們現在還不能完全掌握,但要明白其中的道理。

　　我們讀古書,最關心的是能看到內容可靠的本子,又要知道到哪裏去找這樣的本子。可靠的書、好的書一定是經過仔細整理的本子,這就有一個版本的選擇問題。

　　《論衡·量知》說:"斷木爲槧(qiàn,還沒有寫字的木牘),柝(xī)之爲版。"版本的"版",最初指用來寫字的木片。漢代學者劉向校書的時候,"一人持本,一人讀書"(《風俗通義·佚文》),"持本"的"本"指校勘或抄錄依據的本子。"本"可以指書的各種本子,所以有"底本""古本""善本"等說法。後來"版"和"本"合起來稱爲"版本",主要指用雕版印刷的書本,是對寫本而言(寫本是成書時就以手寫的形式流傳的本子)。如果是一個很好的可靠的版本,這就是"善本"。一個善讀書的人,要十分重視版本的選擇。

一個經過整理的好本子,書的前面常常有版本的說明。比如我們今天讀《史記》,常用中華書局出的點校本。這個點校本的前面有一個"出版說明",書末還附有"點校後記",告訴我們《史記》整理的依據和有關問題。再比如我們看到中華書局影印的"十三經注疏",被認爲是善本。這個本子是清代學者阮元主持校刻的,在每一部書的前面都有一個《校刊記序》,說明整理文字的根據,讀起來叫人心中有數。

要找到好的版本,還需要了解一些有關古書分類和書目編排的情況。分類和書目編排是古書整理的一個重要部分。中國古代第一次大規模的圖書整理是在公元前一世紀,當時的學者劉向、劉歆父子奉命整理圖籍,並撰寫書目提要。後來劉歆對圖書進行分類,寫成《七略》,這是中國圖書分類的開端。《七略》早已散失,我們從《漢書·藝文志》還可以看到《七略》分類的大致情況。到了西晉時期(公元三世紀),有一個叫作荀勖(Xù)的學者撰寫了《中經新簿》,把古書分作甲、乙、丙、丁四類。到唐初修撰《隋書·經籍志》,就將圖書明確地分爲經、史、子、集四部,這就是常說的四部分類法。這種分類法一直影響到現在,是我們讀古書應當了解的。

經部的"經"就是經典。《莊子·天下篇》有"俱頌《墨經》"的話,《天運篇》提到"六經",可見開始的時候,經泛指經典性的書,後來主要指儒家的重要典籍。公元前二世紀,漢武帝設立五經博士(學官名),確立了儒家經典的主體地位。經書有所謂"六經""五經""九經""十三經"等名目;對經書的各種解釋、補充、發揮的著作和一些語言文字方面的書也收在這一類。

史部的書收錄各種史書,還有地理和目錄學方面的著作。中國古代的史書有"紀傳體"(如《史記》)、"編年體"(如《資治通鑑》)、"紀事本末體"(如《宋史紀事本末》)等體裁。

我們經常聽到"諸子"這樣的說法,是指先秦至漢初各派的學者。把他們的著作也稱作"子"，大半是表示後人對他們的尊敬。説到各種學派，常説"某家"（如"諸子百家""儒家""道家""法家"等），可見那個時候看重的是學術的傳承，而不是將著述據爲己有。子部的書内容複雜，除了思想哲學方面的著作，還涉及軍事、農、醫、工、商、科技方面的著述以及各種雜著。

"集"是把作家寫的詩文編輯在一起，這個名目大約起於東漢。集部收錄各時代的作品集、詞曲創作、文學評論和研究著作等。專門收錄一個人詩文的叫"别集"（如陶淵明的《陶淵明集》）；把多人的作品收在一起的叫"總集"（如《文選》《全唐詩》）。

四部分類的總結性成果是清代乾隆年間編纂的特大型叢書《四庫全書》，四庫全書館的館臣又撰寫了《四庫全書總目提要》，摘要説明各種書的内容要點、淵源流傳、得失評價，至今人們還經常查閲。今天看來，古書的四部分類有合理的一面，但也有不科學的地方，因爲這種分類所採取的並不是同一個標準。比如"十三經"，其中有文學作品（如《詩經》），也有史書（如《左傳》），也有思想方面的著作（如《論語》），這種分類反映了中國特有的思想文化背景。

到了後來，在四部分類之外，又有所謂"叢書"。叢書是經過整理把很多種書（包括重要的注釋本）彙編在一起。質量高的叢書，往往很重視書的版本。二十世紀以來，編輯出版了幾種很有影響的叢書，比如《四部叢刊》《四部備要》《諸子集成》《新編諸子集成》等。

爲了指點讀書的門徑，有人還撰寫了書目舉要一類的書，在對大量的古籍進行篩選後列舉重要的若干種書，寫有簡要的説明加以推薦，對我們閲讀古書是一種指導。

第十五單元

講讀文選

王粲

　　王粲(177—217)，字仲宣，山陽高平(今山東省鄒縣)人。漢魏間文學家，"建安七子"之一。董卓之亂，往荆州依附劉表，又投奔曹操，官至侍中。後隨曹操征吳，病死途中。王粲一生親歷戰亂，其詩文表達憂國憂民之情和懷才不遇的怨憤，抒發建功立業的抱負。明人編有《王侍中集》，今人整理有《王粲集》。

　　選文據《文選》卷十一，中華書局一九七七年版。

登樓賦

　　【說明】本篇是王粲客居荆州時登湖北當陽城樓有感而作。其時王粲依附劉表已逾十二年，却一直未受重用。文中抒寫了自己的思鄉之情和懷才不遇之憤，也表達了希望建功立業的情懷。

　　登茲樓以四望兮，聊暇日以銷憂①。覽斯宇之所處兮，實顯敞而寡仇②。挾清漳之通浦兮，倚曲沮之長洲③。背墳衍之廣陸兮，臨皋隰之沃流④。北彌陶牧，西接昭丘⑤。華實蔽野,黍稷盈疇⑥。雖信美而非吾土兮,曾何足以少留⑦!

描寫登樓所見開闊壯麗的荆州風物,由此激起思鄉之情。

① 兹樓:王粲所登城樓的地點有不同説法,《文選》李善注認爲是當陽城樓。兹:這。聊:姑且。暇:閒暇。銷:消除,排遣。
② 覽:觀看。斯:這。宇:屋檐。這裏指城樓。所處:指城樓所在的地勢環境。顯:豁亮。敞:開闊。寡:少。仇(qiú):匹敵。
③ 上句是説,城樓面對著漳水與别的水流的交匯口,宛如挾帶著清澈的漳水。挾(xié):帶。漳:漳水,東南流經當陽。通浦:指漳水與沮水相合處。浦:大河有小口通向别的水流。下句是説城樓修築在曲折的沮(jū)水邊上,仿佛倚長洲而建。倚:斜靠。沮水:河流名,東南流經當陽,後入長江。長洲:水中狹長的陸地。
④ 背:背對。墳:地勢高起。衍:地勢廣平。廣陸:開闊的陸地。臨:面對。皋(gāo):水邊高地。隰(xí):低濕之地。沃流:可供灌溉的河流。沃:灌溉。
⑤ 彌(mí):終極。這裏指望到盡頭。陶牧:相傳湖北江陵縣附近有范蠡的墓地。陶:春秋末期越王勾踐的大臣范蠡在陶地(在今山東省菏澤市)經商致富,稱陶朱公。牧:郊野。這裏指郊野上的墳墓。昭丘:春秋末期楚昭王的墳墓。丘:墳墓。
⑥ 華(huā):後作"花"。實:果實。黍(shǔ)稷(jì):泛指莊稼。盈:布滿。疇(chóu):田地。
⑦ 信:確實。吾土:我的家鄉。曾:語氣副詞,加強反問語氣。少留:短暫停留。

遭紛濁而遷逝兮,漫踰紀以迄今①。情眷眷而懷歸兮,孰憂思之可任②?憑軒檻以遥望兮,向北風而開襟③。平原遠而極目兮,蔽荆山之高岑④。路逶迤而脩迥兮,川既漾而濟深⑤。悲舊鄉之壅隔兮,涕横墜而弗禁⑥。昔尼父之在陳兮,有"歸歟"之歎音⑦。鍾儀幽而楚奏兮,莊舄顯而越吟⑧。人情同於懷土兮,豈窮達而異心⑨!

由個人遭遇聯想到古人,借古喻今,進一步抒發懷鄉思歸的眷眷深情。

① 遭:遭遇。紛濁:紛亂混濁,比喻亂世。遷逝:遷徙流亡。指避亂到荆州。漫:長久。踰紀:超過一紀。紀:古代以十二年爲一紀。迄(qì):到。
② 眷眷:形容眷戀不忘。孰:誰;哪一個。任:承受。意思是任何人也難以承受這種憂思。
③ 憑:倚靠。軒檻(jiàn):指城樓上的欄杆。開襟:敞開衣襟。衣襟這裏指情懷。作者的故鄉在北方,所以説"向北風"。
④ 極目:放眼遠望。荆山:山名,在今湖北省南漳縣。岑(cén):小而高的山。意思是極目遠望,視綫被荆山遮擋。
⑤ 逶(wēi)迤(yí):疊韻聯綿詞,曲折的樣子。脩迥(jiǒng):遙遠。脩:長。迥:遠。漾:水流長。濟:渡水。這兩句説路長水深,歸途遙遠而艱難。
⑥ 壅(yōng)隔:阻塞隔絶。涕:眼淚。横墜:零亂地落下來。弗禁(jīn):禁不住;止不住。
⑦ 尼父(fǔ):孔子字仲尼,後世稱尼父。在陳:孔子周遊列國時在陳國受困,有"歸與"的嘆息(見《論語·公冶長》)。歸與:回去吧。
⑧ "鍾儀"句:《左傳·成公九年》記載,春秋時楚國樂官鍾儀被晉國俘虜,晉國國君讓他彈琴,他彈奏的仍是楚國的樂調。幽:囚禁。楚奏:用楚曲彈奏。"莊舄(xì)"句:《史記·張儀列傳》記載,越國人莊舄在楚國做了大官,病時思念故鄉,仍用越的鄉音説話吟詠。顯:身居顯要之位。
⑨ 懷土:懷念故土。窮:失意,不得志。達:得志顯貴。異心:指改變思鄉之情。

惟日月之逾邁兮,俟河清其未極①。冀王道之一平兮,假高衢而騁力②。懼匏瓜之徒懸兮,畏井渫之莫食③。步棲遲以徙倚兮,白日忽其將匿④。風蕭瑟而並興兮,天慘慘而無色⑤。獸狂顧以求羣兮,鳥相鳴而舉翼⑥。原野闃其無人兮,征夫行而未息⑦。心悽愴以感發兮,意忉怛而憯惻⑧。

循階除而下降兮,氣交憤於胸臆⑨。夜參半而不寐兮,悵盤桓以反側⑩。

表達對太平盛世的期望以及建功立業的心願,傾吐宏圖難展的苦悶。

① 惟:句首語氣詞。日月:指光陰。逾邁:越過,指時間逝去。俟(sì):等待。河清:古代稱黃河水千年一清。後以河清比喻天下太平。極:至,到來。
② 冀:希望。王道:理想的帝王政治。一平:統一安定。假:藉助。高衢(qú):大路,這裏比喻賢明的政治。衢:四通八達的路。騁(chěng)力:施展才力。
③ "懼匏(páo)瓜"句:《論語·陽貨》:"子曰:'……吾豈匏瓜也哉?焉能繫而不食!'"匏瓜:葫蘆的一種,中看不中吃。徒懸:白白地掛著。這裏是借用孔子的話表示自己並非無用之人,希望有機會施展才力。"畏井渫(xiè)"句:《周易·井卦》有"井渫不食"的話,意思是井雖然淘乾净,但清潔的井水無人飲。渫:淘井,清除井裏的泥污。這裏藉此説明自己雖潔身修行,但恐怕始終不被任用。
④ 棲遲:疊韻聯綿詞,欲行又止的樣子。徙倚:疊韻聯綿詞,流連徘徊的樣子。都是説在樓上徘徊。將匿:太陽將落。匿:隱藏。
⑤ 蕭瑟:雙聲聯綿詞,形容蕭條凄涼。並興:四面八方都有風起來。慘慘:形容陰暗凄涼。
⑥ 狂顧以求羣:驚恐地張望尋找夥伴。顧:回頭看。舉翼:展開翅膀飛。
⑦ 闃(qù):寂静無聲。征夫:遠行的人。息:停止。這是説原野闃無農人,只有征夫。
⑧ 悽愴(chuàng):悲傷。忉(dāo)怛(dá):雙聲聯綿詞,憂傷的樣子。憯(cǎn)惻:雙聲聯綿詞,悲痛。
⑨ 階除:臺階。這裏指樓梯。除:臺階。交憤:鬱結憤懣。臆(yì):胸。
⑩ 夜參半:夜半。盤桓:疊韻聯綿詞,徘徊。這裏是説思來想去。反側:身體翻來覆去(不能入睡)。

王羲之

王羲之(321—379),字逸少,祖籍琅琊臨沂(今山東臨沂),居會稽山陰(今浙江省紹興市)。東晉著名書法家,也長於詩文。其書法"飄若浮雲,矯若驚龍",被譽爲"書聖"。曾任右軍將軍等職,世稱"王右軍"。著作有輯本《王右軍集》。

選文據點校本《晉書·王羲之傳》,中華書局一九七四年版。

蘭亭集序

【説明】東晉穆帝永和九年(353)夏曆三月三日,時任會稽内史的王羲之邀集當時名士爲歡度修禊日會聚山陰蘭亭,飲酒賦詩。王羲之將諸人的詩作集爲一卷,作序一篇,題爲《蘭亭集序》。文章先記述蘭亭周圍的山水之美和羣賢聚會的歡樂之情,接著抒發對人生的思考,駁斥"一死生""齊彭殤"的虛妄,表明自己曠達進取的生死觀。

永和九年,歲在癸丑①,暮春之初②,會于會稽山陰之蘭亭③,修禊事也④。羣賢畢至,少長咸集⑤。此地有崇山峻嶺,茂林修竹⑥;又有清流激湍,映帶左右⑦。引以爲流觴曲水,列坐其次⑧。雖無絲竹管絃之盛⑨,一觴一詠,亦足以暢敍幽情⑩。

是日也,天朗氣清,惠風和暢⑪。仰觀宇宙之大,俯察品類之盛⑫,所以游目騁懷,足以極視聽之娛,信可樂也⑬。

記述永和九年的修禊日邀集羣賢在風景秀麗的蘭亭舉行盛會,流觴取飲,極盡歡暢之情。

① 永和:東晉穆帝司馬聃的年號。歲:歲星,即木星。古人認爲歲星由西向東運行,繞天一周經過十二個星次,共十二年,每年經過一個星次,所以古人用歲星所在的星次紀年,稱"歲在……"。癸

(guǐ)丑：癸丑年，公元三五三年。
② 暮春之初：夏曆三月初。暮春是春季的末一個月，當天是三月三日，所以稱暮春之初。
③ 會(kuài)稽：東晉郡名，轄境包括今江蘇東南部和浙江北部，治所在山陰。山陰：縣名，在今浙江市紹興市。蘭亭：亭名，在今紹興市西南的蘭渚山麓，現存的蘭亭是清康熙十二年(1673)重建的。
④ 修禊(xì)：古代消除不祥的一種祭禮。三月上旬的一個巳日爲修禊日，三國魏以後改在三月三日。這一天人們到水邊拜祭、洗濯，後演變爲在水邊宴飲、郊外遊春等活動。
⑤ 羣賢：指謝安、孫綽等名士。畢、咸：全部，都。
⑥ 崇：山高大。峻：山高而峭。修：長。
⑦ 激湍(tuān)：流勢很急的水。映帶：映襯環繞。
⑧ 引以爲流觴(shāng)曲水：引來(清流激湍)作爲流觴的曲水。流觴：用耳杯盛酒放在水中，讓它隨水飄浮，飄到誰的面前就由誰取杯飲酒。流：用作使動。觴：飲酒器。曲水：環曲的水渠。列坐：排列坐在曲水之旁。次：處所。
⑨ 絲、絃：指絃樂器。竹、管：指管樂器。盛：盛況。
⑩ 一觴：喝一次酒。一詠：賦一次詩。暢敍：盡情地抒發。幽：深遠的。
⑪ 惠風：和風，指春風。
⑫ 俯察：低頭細看。品類：萬物。盛：繁多。
⑬ 游目：縱目觀賞。游：用作使動。騁懷：使心懷盡情舒展。騁：用作使動。極視聽之娛：盡情享受視聽的愉悅快樂。極：用作使動，使⋯⋯達到極點。信：確實。

夫人之相與，俯仰一世①。或取諸懷抱，晤言一室之內②；或因寄所託，放浪形骸之外③。雖趣舍萬殊，靜躁不同④，當其欣於所遇，暫得於己，快然自足⑤，不知老之將至⑥。及其所之既倦，情隨事遷，感慨係之矣⑦。向之所欣，俛仰之間，已爲陳跡⑧，猶不能不以之興懷⑨；況修短隨化，終期於盡⑩。古人云，死生亦大矣⑪，豈不痛哉！

從盛會之極樂聯想到人生短暫,引出"情隨事遷""終期於盡"的感慨。

① 夫(fú):句首語氣詞,表示發表議論。與:結交,在一起。俯仰一世:俯仰之間即爲一世。意思是人的一生極爲短促。
② 或:有的人。取諸懷抱:取之於懷抱,即從心胸裏吐出真情實意。諸:之於。之:指心意志趣。晤(wù)言:面對面地交談。晤:見面。
③ 因寄所託:藉以把自己的情懷寄託在喜愛的事物上。因:藉助。寄:寄託。所託:依託的事物,如山水風物等。放浪形骸(hái)之外:意思是放縱自己,不拘形跡(如對禮法的遵從)。放浪:放縱無拘束,疊韻聯綿詞。形骸:人的軀體。這裏指人的行跡。
④ 趣(qǔ)舍(shě):對事物的選取和捨棄。趣:通"取",獲取。舍:放棄。殊:不同。靜躁:性情安靜或躁動。"靜"指"晤言一室之內","躁"指"放浪形骸之外"。
⑤ 欣於所遇:對遇到的事物感到高興。欣:歡欣。暫得:暫時得到。指能接觸到令自己高興的事物。快然:痛快的樣子。自足:自己感到滿足。
⑥ 不知老之將至:《論語·述而》篇裏孔子說自己"發憤忘食,樂以忘憂,不知老之將至"。
⑦ 所之:所追求得到的事物。之:向往。既倦:已經厭倦。情隨事遷:思想感情隨著情況的變遷而發生變化。遷:遷移,變化。感慨係之:感慨緊隨著這種變化而生發。係:連接。之:指上述的變化。
⑧ 向:從前。俛:同"俯"。陳跡:舊跡,指過時的印跡。
⑨ 猶:尚且。以之:因此。之:指"向之所欣,俛仰之間,已爲陳跡"。興懷:引起心中的感慨。興:起。
⑩ 修短:(壽命的)長短。修:長。化:造化,指天,自然。終:最後。期:確定期限。盡:完結,指死亡。古人認爲人的壽命長短有定數,由上天決定。
⑪ 語見《莊子·德充符》。大:最大的變化。

　　每覽昔人興感之由,若合一契①,未嘗不臨文嗟悼,不能喻之於懷②。固知一死生爲虛誕③,齊彭殤爲妄作④。後之視今,亦猶今之視昔,悲夫⑤！故列敘時人,録其所述⑥。雖世殊事異,所以興懷,其致一也⑦。後之覽者,亦將有感於斯文⑧。

說明作序原委,進而抒發"後之視今,亦猶今之視昔"的感慨,深信後人"亦將有感於斯文"。

① 每:常常。興感:發生感慨。由:原由。若合一契(qì):"昔人"的"興感之由"好像符契的兩半合成一個似的(完全一樣)。契:符契,契券。用竹木製成,上面刻字,雙方各執一半收存,用兩半相合爲憑證。
② 臨:面對。文:指昔人的文章。嗟(jiē)悼(dào):嘆息悲傷。不能喻之於懷:心裏不明白爲什麼會這樣。喻:明白,理解。之:指"若合一契,未嘗不臨文嗟悼"。一説"喻"是消解、釋懷的意思。"不能喻之以懷"是説"嗟悼"的傷感難以消除。
③ 固:乃。有"於是"的意思。所以。一死生:把死生看作一樣。一:數詞用作意動。《莊子·大宗師》有"死生存亡之一體"的話。虛誕:無稽之談。
④ 齊彭殤:認爲長壽短命没有區別。齊:等同。這裏用作意動,看作相同。彭:彭祖,傳説中長壽的人,活了八百歲。殤(shāng):未成年而死。妄作:胡亂編造。《莊子·齊物論》有"莫壽於殤子,而彭祖爲夭"的話,否定長壽與短命的區別。
⑤ 後、今、昔:指後人、今人、古人。視:看待。夫:語氣詞,表示感嘆語氣。
⑥ 列敘時人:一一記下與會的人。録其所述:記録下他們寫的詩。
⑦ 所以興懷:觸發情懷的原因。致:心志,思想的趨向。
⑧ 覽者:指閱覽蘭亭詩集的人。斯:此。

陶淵明

陶淵明(365？—427),字元亮,一説名潛字淵明,私謚靖節。東晉著名詩人。潯陽柴桑(今江西省九江市)人。出身於没落仕宦家庭,幼年家道衰微,生活貧困。曾任江州祭酒、鎮軍參軍等職。後出任彭澤令,在官八十天即因不堪官場黑暗而辭官歸隱,過了二十多年躬耕田園的生活。

　　陶淵明長於詩文辭賦,作品以田園詩最具特色,表達對污濁的官場生活的憎惡,抒發去塵絕俗的高尚情志。風格恬澹自然,韻味醇厚。作品有《陶淵明集》。

　　選文據《陶淵明集》卷五,中華書局一九七九年版。

歸去來兮辭

　　【説明】本文是陶淵明辭賦的代表作。記述了作者辭官歸隱時的喜悦心情以及歸隱後安適閒逸的家居生活情致。通過對田園生活的讚美,表達了對仕宦生活的厭惡和蔑視功名利祿、不與世俗同流合污的決心。

　　歸去來兮,田園將蕪胡不歸①!既自以心爲形役,奚惆悵而獨悲②?悟已往之不諫,知來者之可追③。實迷途其未遠,覺今是而昨非④。舟遙遙以輕颺⑤,風飄飄而吹衣。問征夫以前路,恨晨光之熹微⑥。

　　叙寫辭官歸家的決心和途中急切思歸的心情。

① 歸去來兮:意思是回去吧。"來""兮"無實義。蕪(wú):田地長滿亂草。胡:何,爲什麼。
② 以心爲形役:心靈被形體所役使。即爲免於飢寒違心地去做官。爲:被,介詞。奚:爲什麼。惆悵:雙聲聯綿詞,失意懊惱的樣子。
③ 諫:糾正,挽回。追:追上,指來得及補救。《論語·微子》:"往者不可諫,來者猶可追。"
④ 實:確實。是:正確。
⑤ 遙遙:船漂流搖動的樣子。颺(yáng):飄揚,形容船在水面上輕快地前進。
⑥ 征夫:行人。前路:前行的路程。恨:怨。熹(xī)微:疊韻聯綿詞,形容天色微明,光綫淡弱的樣子。這是説歸家心切,起程很早,恐

晨光微弱耽誤行程,所以説"恨"。

乃瞻衡宇,載欣載奔①。僮僕歡迎,稚子候門②。三徑就荒③,松菊猶存。攜幼入室,有酒盈罇④。引壺觴以自酌,眄庭柯以怡顔⑤。倚南窗以寄傲,審容膝之易安⑥。園日涉以成趣⑦,門雖設而常關。策扶老以流憩,時矯首而遐觀⑧。雲無心以出岫⑨,鳥倦飛而知還。景翳翳以將入,撫孤松而盤桓⑩。

描述歸家後的喜悦心情和安適閒逸的生活情致。

① 乃:於是,就。瞻:望。衡宇:指簡陋的房屋。衡:架在門上的横木。宇:屋。載:又。
② 僮僕:未成年的僕人。僮:未成年的人。稚子:幼小的兒子。
③ 三徑:指隱士庭院的小路。據説漢朝的蔣詡歸隱鄉里,院子裏開有三徑,只跟兩個隱士往來。就:已經。
④ 盈:滿。罇:古代盛酒器。字又作"樽"。
⑤ 引:拿過來。觴:酒杯。酌:斟酒喝。眄(miǎn):斜視。這裏是望的意思。柯:樹枝。怡:喜悦,愉快。這裏用作使動。顔:面部表情。
⑥ 寄傲:寄託傲世的情懷。審:明白,深知。容膝:容膝之室。形容屋室狹小。易安:最容易使人感到安適。
⑦ 涉:行走,指散步。成趣:成爲樂趣。
⑧ 策:拄(拐杖)。扶老:指手杖(手杖可供老人扶持)。流憩(qì):隨處漫步,隨時歇息。矯:舉起,抬起。遐:遠。
⑨ 無心:無意地,不經意。這裏指自然無拘束。岫(xiù):山洞。
⑩ 景:日光。翳(yì)翳:陰暗的樣子。盤桓:疊韻聯綿詞,徘徊。

歸去來兮,請息交以絶游①。世與我而相違,復駕言兮焉求②!悦親戚之情話,樂琴書以消憂③。農人告余以春及,將有事於西疇④。或命巾車,或棹孤舟⑤。既窈窕以尋壑⑥,亦崎嶇而經丘。木欣欣以向榮,泉涓涓而始流⑦。善萬物之得時,感吾生之行休⑧。

懸想定居後從事農作和流連山水的生活樂趣。

① 息交:停止交往。絕游:斷絕交游。
② 世:世俗。違:背離。駕:駕車(外出交往)。"駕言"是剪裁《詩經·邶風·泉水》"駕言出遊"的話。"言"在《詩經》的這句話中是連詞,相當於"而"。焉求:追求什麼。焉:何,疑問代詞。
③ 情話:真心實意的話。情:真誠。琴書:撫琴與讀書。
④ 及:到。有事:有農事,指開始耕種。西疇:西面的田。這裏泛指田地。
⑤ 或:有時。命:吩咐。巾車:有布篷的車。棹(zhào):船槳。用作動詞,用槳划船。
⑥ 窈(yǎo)窕(tiǎo):疊韻聯綿詞,幽深的樣子。尋:沿著。壑:山谷。
⑦ 欣欣:草木茂盛的樣子。向榮:草木生長茂盛。涓涓:水流細小不絕的樣子。
⑧ 善:羨慕。得時:得到發育生長的好時節。行:將要。

　　已矣乎①!寓形宇內復幾時②,曷不委心任去留③!胡爲乎遑遑欲何之④?富貴非吾願,帝鄉不可期⑤。懷良辰以孤往,或植杖而耘耔⑥。登東皋以舒嘯⑦,臨清流而賦詩。聊乘化以歸盡,樂夫天命復奚疑⑧!

表明樂天知命的人生態度,隱含了作者對現實社會的憤激之情。

① 已矣乎:算了吧!已:停止。矣乎:語氣詞連用。"矣"相當於"了","乎"表示感嘆。
② 寓形:託身。寓:寄。宇內:天地間。
③ 曷:何。委心:隨心。任去留:或死或生聽任自然。任:聽憑,由著(事情的自然變化不加干涉)。去留:本指離開或留下,這裏指

死生。

④ 胡爲：爲什麽。疑問代詞"胡"作介詞"爲"的前置賓語。遑遑：匆促不安的樣子。"遑"通"惶"，驚慌不安。何之：到哪裏去。疑問代詞"何"作動詞"之"的前置賓語。

⑤ 帝鄉：天帝所居住的地方，指仙境。期：期求。

⑥ 懷：思念，盼望。良辰：好天氣。孤往：外出獨游。植杖：把手杖插在地上。耘：除草。耔（zǐ）：在植物的根部培土。語出《論語·微子》。

⑦ 皋（gāo）：水邊高地。舒嘯：放聲長嘯。嘯：撮口吹出聲音。

⑧ 聊：姑且。乘化：順應生命的自然變化。歸盡：指最終死去。樂夫天命：樂於聽從自然的安排。復奚疑：又有什麽可疑慮的呢？疑問代詞"奚"作動詞"疑"的前置賓語。

蘇軾①

赤壁賦

【説明】宋神宗元豐二年(1079)，蘇軾被貶爲黄州團練副使，前後《赤壁賦》就是作者在政治上被棄置、精神上極度苦悶的境遇中於元豐五年(1082)的七月和十月先後寫成的。這裏選的是前一篇。

文章先以浪漫的筆調描寫了月夜美景和泛舟江上飲酒誦詩的舒暢心情，接著追叙歷史人物的興衰沉浮，抒發宇宙無限而人生短促的感慨，繼而闡述水月盈虛、既變又不變的辯證哲理，表達了不慕富貴、曠達樂觀、隨緣自適的人生態度。

選文據《蘇軾文集》，中華書局一九八六年版。

壬戌之秋，七月既望①，蘇子與客泛舟遊於赤壁之下②。清風徐來，水波不興③。舉酒屬客，誦明月之詩，歌窈窕之

---

① 作者介紹見第四單元。

章④。少焉,月出於東山之上,徘徊於斗牛之間⑤。白露橫江,水光接天⑥。縱一葦之所如,凌萬頃之茫然⑦。浩浩乎如馮虛御風,而不知其所止⑧,飄飄乎如遺世獨立,羽化而登仙⑨。

秋夜泛舟赤壁之下,油然而生飄然出世羽化登仙之感。

① 壬戌:宋神宗元豐五年,這一年是壬戌年。七月既望:夏曆七月十七日。"望"指夏曆小月的十五日,大月的十六日;"既望"是"望"的後一天,七月是大月,所以既望是十七日。
② 蘇子:蘇軾自稱。赤壁:指宋時黃州(今湖北省黃岡市)城外長江北岸的赤壁磯。
③ 徐:緩慢。興:起。
④ 屬(zhǔ):勸請。明月之詩:指《詩經·陳風·月出》一詩,寫月下懷人的感情。窈(yǎo)窕(tiǎo)之章:《月出》第一章有"月出皎兮,佼人僚兮。舒窈糾兮,勞心悄兮"的句子。窈窕:疊韻聯綿詞,體態柔美的樣子。
⑤ 少焉:一會兒。斗牛:斗宿和牛宿都是星宿名,位於吳越的分野。
⑥ 白露:夜晚月光下白茫茫的水氣。橫:充溢,彌漫。水光接天:水光與天色相接,混成一片。
⑦ 縱:聽憑,聽任。一葦:喻指小船。《詩經·衛風·河廣》有"誰謂河廣?一葦杭(航)之"的句子。如:往。凌萬頃:指船在廣闊的江面上飄蕩。凌:居……上。萬頃:形容江面開闊。茫然:廣闊無邊的樣子。
⑧ 浩浩:水勢盛大的樣子。乎:句中語氣詞。馮(píng)虛:凌空。馮:即"憑",憑藉。虛:天空。御:乘著,駕著。不知其所止:不知道到什麼地方纔停下來。
⑨ 飄飄:極輕盈的樣子。遺世獨立:離開人世,超塵脫俗。遺:棄。羽化:道家稱人生羽翼而飛升成仙。《抱朴子·內篇·對俗》:"古之得仙者,或身生羽翼,變化飛行。"登仙:飛升仙境。

於是飲酒樂甚,扣舷而歌之①。歌曰:"桂櫂兮蘭槳,擊空明兮泝流光②。渺渺兮予懷,望美人兮天一方③。"客有吹洞簫者,倚歌而和之④。其聲嗚嗚然,如怨如慕,如泣如訴⑤,餘音嫋嫋,不絕如縷⑥。舞幽壑之潛蛟,泣孤舟之嫠婦⑦。

飲酒之後,主人放歌,客人吹簫相和,主客觸景生情,由歡樂轉爲悲哀。

① 扣:敲擊。舷:船的邊。
② 桂櫂(zhào):桂樹做的槳。櫂:同"棹",船槳。蘭槳:木蘭(一種香木)做的槳。《楚辭·九歌·湘君》:"桂棹兮蘭枻(yì)。"擊:拍擊。指船槳划水。空明:浮動著月光的江水。泝(sù):同"溯",逆流而上。流光:江面上隨著水波浮動的月光。
③ 渺渺兮予懷:意思是我的心想得很遠。渺渺:悠遠的樣子。美人:喻指思念的人。天一方:天的那一邊。這是説自己被貶,離開朝廷來到黃州,與皇帝遠隔萬里。
④ 客:指此次與作者同遊的綿竹道士楊世昌(參趙翼《陔餘叢考》卷二十四)。洞簫:一種管樂器。倚歌:按照歌的曲調。倚(yǐ):依照,按照。和(hè)之:用樂器跟著唱腔伴奏。
⑤ 怨:怨恨。慕:愛戀。訴:傾訴。
⑥ 嫋(niǎo)嫋:聲音細弱而悠揚宛轉的樣子。縷:綫。
⑦ 舞:用作使動,使……起舞。幽壑(hè)之潛蛟:深淵中潛伏的蛟龍。幽壑:深谷。泣:用作使動,使……哭泣。嫠(lí)婦:寡婦。兩句形容簫聲凄切動人。

蘇子愀然,正襟危坐①,而問客曰:"何爲其然也②?"客曰:"'月明星稀,烏鵲南飛',此非曹孟德之詩乎③?西望夏口,東望武昌④,山川相繆,鬱乎蒼蒼⑤,此非曹孟德之困於周郎者乎⑥?方其破荆州,下江陵,順流而東也⑦,舳艫千里⑧,旌旗蔽空,釃酒臨江,橫槊賦詩⑨,固一世之雄也,而今安在哉⑩?況吾與子漁樵於江渚之上,侶魚蝦而友麋鹿⑪;

駕一葉之扁舟,舉匏樽以相屬⑫;寄蜉蝣於天地,渺滄海之一粟⑬。哀吾生之須臾,羨長江之無窮⑭。挾飛仙以遨遊,抱明月而長終⑮。知不可乎驟得,託遺響於悲風⑯。"

　　用主客問答的方式借客人之口撫今追昔,抒發宇宙無限而人生短促的感慨。

① 愀(qiǎo)然:神色改變的樣子。正襟危坐:整理好衣襟,嚴肅端正地坐著。正:形容詞用作使動,使……正。危:端正。
② 爲什麼簫聲曲調會如此悲傷呢？然:如此,這樣。
③ 月明星稀,烏鵲南飛:曹操《短歌行》第七章:"月明星稀,烏鵲南飛;繞樹三匝,無枝可依。"烏鵲比喻賢才。孟德:曹操的字。
④ 夏口:古鎮名,即今漢口,在夏水(漢水流入仙桃以下一段的古稱)流入長江的地方。武昌:即今湖北省鄂州市。
⑤ 繆(liáo):通"繚",纏繞。鬱乎:樹木叢集茂密的樣子。蒼蒼:草木茂盛的樣子。
⑥ 這不就是曹操被周瑜所困的地方嗎？困:使處境艱難無路可走。周郎:吳國大將周瑜。郎:對青年男子的美稱。建安十三年(208),周瑜領兵同劉備並抗曹,大敗曹軍於赤壁(在今湖北省赤壁市)。
⑦ 方:正當。荆州:漢代十三州之一,今湖北、湖南一帶。江陵:漢代縣名,在今湖北省荊州市。東:用作動詞,向東行進。
⑧ 舳(zhú)艫(lú):指首尾相銜接的船隻。舳本指船尾持舵處,又指船尾。艫指船頭安棹之處,又指船頭。
⑨ 釃(shī):過濾酒糟。這裏指斟酒。橫槊(shuò):橫持槊。這是形容曹操不可一世。槊:一種長一丈八尺的長矛。
⑩ 世:時代。雄:傑出的人物。安在:在哪裏呢？疑問代詞"安"作動詞"在"的前置賓語。
⑪ 漁:打魚。樵:打柴。渚(zhǔ):水中小洲。侶、友:伴侶、朋友,都用作意動。麋(mí):一種鹿類動物。
⑫ 一葉之扁(piān)舟:像一片葉子似的小船。扁舟:小船。匏(páo)樽:用匏做的酒器。匏:葫蘆的一種。樽:盛酒器。相屬(zhǔ):相

互勸酒。
⑬ 在天地間寄託短促如蜉(fú)蝣(yóu)的人生,渺小得如同大海中的一粒小米。蜉蝣:小蟲名,夏秋之交生在水邊,據說朝生夕死,存活期極短。渺:小。滄海:大海。
⑭ 須臾:片刻,形容生命極其短促。
⑮ 挾:夾持。這裏是偕同爲伴的意思。遨:漫遊。長終:永遠存在。
⑯ 驟:一下子,很輕易地。遺響:不絕的餘音,指簫聲。悲風:指秋風。

　　蘇子曰:"客亦知夫水與月乎?逝者如斯,而未嘗往也①;盈虛者如彼,而卒莫消長也②。蓋將自其變者而觀之,則天地曾不能以一瞬③;自其不變者而觀之,則物與我皆無盡也④,而又何羨乎?且夫天地之間⑤,物各有主,苟非吾之所有⑥,雖一毫而莫取。惟江上之清風,與山間之明月,耳得之而爲聲,目遇之而成色⑦,取之無禁,用之不竭⑧,是造物者之無盡藏也,而吾與子之所共適⑨。

　　蘇子作答,從水的流逝和月的盈虛說到物與我的無盡,表明要以曠達樂觀的心態共享造物者的恩賜。

① 夫(fú):那。逝者如斯:《論語·子罕》有"逝者如斯夫,不舍晝夜"的話。這裏是說一去不復返的就像這江水,晝夜不停地奔流。逝:去往;去而不返。斯:此,這。這裏指江水。未嘗往:意思是江水雖然在不斷地奔流,但前者去後者來,始終還是一江水,實際上沒有消失。嘗:曾。
② 盈虛者如彼:增減盛衰變化的就像那月亮(的圓缺)。盈:滿。虛:虧缺。卒莫消長(zhǎng):意思是月亮雖然時圓時缺,但終究沒有增減的變化。卒:最終。消:減少。
③ 將:表示假設。自其變者而觀之:從變的一面來看世間萬物。曾不能以一瞬(shùn):連一瞬間的停留也做不到(每時每刻都在變)。一瞬:眨一下眼睛的時間。瞬:眨眼。
④ 我:自我。這裏指人。無盡:沒有終了。意思是不會消亡。

⑤ 且夫:連詞,況且。
⑥ 苟:假如。
⑦ 爲聲:成爲聲。遇:接觸。成色:成爲色。
⑧ 無禁:没有限制。竭:窮盡。
⑨ 是:這。造物者:天,自然。古人認爲萬物是天生成的,稱天爲造物者。無盡藏(zàng):無盡的寶藏。原是佛教用語。適:安適。引申爲滿足,享用。

客喜而笑,洗盞更酌①。肴核既盡,杯盤狼籍②。相與枕藉乎舟中,不知東方之既白③。

客人轉悲爲喜,暢飲入睡,陶醉在大自然的懷抱之中。

① 盞(zhǎn):淺而小的杯子。更:再。
② 肴核:菜肴和果品。狼籍(jí):縱横散亂的樣子。
③ 相與:互相。枕藉(jiè):靠著。枕:枕著。藉:墊著。既白:指天亮。白:明亮。

王勃

王勃(650—676年),字子安,絳州龍門(今山西省河津縣)人。初唐著名詩人。曾任虢州參軍,因罪除名,其父受牽連被貶爲交趾令(在今越南)。二十七歲時渡海看望父親,溺水受驚而死。

王勃是"初唐四傑"之一。他的詩文多抒發政治上失意的抑鬱不平之氣。詩的風格清新渾樸,對五律的發展有承前啓後的作用。作品有《王子安集》。

選文據《王子安集注》卷八,上海古籍出版社一九九五年版。

滕王閣序(節選)

【説明】滕王閣故址在唐代洪州州治(今江西省南昌市)附近,是唐高祖的兒子滕王李元嬰於永徽三年(652)任洪州都督時所建。王勃往交趾省親時路過洪州,時都督閻公九月九日在閣上大宴賓客,王勃與會賦詩,并寫下這篇序。《滕王閣序》原題作《秋日登洪府滕王閣餞別序》。文章描繪了滕王閣周圍的景色和宴會的盛況,抒發了作者懷才不遇的感慨。全篇辭彩華美,對仗工整,平仄協調,氣勢奔放自然,是一篇久爲傳誦的駢體文代表作。這裏選的是文章的前一部分。

　　豫章故郡,洪都新府①。星分翼軫,地接衡廬②。襟三江而帶五湖,控蠻荆而引甌越③。物華天寶,龍光射牛斗之墟④;人傑地靈,徐孺下陳蕃之榻⑤。雄州霧列,俊采星馳⑥。臺隍枕夷夏之交,賓主盡東南之美⑦。都督閻公之雅望,棨戟遙臨⑧;宇文新州之懿範,襜帷暫駐⑨。十旬休假,勝友如雲⑩;千里逢迎⑪,高朋滿座。騰蛟起鳳,孟學士之詞宗⑫;紫電青霜,王將軍之武庫⑬。家君作宰,路出名區⑭;童子何知,躬逢勝餞⑮。

　　寫滕王閣所在地洪州地勢的雄闊壯麗,人才薈萃,以及這次宴會高朋滿座的盛況。

① 豫章故郡:豫章是漢代設置的郡,所以稱"故郡"。豫章郡唐代改爲洪州,設都督府,所以稱"新府"。這兩句點明滕王閣的地理位置。
② 星分翼軫(zhěn):古人將地理區域按照方位分別跟天上的二十八宿對應起來,叫作"分野"。翼、軫:星宿名,是楚地的分野(豫章古屬楚地)。衡、廬:衡山和廬山,都是名山。接:這裏是鄰近的意思。
③ 襟三江:以三江爲襟。襟:上衣的前襟,這裏作動詞用,有屏障的意思。三江:有不同的説法。帶五湖:以五湖爲帶。這裏是環繞的意思。五湖:有不同的説法。"控蠻荆"句:意思是滕王閣的所在地是中心,它控制著蠻荆牽制著甌越。控、引:本義都是拉弓。蠻荆:古楚地,今湖北、湖南等地。甌越:古越地,今浙江、福建

一帶。

④ 物華天寶:地上物的精華就是天的珍寶。物華:這裏指寶劍。"龍光"句:意思是劍的精光映射於天。龍光:指劍氣,劍光。牛、斗:星宿名。墟:區域。《晉書·張華傳》載,張華看到牛斗之間常有紫氣,雷煥説豐城(今江西省豐城縣,屬洪州)有寶劍的精光上通於天。於是張華派雷煥爲豐城令,果然掘得龍泉、太阿兩劍。這兩句説洪州有奇寶。

⑤ 人傑地靈:這是説此地的俊傑之士是由於山川的靈氣所鍾(聚集)。"徐孺"句:《後漢書·徐稚傳》載,徐稚字孺子,豫章人,德行爲人景仰。陳蕃做豫章太守,素來不接待賓客,只特設一榻,徐稚來了纔把它放下來,徐稚走後就懸掛起來。下:使……下來。榻:古代可供坐臥的一種器具。這兩句説洪州有俊才。

⑥ 雄州:大州,指富庶的大城邑。霧列:形容密集。俊采:才幹出衆的官吏。采:通"寀(cǎi)",官吏。星馳:像羣星紛馳,形容人才衆多。

⑦ 臺隍:城池。臺:建築物的臺基。隍:護城河。枕:坐落。夷:古稱少數民族,即前文説的蠻荊、甌越。夏:指中原地帶。交:交接之地(要害之地)。盡:全部(是)。美:傑出的人物。

⑧ 閻公:當時洪州都督姓閻(名字已不可考)。雅望:美好的名望。棨(qǐ)戟:外有赤黑色繒作套的戟,指古代官吏出行的儀仗。遙臨:從很遠的地方到這裏(做官)。

⑨ 宇文:複姓,人已不可考。或説是新州刺史。新州:州名,治所在今廣東省新興縣。懿(yì)範:美好的風範。襜(chān)帷:車上的帷幕,這裏指代出行的車子。暫駐:短暫的停留。

⑩ 十旬休假:指一旬的假期。唐制,官吏十日一休假。旬:十天。勝友:良友,才德優秀的友人。如雲:形容衆多。

⑪ 千里逢迎:意思是迎接千里而來的賓客。

⑫ 意思是與會的文士都是文章高手。騰蛟起鳳:形容文詞茂美,如蛟龍騰空,鳳凰起舞。《西京雜記》卷二:"董仲舒夢蛟龍入懷,乃作《春秋繁露》詞。"又:"揚雄著《太玄經》,夢吐鳳凰集《玄》之上,頃而滅。""孟學士"句:意思是孟學士富有文才,堪稱文章宗師。孟學士:人未詳。詞宗:衆人仰望的詞章能手。宗:所尊奉的人。

⑬ 意思是與會的武臣韜略無窮,有如武庫。紫電、青霜:古代名劍。

《古今注·輿服》說孫權"有寶劍六,二曰紫電"。《西京雜記》卷一說漢高祖劉邦斬白蛇的劍如霜雪。王將軍:名未詳。武庫:藏兵器的倉庫,這裏借指武臣胸中的韜略。

⑭ 家君:家父。宰:地方官,這裏指交趾縣令。路出名區:省親路經洪州這個有名的地方。

⑮ 童子:年輕人。王勃自稱。何知:知道什麽,即無知的意思。躬:親身。勝餞(jiàn):盛大的宴會。餞:送別的宴會。

時維九月,序屬三秋①。潦水盡而寒潭清,煙光凝而暮山紫②。儼驂騑於上路,訪風景於崇阿③。臨帝子之長洲,得天人之舊館④。層臺聳翠,上出重霄⑤;飛閣翔丹,下臨無地⑥。鶴汀鳧渚,窮島嶼之縈迴⑦;桂殿蘭宮,列岡巒之體勢⑧。

描寫滕王閣所處地勢的雄偉高峻和建築的華美。

① 維:語氣副詞,加強判斷。序:季節的次序。三秋:夏曆的九月。古人稱七、八、九月爲孟秋、仲秋、季秋。屬:歸屬。

② 潦(lǎo)水:夏季積聚的雨水。寒潭:因爲是寒涼的季秋,所以說寒潭。煙光:山間夕照中的霧氣。凝:凝聚。暮山紫:羣山在夕照中成爲紫色。

③ 儼:整治。驂(cān)騑(fēi):古代駕在車兩旁的馬,這裏指車馬。尚:地勢高。訪:探尋。崇阿(ē):高峻的山陵。

④ 臨:來到。帝子:指滕王。長洲:指滕王閣所在的沙洲。天人:一本作"仙人",指滕王。三國曹操的兒子曹植被讚美爲天人。舊館:指滕王閣。

⑤ 層臺聳翠:綠色的樓臺高聳。"層臺"一本作"層巒"。重霄:高空。霄:雲。

⑥ 飛閣:架空建造的閣道。翔丹:彩繪的高閣好像高翔空中。丹:紅色。"翔丹"一本作"流丹"。下臨無地:因爲閣太高了,從閣上往下看看不到地面。臨:從高處俯視。

⑦ 鶴汀(tīng)鳧(fú)渚(zhǔ):停息著鶴和鳧的汀洲。汀:水邊平地。

  鳧:野鴨子。渚:水中的小塊陸地。"窮島嶼"句:極盡島嶼回環曲折之勢。窮:達到極點。縈回:回環曲折。

⑧ 桂殿蘭宮:用桂樹、木蘭建造的宮殿。形容建築的華美。"列岡巒"句:這些建築物依岡巒高下起伏的山勢而建。列:建築的排列。

  披繡闥,俯雕甍①,山原曠其盈視②,川澤紆其駭矚③。閭閻撲地,鐘鳴鼎食之家④;舸艦迷津,青雀黃龍之軸⑤。雲銷雨霽,彩徹區明⑥。落霞與孤鶩齊飛,秋水共長天一色⑦。漁舟唱晚,響窮彭蠡之濱⑧;雁陣驚寒,聲斷衡陽之浦⑨。

描寫登高遠眺所見的美麗秋景。

① 披:打開。繡闥(tà):裝飾華美的門。闥:門。俯:俯視。雕甍(méng):雕飾精緻的建築。甍:屋脊。
② 遠山和遼闊的平原使人一覽無餘。曠:空闊。盈視:充滿人的視野。盈:滿。
③ 川澤迴環曲折,使人看了吃驚。川:河。澤:湖。紆:曲折。駭:驚。用作使動,使人驚奇。矚(zhǔ):注視。
④ 閭(lǘ)閻:里巷的門,這裏指住宅。撲地:滿地。鐘鳴鼎食:擊鐘列鼎而食,形容豪富。鐘:一種樂器。鼎:一種食器。古代貴族等級不同,用的鼎數目也不同。
⑤ 舸(gě)艦:各種船。舸:大船。迷津:停泊的船隻太多,渡口都不好找了。津:渡口。"迷"一本作"彌",滿的意思。青雀黃龍:船的形制像青雀黃龍,形容船的豪華。軸:通"舳"(zhú),船尾持舵處,這裏代指船隻。
⑥ 霽(jì):雨雪停止。銷:通"消"。彩:陽光。徹:(陽光的照耀)通透無礙。區:天空。
⑦ 這兩句是千古傳唱的名句,化用庾信的《馬射賦》:"落花與芝蓋同飛,楊柳共春旗一色。"鶩(wù):野鴨。
⑧ 漁舟唱晚:漁夫在傍晚唱著歌。響窮:響徹。窮:盡。彭蠡(lǐ):江西鄱陽湖。

⑨ 雁陣驚寒：大雁因秋寒而驚。陣：行列。斷：止。衡陽：今湖南省衡陽市。相傳衡陽境內有回雁峰，秋雁到此就不再南飛，待春而返。浦：水邊。

閱讀文選

滕王閣序（節選）①

遙襟甫暢，逸興遄飛②。爽籟發而清風生，纖歌凝而白雲遏③。睢園綠竹，氣凌彭澤之樽④；鄴水朱華，光照臨川之筆⑤。四美具，二難並⑥。窮睇眄於中天，極娛遊於暇日⑦。天高地迥⑧，覺宇宙之無窮；興盡悲來，識盈虛之有數⑨。望長安於日下，指吳會於雲間⑩。地勢極而南溟深，天柱高而北辰遠⑪。關山難越，誰悲失路之人⑫？萍水相逢，盡是他鄉之客⑬。懷帝閽而不見，奉宣室以何年⑭？

叙寫賢主嘉賓宴集的盛況，轉而興盡悲來，抒發懷才不遇的苦悶。

① 這裏選的是《滕王閣序》的後半部分。
② 遙襟：登高遠望時的胸懷。襟：胸懷。一本作"吟"。甫：剛。暢：舒暢。逸興：超逸不羣的興致。遄（chuán）：急速。
③ 爽籟（lài）：排簫。爽：（竹管）長短不齊。籟：簫，一種竹管樂器。發：發聲。纖歌：柔細的歌。凝：指歌聲慢慢拉長。白雲遏：歌聲優美使行雲留駐。遏：止。
④ 睢（suī）園：西漢梁孝王的睢陽（今河南省商丘市附近）兔園。梁孝王曾在此宴集文士飲酒賦詩。漢代枚乘《梁王兔園賦》曾寫到園中的竹子。凌：壓倒，超過。彭澤之樽：陶淵明曾任彭澤縣令，喜

歡飲酒,《歸去來兮辭》中有"有酒盈樽"的句子。
⑤ 鄴水朱華:三國魏曹植在鄴(在今河北省臨漳縣)作的《公讌詩》有"朱華冒綠池"的句子。朱華:荷花。臨川之筆:南朝劉宋詩人謝靈運曾任臨川(故治在今江西省臨川縣西)內史,文才出衆。作者以曹植、謝靈運比與會文士的文才。
⑥ 四美:良辰、美景、賞心、樂事。二難:賢主、嘉賓。並:在一起。
⑦ 窮睇(dì)眄(miǎn):極目觀覽。窮:極。睇眄:斜視,這裏指目光遊動。極娛遊:盡興地遊樂。娛:歡樂。
⑧ 迥:遠。
⑨ 盈虛:事物的興衰變化。盈:滿。虛:虧。數:定數。
⑩ 這兩句寫東西遠望遙指,遠離帝都,引起作者的哀思。長安:唐朝的都城。日下:太陽之下。古代把帝王比作日,稱帝都爲日下。《世説新語・排調》載陸雲(字士龍)、荀隱(字鳴鶴)互通姓名。荀隱是潁川人,地近西晉都城洛陽,自稱"日下荀鳴鶴"。陸士龍是吳郡人,吳地古稱雲間,稱自己是"雲間陸士龍"。
⑪ 地勢極而南溟深:地勢到了盡頭就是南海。南溟:南海,是作者要去的地方。"南溟"見《莊子・逍遙遊》。天柱:《神異經・中荒經》記載有銅柱"其高入天"。北辰:北極星,這裏指代君主。"北辰"語出《論語・爲政》。
⑫ 關山:關隘高山。悲:憐,同情。失路:迷失路徑,這裏指仕途失意。
⑬ 萍水相逢:萍草隨水飄蕩,聚散無定,比喻人的偶然相遇。他鄉:異鄉。
⑭ 帝閽(hūn):天帝的守門人,這裏指朝廷。屈原《離騷》有"吾令帝閽開關"的話。奉宣室:指侍奉皇帝。宣室:漢未央宮正殿,漢文帝曾在此召見賈誼。以:在。

嗟乎!時運不齊,命途多舛①。馮唐易老,李廣難封②。屈賈誼於長沙,非無聖主③;竄梁鴻於海曲,豈乏明時④?所賴君子見機,達人知命⑤。老當益壯,寧移白首之心⑥?窮且益堅,不墜青雲之志⑦。酌貪泉而覺爽,處涸轍以猶歡⑧。北海雖賒,扶搖可接⑨;東隅已逝,桑榆非晚⑩。孟嘗高潔,空懷報國之情⑪;阮籍猖狂,豈效窮途之哭⑫!

歷數歷史上"命途多舛"的優秀人物,感嘆命運坎坷,轉而以"達人知命"自慰,以"窮且益堅"自勵。

① 命途:命運。舛(chuǎn):錯亂;不順。
② 馮唐易老:西漢人馮唐有才幹而不受重用,到武帝時有人舉薦他,已經九十多歲了。事見《史記·馮唐列傳》。李廣難封:漢代名將李廣多次出擊匈奴,戰功卓著,却一直未能封侯。事見《史記·李將軍列傳》。
③ 賈誼:西漢賈誼有才略,漢文帝想任他爲公卿,因朝中權貴反對,被疏遠出任長沙王太傅。聖主:聖明的君主。指漢文帝。
④ 竄:使逃竄。梁鴻:東漢名士。漢章帝時作了一首《五噫歌》批評時政,章帝下令搜捕,他攜妻兒逃到渤海邊上居住。海曲:海邊。明時:清明的時代。事見《後漢書·逸民傳》。
⑤ 見機:能從事物的細微變化洞察變化的動向。機:通"幾",指事物細微變化的徵兆。達人:通達事理的人。知命:懂得命運的順逆由天決定的道理,泰然處之。《周易·繫辭下》有"君子見幾而作""樂天知命"的話。
⑥ 意思是年老時更加有壯志,豈能在晚年改變自己的雄心。《後漢書·馬援傳》:"丈夫爲志,窮當益堅,老當益壯。"寧:豈,哪裏。移:改變。
⑦ 窮:困窘,政治上不得意。益:更加。青雲之志:高遠的志向。
⑧ "酌貪泉"句:這是説操守堅定的人處在污濁的環境中能保持純潔。《晉書·吳隱之傳》載廣州附近的石門有貪泉,人喝了貪泉的水就會貪得無厭。吳隱之赴任廣州刺史,特意喝了貪泉之水並作詩,説品行高潔的人喝了貪泉之水也"終當不易心"。爽:指心裏清爽,没有污穢。"處涸轍"句:這一句説自己雖身處困境依然保持樂觀的態度。涸(hé)轍:積水已乾的車轍,比喻困境。涸:水乾。《莊子·外物》載涸轍中的鮒魚請求莊子取"斗升之水"救它。後以"涸轍之鮒"比喻身處困境急待救助的人。
⑨ 這是説北海雖遠,憑藉"扶搖"之風也可以到達。意思是有得力的

人舉薦,依然可以入仕朝廷。雖:即使。賒(shē):遠。扶搖:大旋風。見《莊子·逍遙遊》。
⑩ 東隅:日出的地方,指時間早。桑榆:落日的餘輝照在桑榆樹梢上,指時間晚。《後漢書·馮異傳》:"失之東隅,收之桑榆。"意思是早年的時光雖然逝去,但晚年的歲月還可望有成。
⑪ 孟嘗:東漢人孟嘗以廉潔奉公著稱。桓帝時雖有人屢次薦舉,終不見用。事見《後漢書·孟嘗傳》。這裏作者以孟嘗自比。
⑫ 阮籍:魏晉名士阮籍放任不拘禮法,"時率意獨駕,不由徑路。車跡所窮,輒慟哭而反",藉此宣泄對現實不滿的苦悶心情。事見《晉書·阮籍傳》。效:效仿。窮途:路走到盡頭。這是表達自己不甘沉淪的決心,有自勵之意。

　　勃三尺微命,一介書生①。無路請纓,等終軍之弱冠②;有懷投筆,慕宗慤之長風③。舍簪笏於百齡,奉晨昏於萬里④。非謝家之寶樹,接孟氏之芳鄰⑤。他日趨庭,叨陪鯉對⑥;今茲捧袂,喜託龍門⑦。楊意不逢,撫凌雲而自惜⑧;鍾期既遇,奏流水以何慚⑨?

　　借用歷史典故,進一步委婉地表達自己積極用世的願望,並希望能得到賢人的舉薦。

① 意思是自己是一個卑微的書生。三尺:指紳的長度。古代士大夫禮服上束有大帶,大帶下垂的部分叫紳。《禮記·玉藻》:"紳長制,士三尺。"微命:即"一命",指卑下的官階。周代的官爵分爲九個等級,稱九命。一命爲最低的官階。王勃曾任虢州參軍,故以一命之士自稱。一介:一個,謙詞。
② 請纓:請求賜給長纓,即請求賜與殺敵的命令。纓:繫在馬頸上用以駕車的皮帶。等:等同。終軍:《漢書·終軍傳》載西漢武帝時終軍出使南越,"自請願受長纓,必羈南越王而致之闕下",時僅二十餘歲。弱冠:古人二十歲行冠禮,表示成年,稱"弱冠"。
③ 這是説自己懷有班超投筆從戎的志向,羨慕宗慤(què)少有壯志。《後漢書·班超傳》載,東漢時班超最初在官府中從事抄寫工作,

一天擲筆而嘆説："（大丈夫）安能久事筆硯間乎？"後來從軍通西域建立大功，被封爲定遠侯。宗慤：南朝宋人，年少時向叔父表達自己的志向是"願乘長風破萬里浪"。事見《宋書·宗慤傳》。

④ 上句是説放棄一生做官的前程。簪：把冠固定在頭髮上的一種首飾。笏（hù）：手板，古代大臣朝見時拿的一種板子。簪和笏都是做官人用的，代指做官。百齡：指一生。下句是説赴萬里之遠去侍奉父親。奉晨昏：侍奉父母。語出《禮記·曲禮上》。

⑤ 謝家之寶樹：《世説新語·言語》載謝安問他的子姪，人們爲什麽總希望子弟好，姪子謝玄回答："譬如芝蘭玉樹，欲使其生於庭階耳。"後以謝家寶樹比喻好子弟。孟氏之芳鄰：據説孟子的母親爲教育兒子三次搬家，最後定居在學宮附近。事見《列女傳·母儀篇》。芳鄰：好鄰居。兩句是説自己雖不是謝家的好子弟，但自己能夠像孟子那樣與芳鄰相處，即有幸結交與會的嘉賓。

⑥ 趨庭：在院中小步走過。趨：小步快走，是一種禮節。叨（tāo）：忝，辱。謙詞。陪：隨從。鯉對：孔子的兒子孔鯉回答父親的問話。不敢自比孔鯉，所以説"陪"。《論語·季氏》有孔鯉"趨而過庭"回答孔子問話的記載。這兩句是説自己將要到父親那裏去接受教誨。

⑦ 意思是今天拜見長者，如同魚登龍門（這是對閻公的奉承）。今兹：現在。一本作"今晨"。捧袂（mèi）：捧長者的衣袖表示禮敬。見《禮記·曲禮上》。託龍門：《後漢書·李膺傳》載，李膺當時名聲很大，被他接待的讀書人感到慶幸，稱爲登龍門。龍門：即河津，在今山西省稷山縣，是黄河口岸之一。傳説那裏水險流急，魚跳上龍門就能化爲龍。後來用"登龍門"比喻士人忽然得到榮耀。

⑧ 這是説自己未遇到楊意那樣舉薦的人，只能撫弄著凌雲之賦而嘆惜。楊意：楊得意的省稱。《史記·司馬相如列傳》載，一次漢武帝讀到《子虛賦》連連稱讚。楊得意告訴他這是司馬相如所寫，於是武帝就召見了相如。相如又把自己的《大人賦》獻給武帝，"天子大悦，飄飄有凌雲之氣，似遊天地之間。"

⑨ 鍾期：即鍾子期，春秋時楚人。《列子·湯問》記載伯牙善鼓琴，鍾子期善聽琴，是伯牙的知音。伯牙琴音意在流水，子期説"洋洋兮若江河"。這是説自己遇到閻公這樣的知音，所以願意在宴會上賦詩作文。

嗚呼！勝地不常,盛筵難再①。蘭亭已矣,梓澤丘墟②。臨別贈言,幸承恩於偉餞③；登高作賦,是所望於羣公④。敢竭鄙懷,恭疏短引⑤。一言均賦,四韻俱成⑥。請灑潘江,各傾陸海云爾⑦。

文章以謙辭作結,交代有幸參加盛會,自已被邀應命作序,並與衆賓客一起賦詩。

① 勝:優美的。再:第二次。
② 蘭亭:見王羲之《蘭亭集序》注。已:完結。意思是已經成爲陳跡。梓澤:晉代富豪石崇金谷園的别稱(故址在今河南省洛陽市西北)。丘墟:荒丘,廢墟。意思是變爲廢墟。
③ 贈言:指自己作的序。偉餞:盛宴。這句是説承蒙閻公的厚恩,讓我寫了這篇序。
④ 至於登高作賦,這是寄希望於在座諸公的事。
⑤ 敢:表示謙敬的副詞,有冒昧的意思。鄙懷:鄙陋的情懷。疏:條陳,撰寫。引:文體的一種,指"序"。
⑥ 一言均賦:這是説每人都按自己分得的韻字賦詩。一言:一字,指分韻所得的字。均賦:每人都賦詩。一説"一言均賦"是大家共同用一個字爲韻脚作詩。四韻:四個韻脚。近體詩一般兩句一韻,四韻共八句。
⑦ 意思是請大家各展才華,寫出像潘岳、陸機那樣的好作品。潘:指潘岳。陸:指陸機。都是晉朝文人。鍾嶸《詩品》有"陸才如海,潘才如江"的話。云爾:語氣詞,表示結束。

練習十五

一、熟讀本單元講過的文章。
二、閱讀本單元的閱讀文選。

三、給下面句子中加點的字注音：
  1. 覽斯宇之所處兮，實顯敞而寡仇。（王粲《登樓賦》）
  2. 華實蔽野，黍稷盈疇。（王粲《登樓賦》）
  3. 懼匏瓜之徒懸兮，畏井渫之莫食。（王粲《登樓賦》）
  4. 引壺觴以自酌，眄庭柯以怡顏。（陶淵明《歸去來兮辭》）
  5. 策扶老以流憩，時矯首而遐觀。（陶淵明《歸去來兮辭》）
  6. 登東皋以舒嘯，臨清流而賦詩。（陶淵明《歸去來兮辭》）
  7. 駕一葉之扁舟，舉匏樽以相屬。（蘇軾《赤壁賦》）
  8. 餘音嫋嫋，不絕如縷。（蘇軾《赤壁賦》）
  9. 釃酒臨江，橫槊賦詩。（蘇軾《赤壁賦》）
  10. 披繡闥，俯雕甍。（王勃《滕王閣序》）
  11. 鶴汀鳧渚，窮島嶼之縈迴。（王勃《滕王閣序》）
  12. 宇文新州之懿範，襜帷暫駐。（王勃《滕王閣序》）

四、解釋下列句子中加點的詞：
  1. 情眷眷而懷歸兮，孰憂思之可任。（王粲《登樓賦》）
  2. 路逶迤而脩迥兮，川既漾而濟深。（王粲《登樓賦》）
  3. 此地有崇山峻嶺，茂林修竹。（王羲之《蘭亭集序》）
  4. 固知一死生爲虛誕，齊彭殤爲妄作。（王羲之《蘭亭集序》）
  5. 悟已往之不諫，知來者之可追。（陶淵明《歸去來兮辭》）
  6. 引壺觴以自酌，眄庭柯以怡顏。（陶淵明《歸去來兮辭》）
  7. 胡爲乎遑遑欲何之？（陶淵明《歸去來兮辭》）
  8. 縱一葦之所如，凌萬頃之茫然。（蘇軾《赤壁賦》）
  9. 況吾與子漁樵於江渚之上，侶魚蝦而友麋鹿。（蘇軾《赤壁賦》）
  10. 襟三江而帶五湖，控蠻荊而引甌越。（王勃《滕王閣序》）
  11. 儼驂騑於上路，訪風景於崇阿。（王勃《滕王閣序》）
  12. 雲銷雨霽，彩徹區明。（王勃《滕王閣序》）

五、把下面的句子譯成現代漢語：
  1. 是日也，天朗氣清，惠風和暢。（王羲之《蘭亭集序》）
  2. 向之所欣，俛仰之間，已爲陳跡。（王羲之《蘭亭集序》）
  3. 攜幼入室，有酒盈罇。（陶淵明《歸去來兮辭》）
  4. 富貴非吾願，帝鄉不可期。（陶淵明《歸去來兮辭》）
  5. 客有吹洞簫者，倚歌而和之。（蘇軾《赤壁賦》）
  6. 逝者如斯，而未嘗往也；盈虛者如彼，而卒莫消長也。（蘇軾《赤壁賦》）

7. 蓋將自其變者而觀之,則天地曾不能以一瞬。(蘇軾《赤壁賦》)
8. 自其不變者而觀之,則物與我皆無盡也。(蘇軾《赤壁賦》)
9. 飛閣翔丹,下臨無地。(王勃《滕王閣序》)
10. 漁舟唱晚,響窮彭蠡之濱。(王勃《滕王閣序》)

六、舉例説明:
編年體　紀傳體　紀事本末體　駢偶　四六　平仄相對

常用詞

宇　憤　快　違　逝　雅　範　宗　崇　景

141. 宇

《説文》:"宇,屋邊也。"指屋檐。《周易·繫辭下》:"上古穴居而野處,後世聖人易之以宮室,上棟下宇,以待風雨。"轉指房屋建築。《楚辭·招魂》:"高堂邃宇。"(邃:深。)王粲《登樓賦》:"覽斯宇之所處兮,實顯敞而寡仇。"雙音詞有[廟宇]。引申指上下四方,空間的總稱。《淮南子·齊俗》:"往古來今謂之宙,四方上下謂之宇。"雙音詞有[寰宇]。

142. 憤

《説文》:"憤,懣也。"意思是鬱結於心;憋悶。《楚辭·九章·惜誦》:"發憤以抒情。"(發憤:疏解憤懣。)王粲《登樓賦》:"循階除而下降兮,氣交憤於胸臆。"引申指怒氣充塞;怨怒。宋玉《大言賦》:"壯士憤兮絕天維。"雙音詞有[憤怒][憤恨],成語有[憤世嫉俗]。

143. 快

"快"字的意符是"心"。《説文》:"快,喜也。"高興;喜樂。《戰國策·秦策五》:"文信侯去而不快。"王羲之《蘭亭集序》:"快然自足,不知老之將至。"引申爲舒暢。宋玉《風賦》:"快哉此風!"雙音詞有[暢快]。又引申爲可以放縱心意,縱情。《史記·項羽本紀》:"今日固決死,願爲諸君快戰。"雙音詞有[痛快]。

144. 違

《説文》:"違,離也。"離開;避開。《論語·里仁》:"君子無終食之間違仁。"《左傳·定公四年》:"違強陵弱。"引申爲背離;不符合。《孟子·梁惠王上》:"不違農時,穀不可勝食也。"陶淵明《歸去來兮辭》:"世與我而相違,復駕言兮焉求!"雙音詞有[違背],成語有[陽奉陰違]。

145. 逝

《説文》:"逝,往也。"去往(不再回來)。《論語·陽貨》:"日月逝矣,歲不我與。"蘇軾《赤壁賦》:"逝者如斯,而未嘗往也。"雙音詞有[流逝]。引申指死亡。《漢書·司馬遷傳》:"長逝者魂魄私恨無窮。"雙音詞有[病逝]。

146. 雅

雅原是"鴉"的古字,烏鴉的一種。假借表示正,合乎規範的意思,這是雅的基本義。讀 yǎ。《論語·述而》:"《詩》、《書》、執禮,皆雅言也。"(雅言:指標準語。)《荀子·儒效》:"法二後王謂之不雅。"(二:不一致。)引申爲高雅不俗;美好。《三國志·魏書·荀彧傳》:"荀彧清秀通雅。"王勃《滕王閣序》:"都督閻公之雅望,棨戟遙臨。"雙音詞有[文雅]。

147. 範

《説文》:"笵,法也。"文獻通作"範"("範"原指出行前的一種祭祀)。製作器物的模型。《論衡·物勢》:"模範爲形。"抽象引申爲法則;榜樣。《世説新語·德行》:"陳中舉言爲世則,行爲世範。"雙音詞有[模範][規範]。引申爲(可資效法的)風度,氣派。王勃《滕王閣序》:"宇文新州之懿範,襜帷暫駐。"雙音詞有[風範]。

148. 宗

《説文》:"宗,尊祖廟也。"祖廟,祭祀祖先的地方。《尚書·大禹謨》:"正月朔旦,受命於神宗。"雙音詞有[宗廟]。轉指祖先。《宋史·王安石傳》:"天變不足畏,祖宗不足法。"熟語有[列祖列宗]。引申指被尊奉的人物。《漢書·劉向傳》:"仲舒爲世儒宗。"(仲舒:人名。)王勃《滕王閣序》:

騰蛟起鳳,孟學士之詞宗。"

149. 崇
"崇"字的意符是"山"。《爾雅・釋詁上》:"崇,高也。"《國語・周語下》:"宮室不崇。"王勃《滕王閣序》:"儼驂騑於上路,訪風景於崇阿。"引申爲認爲高大;尊敬。《荀子・不苟》:"君子崇人之德。"雙音詞有[尊崇][崇敬]。

150. 景
《説文》:"景,光也。"指日光。江淹《別賦》:"日出天而曜景。"范仲淹《岳陽樓記》:"春和景明。"引申指景象;風景。《漢書・梅福傳》:"此何景也!"王勃《滕王閣序》:"儼驂騑於上路,訪風景於崇阿。"雙音詞有[景況][雪景]。

古漢語常識

古代的文體

　　文體就是文章的體裁或樣式,它是表現作品作思想内容的外部形式。文言文有各種各樣的文體,文體的差別跟語音、詞彙、句式、修辭風格的運用以及文章的結構特點等都有密切的關係。了解一些常見文體的主要特點(特别是語言方面的)以及演變的情况,有助於提高我們閱讀文言文的能力。

　　文體的發展很早就引起了人們的關注。三國時期,曹丕在他《典論・論文》中就把文體分爲四類。到了晉代,就有研究文體的專著出現。南朝梁劉勰的文學理論名著《文心雕龍》用近一半的篇幅評述各類作品的特點與演變。最早的詩文選集《文選》(南朝梁蕭統編選)將所收的作品分爲三十七類之多,清代散文家姚鼐編選的《古文辭類纂》將所選文章分爲十三類,對後代文體分類的研究都有不小的影響。

以上這些分類角度不同，繁簡有別，就我們學習古代漢語來説，特別要關注的是各類文體語言形式的不同。據此，可以把古代的文體分爲三類：散文、韻文和駢文。韻文是押韻的，包括詩辭歌賦等。駢文講究平仄對仗，是一種比較特殊的文體，另列一類。下面先談散文，再談辭賦和駢文。

一　散文

散文大致可以分爲四類：史傳文、論説文、雜記文、應用文。

（一）史傳文

史傳文就是歷史散文，主要有三種體裁：編年體、紀傳體、紀事本末體。編年體是依照時間順序把歷史事件按年月編排在一起。《春秋》是最早的編年體史書，宋代司馬光的史學巨著《資治通鑑》也是編年體。開創紀傳體的是司馬遷的《史記》。《史記》的"本紀"（如《項羽本紀》）、"世家"（如《孔子世家》）、"列傳"（如《孟嘗君列傳》）以人物爲中心，創造了衆多鮮活生動的人物形象，後來的正史基本上都沿襲了這一體例（參《漢書》《後漢書》《三國志》《明史》的文選篇目），可見影響巨大。紀事本末體以歷史事件的發展爲主綫，將有關材料集中在一起，使讀者能够了解某一事件的來龍去脈。宋代袁樞的《通鑑紀事本末》、清代高士奇的《左傳紀事本末》就是這樣的史書。

現代的所謂自傳古代有不同的名稱。比如《史記》的《太史公自序》就可以看作是司馬遷的自傳。教材選有《漢書》《論衡》的文章，《漢書》的《叙傳》、《論衡》的《自紀》既是全書的序言，也帶有自傳的内容，閱讀全書之前應當先有所了解。

單篇的人物傳記也可以歸入史傳文。李翱的《楊烈婦傳》就是一篇優秀的人物傳記。

（二）論説文

論説文要講明道理，又叫説理文。從内容看，有論説政治問題的政論，有論説思想觀點的哲學論文，有論説歷史問題的史論，還有學術論文等。先秦諸子的文章，很多就是論説文。像《論語》這樣的語録體，片言隻語中也閃耀著理論的光輝。長篇的論説文（如《墨子》《莊子》《孟子》《荀子》《韓非子》)各抒己見,觀點鮮明,在説理上各具特色,對後世有深遠的影響。值得注意的是,先秦諸子的説理散文中有不少寓言故事。這些寓言言簡意深,機趣橫生,看似信手拈來,揭示的道理往往很有深度。

古代的論説文有各種不同的名稱,常見的如"論""辯""原""説"等。

"論"就是論説一個道理、一個人物或一件事,以正面的論説爲主。西漢賈誼的名篇《過秦論》推究論證秦的過失和滅亡的原因,是最早的單篇論説文。"辯"取辯駁、辯論的意思,駁斥一個錯誤的觀點或不可信的事實。唐代柳宗元有一篇《桐葉封弟辯》,就是辯明史書記載的周公賀周成王"桐葉封弟"一事不可信。"原"是推求本源的意思,對一種觀點、一件事情從根源上加以探討剖析。皮日休的《原謗》就是推究怨謗的原因。"説"就是説明、解説。韓愈的《師説》就是説明爲師的職責和從師學習的必要性。李贄的《童心説》意在説明儒家經典並非"萬世之至論",是"多讀書識義理"蒙蔽了人的童心。"説"往往是有感而發,有抒發感觸的性質。

(三) 雜記文

雜記文的内容雜,範圍廣。雜記文重在記叙(包括作者的心得和情感),不在論,很多記叙文不好分類,都歸入了雜記文。廣義地説,記事、記物、記人、抒情的文章都可以稱爲雜記文,是文言文中特別重要的一類。很多雜記文文字優美,啓迪心智,成爲長期傳誦的名篇。從表達來看,有的重在記述,有的不乏抒情,有的間有議論,有的偏重描寫;很多文章往往夾叙夾議,寄情寓理於景物之中。歐陽修的《醉翁亭記》、王禹偁的《黄州新建小竹樓記》、蘇軾的《超然臺記》、魏學洢的《核舟記》、謝濟世的《戇子記》都是雜記文。

雜記文有單篇的散文,也有成本的著作。南朝宋劉義慶的《世説新語》、清代紀昀的《閲微草堂筆記》都可以歸入雜記類著作。

(四) 應用文

應用文是從文章應用功能的角度給散文分的類。比如寫一封信,是給收信人閱讀了解情況的,這就是書信的應用功能。

古人對應用文的類別分得很細,有很多不同的名目,如奏議、詔令、書説、碑志、哀祭、送序、箴銘、頌讚等。奏議是臣下給皇帝的上書(如賈誼的《論積貯疏》);詔令是皇帝給臣下的文書命令;書説的書指書信,説多指策士的游説之辭;碑志是刻在碑石上的記述紀念文字;哀祭包括哀辭和祭文,是哀悼死者的文字;送序是送給友人的(如柳宗元的《送薛存義序》);箴銘是用來規戒的文章;頌讚是對人的表彰和讚揚。應用文中我們要關注古代的書信類作品。古人的很多書信,文辭精美,感情真摯,其實就是優美的散文作品。

上面簡略介紹古代的散文,目的是引起大家對這個問題的注意。要說明的是,角度不同,劃分的類別就不一樣。比如《論積貯疏》,從應用功能看,它是一篇應用文;從內容看,它就是一篇論說文。王士禎的《女俠》,像是一篇記人的傳記,從另一個角度看,又是一篇雜記文。了解文章的體裁,目的是幫助我們閱讀欣賞,所以看待文體的分類不要太機械。

二 辭賦和駢體文

(一) 辭賦

辭和賦 辭和賦都是韻文,是緊密聯繫的兩種文體,合稱辭賦。

楚辭這一名稱最早見於漢代,最初的意思是"楚地的歌辭",這是繼《詩經》之後一種新的詩歌形式。到了漢代,有學者把屈原、宋玉等人的作品編輯起來,就成爲《楚辭》。楚辭最鮮明的特點是,從所記事物到語言的表達形式都具有濃厚的地方色彩。漢代把楚辭體作品也稱作賦(如《漢書·藝文志》稱"《屈原賦》二十五篇"),那是不恰當的。

賦原有鋪陳的意思,是詩歌的一種表現手法。作爲文章的名稱,最早有《荀子》中的《賦篇》。賦體同《楚辭》有直接的淵源關係,對漢賦影響最大的是楚辭體作品。有學者認爲,戰國末年的宋玉是賦體作品的先導者。漢初以後,文人在創作中吸收了楚辭的表達手法,賦逐漸形成自己的文體特色。之後,辭逐漸被賦替代。

從內容上看,辭偏於抒發感情,賦偏於狀物敘事。不過到了漢代,賦也有抒情的。從句式上看,辭和賦有所區別。就《楚辭》來看,從四字句到十字句都有,但一般多用六字句,加上"兮"是七字句,兩句構成一聯,這是一種主要的句式類型。賦以四字句和六字句爲主,夾雜有散文的句式,字數不拘,句式比較自由。從押韻看,賦有的地方押韻,也有不用韻的地方,性質在詩歌與散文之間。

辭賦的押韻 辭和賦最常見的押韻格式是奇句不押韻,偶句押韻。

如陶淵明《歸去來兮辭》：

　　歸去來兮，請息交以絕遊。世與我而相違，復駕言兮焉求？悅親戚之情話，樂琴書以消憂。

如果句尾是語氣詞，常常是語氣詞的前一個字押韻。如蘇軾《赤壁賦》：

　　逝者如斯，而未嘗往也；盈虛者如彼，而卒莫消長也。蓋將自其變者而觀之，則天地曾不能以一瞬；自其不變者而觀之，則物與我皆無盡也。

有一些賦押韻比較自由：有句句押韻的，也有隔句押韻的，也有散文與韻文並行的（有的地方押韻，有的地方不押韻）。比如《赤壁賦》的開頭就不押韻：

　　壬戌之秋，七月既望，蘇子與客泛舟遊於赤壁之下。清風徐來，水波不興。舉酒屬客，誦明月之詩，歌窈窕之章。

辭賦的句式　《楚辭》一般是六字句；句中常用"兮"，加上"兮"就成了七字句。"兮"字常用在句末。如《離騷》：

　　日月忽其不淹兮，春與秋其代序。
　　惟草木之零落兮，恐美人之遲暮。
　　不撫壯而棄穢兮，何不改乎此度？
　　乘騏驥以馳騁兮，來吾道夫先路。

"兮"字也有用在句中的。如《九歌·國殤》：

　　出不入兮往不反，平原忽兮路超遠。
　　帶長劍兮挾秦弓，首身離兮心不懲。

賦的句式則不拘字數，不過很多以四字句、六字句爲主。如南朝梁蕭繹《採蓮賦》：

　　菊澤未反，梧臺迥見。
　　荇濕霑衫，菱長繞釧。
　　泛柏舟而容與，歌採蓮於江渚。

賦體的演變　從賦體作品的發展看，可以分爲四類：騷賦、古賦、駢賦和文賦。騷賦是漢代及漢以後模擬楚辭體式並以賦名篇的一種賦體作品（如西漢賈誼的《吊屈原賦》），在形式上同楚辭體沒有太大的區別。

古賦指騷賦以外漢代的賦體作品，即漢賦。典型的漢賦，很多是篇幅宏大，辭彩鋪張華麗，多採用問答形式，韻文中夾雜散文，是一種散體賦。如班固《兩都賦》。

駢賦（又稱"俳賦"）始於魏晉，盛行於南北朝。以四字句六字句爲主，講究駢偶對仗，注重平仄，堆砌典故，很像是一種有韻的駢體文。如南朝梁江淹的《別賦》。唐宋時期，科舉考試用賦體，要求平仄諧和，對仗工整，限定韻字，又叫"律賦"。

文賦是在古文運動的影響下產生的。唐宋的一些古文家擺脱對偶、平仄、押韻對寫作的束縛，賦體趨向散文化。其中優秀的賦體作品不再一味講究辭彩藻飾，注重使用自然清新的語句表達真實的感情。蘇軾的《赤壁賦》就是一篇有名的文賦。

（二）駢體文

駢體文　駢體文是一種特殊的文體，是受漢代辭賦的影響而逐漸形成的。魏晉時開始形成，南北朝時廣爲流行。唐代叫"時文"，與"古文"相對。因爲多用四字句和六字句，晚唐開始又叫"四六""四六文"，清代叫"駢體文"。"駢"是兩馬並駕的意思，駢體文的句子兩兩相對，所以有"駢體文"這個名稱。

駢體文的語言特點　駢體文的語言有三方面的特點：語句方面的特點是駢偶和"四六"，聲律方面的特點是平仄相對，用詞方面的特點是用典和藻飾。

先説駢偶和四六。如上所説，"駢"是兩馬並駕，"偶"的意思是兩人並排一起，駢偶就是兩兩相對的意思。古代的儀仗也是兩兩相對的，所以駢偶又叫"對仗"。今天分析起來，對仗有兩個最基本的要求：一是句法結構相對，二是詞性相對。句法結構相對，即主謂結構對主謂結構，動賓結構對動賓結構，偏正結構對偏正結構。相對的上下兩句，主語對主語，謂語對謂語，賓語對賓語，修飾語對修飾語。例如（以下均引自《滕王閣序》）：

　　臨帝子之長洲，得天人之舊館。
　　都督閻公之雅望，棨戟遙臨；宇文新州之懿範，襜帷暫駐。

詞性相對，就是在上下兩句相應的位置上，原則上是名詞對名詞，動詞對動詞，形容詞對形容詞，連詞、介詞對連詞、介詞。總起來説，就是實對實，虛對虛。就實詞來説，一般是異字相對。例如：

披繡闥,俯雕甍。
　　望長安於日下,指吴會於雲間。

在這個基本要求的基礎上,進一步講究對仗工整,就是按詞語表示的意義分成不同的"事類"(如天文、地理、人事、動物、植物、器物等),要求表示同一事類的詞語相對。如:

　　襟三江而帶五湖,控蠻荆而引甌越。
　　潦水盡而寒潭清,煙光凝而暮山紫。

還有顔色對和數目對,也是典型的工對。例如:

　　層臺聳翠,上出重霄;飛閣翔丹,下臨無地。
　　時維九月,序屬三秋。
　　四美具,二難並。

"四六"是説句子的字數,相對的句子長短要勻稱。基本的類型有五種:四對四;六對六;四四對四四;四六對四六;六四對六四。閱讀《滕王閣序》不難辨識這種句子格式。

　　再説聲律方面平仄相對。我們知道古代的四聲是平、上、去、入。這四聲又分成平和仄兩類:平指平聲,仄包括上、去、入三聲。唐代以後,由於受到詩律的影響(格律詩的格律最重要就是講究平仄),駢體文也講究平仄相對,即上下相對的兩句要求在字音上平對仄,仄對平。例如(字下加"—"號的表示可平可仄):

　　四四對:星分翼軫,地接衡廬。
　　　　　平平仄仄　仄仄平平
　　六六對:望長安於日下,指吴會於雲間。
　　　　　仄平平平仄仄　平仄仄仄平平
　　雙句對:鶴汀鳧渚,窮島嶼之縈迴;桂殿蘭宮,列岡巒之體勢。
　　　　　平平仄仄　平仄仄仄平平　仄仄平平　仄仄平平仄仄

關於用典和藻飾,這是因爲駢體文特別追求一種典雅委婉的風格,所以典故用得很多。一句普通的話,一個普通的意思,不直接明白地説出來,往往要引用古語古事,講究表達的婉曲含蓄。所以讀駢體文如果對有些典故不了解,只懂得字面的意思,作者要表達的思想感情還是不容易領會。閱讀《滕王閣序》就可以深切地體會到這一特點。

第十六單元

講讀文選

詩經

　　《詩經》是中國最早的一部詩歌總集。匯集西周初期(公元前十一世紀)至春秋中期(公元前六世紀)前後約五百多年的詩歌三百零五篇。原本稱"詩"或"詩三百","經"是漢代加上去的。

　　《詩經》分風、雅、頌三類。"風"包括十五個國家或地區的詩歌,合稱十五國風,共一百六十篇。"風"大部分是民間歌謠,小部分是貴族作品。"雅"分小雅、大雅,共一百零五篇。小雅大部分是貴族作品,小部分是民間歌謠;大雅都是貴族作品。"頌"分周頌、魯頌、商頌,共四十篇。商頌實際上是春秋時代宋國的作品。"頌"大多是國君宗廟祭祀的樂歌,也都是貴族的作品。

　　《詩經》的內容豐富,具有強烈的現實主義精神。有的控訴貴族統治者對勞動者的剝削和壓迫,表達了人民的不滿和反抗;有的揭露當時政治的黑暗和混亂,抒發詩人對於王朝政權趨於衰落和社會動蕩的憂慮;有的諷刺統治者的荒淫無恥和種種醜行;有的反映人民的勞動生活,描繪了農業生產的情況;有的描寫了青年男女對愛情的熱烈追求和婚姻生活的遭遇;有的記錄了古老民族的歷史變遷,頌揚建國者的歷史功績。這些詩篇不僅是優秀的文學作品,對中國文學的發展有深遠的影響,也具有很高的史料價值。由於《詩經》的成書年代早,它又是研究古代漢語的寶貴資料。

　　漢代傳《詩經》的有四家:"齊詩"(齊人轅固所傳)、"魯詩"(魯人申培所傳)、"韓詩"(燕人韓嬰所傳)、"毛詩"(魯人毛亨所傳)。前三家詩後來逐漸衰廢,現在流傳的是"毛詩"。

歷代對《詩經》的注釋很多。通行的注本有:《毛詩正義》(漢毛亨傳,東漢鄭玄箋注,唐孔穎達正義)、《詩集傳》(宋朱熹著)、《詩毛氏傳疏》(清陳奐著)、《毛詩傳箋通釋》(清馬瑞辰著)。

選文據影印本《十三經注疏》,中華書局一九八〇年版。

芣苢(《周南》)

【説明】"周南"是《詩經·國風》之一。這是一首古代婦女們採集芣苢時唱的歌。詩中描寫了採芣苢的過程,洋溢著飽滿的勞動熱情。

采采芣苢,薄言采之①;采采芣苢,薄言有之②。
采采芣苢,薄言掇之③;采采芣苢,薄言捋之④。
采采芣苢,薄言袺之⑤;采采芣苢,薄言襭之⑥。

① 采采:茂盛的樣子。芣(fú)苢(yǐ):草名。舊說是車前草,古人說它的籽實可以治婦人不孕。現代有的研究者認爲可以吃。薄、言:動詞詞頭。采:採集。
② 有:取得。
③ 掇(duō):拾取。
④ 捋(luō):用手握住順著莖採下。
⑤ 袺(jié):手提著衣襟兜住。
⑥ 襭(xié):把衣襟掖在腰帶間兜住。

静女(《邶風》)

【説明】邶(bèi),國名,在今河南省。這首詩描寫一對青年男女約會的情景,刻畫了會面前焦急的等待和見面後贈送情物的喜悦。

靜女其姝,俟我於城隅①。愛而不見,搔首踟躕②。
靜女其孌,貽我彤管③。彤管有煒,説懌女美④。
自牧歸荑,洵美且異⑤。匪女之爲美,美人之貽⑥。

① 靜:嫻雅。其:形容詞詞頭。姝(shū):美麗。俟(sì):等待。城隅(yú):城上的角樓。隅:角落。
② 愛而:藏起來看不清楚的樣子。愛:通"薆",隱蔽。而:然。搔(sāo)首:撓頭。踟(chí)躕(chú):遲疑不決,要走不走的樣子。
③ 孌(luán):美好。貽(yí):贈送。彤(tóng)管:紅色的管子。紅色的管子指什麼,説法不一。一説指一種初生時呈紅色的管狀的草,就是下文的"荑"。
④ 有:形容詞詞頭。煒(wěi):光彩鮮明的樣子。説(yuè):通"悦",喜歡。懌(yì):喜悦。女(rǔ):你。字面上指彤管,實際上指那位女子。
⑤ 牧:放牧的地方。歸(kuì):通"饋",贈送。荑(tí):一種初生的茅草。洵(xún):確實。異:非同一般,不尋常。
⑥ 不是你這荑草美,是因爲這是美人贈送的。匪:通"非"。

相鼠(《鄘風》)

【説明】鄘(Yōng),國名,在今河南省。這首詩痛斥統治者滿口禮儀,實際上廉恥喪盡,連老鼠也不如。

相鼠有皮,人而無儀①。人而無儀,不死何爲②?
相鼠有齒,人而無止③。人而無止,不死何俟④?
相鼠有體⑤,人而無禮。人而無禮,胡不遄死⑥?

① 相(xiàng):察看。而:連詞,表示轉折。儀:威儀,指符合禮法的態度舉止。
② 何爲:做什麼。疑問代詞"何"作動詞"爲"的前置賓語。
③ 止:容止。(遵守禮法的)舉止儀態。

④ 何俟(sì):等什麽。俟:等待。疑問代詞"何"作動詞"俟"的前置賓語。
⑤ 體:肢體。身體的各部分。
⑥ 胡不:何不。胡:疑問代詞。遄(chuán):迅速。

氓(《衛風》)

【説明】衛,國名,在今河南省。這是一首棄婦詩。詩中的女主人公回憶自己戀愛、結婚的經過和婚後受虐待終至被遺棄的遭遇,充滿了悔恨之情,也表現了她不再留戀不幸婚姻的決絶態度。

氓之蚩蚩,抱布貿絲①。匪來貿絲,來即我謀②。送子涉淇,至于頓丘③。匪我愆期,子無良媒④。將子無怒,秋以爲期⑤。

① 氓(méng):民。指詩中的男主角。蚩(chī)蚩:忠厚的樣子。一説嬉笑的樣子。布:先秦一般是麻織品或葛織品。貿:交易,交换。
② 匪:通"非"。即我:到我這裏來。即:就。靠近,到(某一位置)。謀:商議(婚事)。
③ 子:尊稱對方。涉:渡水。淇(qí):河名。在今河南省。頓丘:地名。在今河南省。
④ 匪:通"非"。愆(qiān)期:延誤期限。愆:錯過。良媒:好媒人。
⑤ 將(qiāng):願;請。秋以爲期:即以秋爲期。把秋天作爲結婚的日期。

乘彼垝垣,以望復關①。不見復關,泣涕漣漣②。既見復關,載笑載言③。爾卜爾筮,體無咎言④。以爾車來,以我賄遷⑤。

① 乘:登上。垝(guǐ):毀壞,坍塌。垣(yuán):墻。復關:説法不一。一説是地名,那個男子住的地方。

② 泣涕:流淚。涕:淚。漣漣(lián):淚流不斷的樣子。
③ 載笑載言:又笑又説。載:副詞,則。
④ 爾:第二人稱代詞,指氓。卜:用龜甲占卜吉凶。筮(shì):用蓍(shī)草的莖占卜吉凶。體:卦體。即占卜後龜甲和蓍草上顯示出的跡象(兆象)。咎(jiù)言:不吉利的話。咎:凶,不吉利。
⑤ 賄(huì):財物。這裏指嫁妝。遷:指送往男方家。

桑之未落,其葉沃若①。于嗟鳩兮,無食桑葚②。于嗟女兮,無與士耽③。士之耽兮,猶可説也④。女之耽兮,不可説也。

① 桑:桑樹。沃(wò)若:潤澤的樣子。若:相當於"然"。……的樣子。
② 于(xū)嗟:感嘆詞,表示嘆息。于:通"吁"。鳩(jiū):斑鳩。一種小鳥。桑葚(shèn):桑樹的果實。舊説桑葚吃多了會昏醉。
③ 士:這裏指未婚男子。耽(dān):沉溺;沉迷(於歡樂)。這裏指迷戀於愛情。
④ 猶:還。説(tuō):通"脱",解脱;擺脱。這是説從感情中解脱出來。

桑之落矣,其黃而隕①。自我徂爾,三歲食貧②。淇水湯湯,漸車帷裳③。女也不爽,士貳其行④。士也罔極,二三其德⑤。

① 隕(yǔn):落。
② 徂(cú)爾:去往你家。徂:往。食貧:食用貧乏。指生活困苦。
③ 湯(shāng)湯:水勢大的樣子。漸(jiān):浸濕。帷(wéi)裳(cháng):車上的帷幔。
④ 不爽:前後一樣。爽:差失;不齊整。貳其行:指男子變心,前後不一。貳:不專一。行:行爲。
⑤ 罔(wǎng)極:没有定準。罔:無。極:準則。二三其德:即"其德二三"。意思是他的德行前後不一,不斷改變。

三歲爲婦,靡室勞矣①。夙興夜寐,靡有朝矣②。言既遂矣,至于暴矣③。兄弟不知,咥其笑矣④。静言思之,躬自悼矣⑤。

① 婦:已婚的女子稱婦。靡(mǐ)室勞:意思是家裏的勞苦事没有一件不做。靡:無。室:家。勞:辛苦。這裏指勞苦的事。
② 夙(sù)興:早起。夙:早。夜寐(mèi):晚睡。寐:睡。靡有朝(zhāo):没有一天不是這樣。朝:天。
③ 言:動詞詞頭。既:已經。遂:成。指心願實現。暴:暴虐,兇暴。
④ 不知:不理解。咥(xì):大笑的樣子。笑:嘲笑。
⑤ 静言思之:静下來想一想這些事。躬自:自己。躬:自身。悼:悲傷。

及爾偕老,老使我怨①。淇則有岸,隰則有泮②。總角之宴,言笑晏晏③。信誓旦旦,不思其反④。反是不思,亦已焉哉⑤!

① 及爾偕(xié)老:(當初我)但願同你共同生活到老。及:同。偕:共同,在一起。老使我怨:當初同你共同生活到老的想法(或誓言)現在想起來使我怨恨不已。老:指偕老的想法(或誓言)。
② 隰(xí):當作"濕"(tà),水名。淇水、濕水都流經衛境。泮(pàn):通"畔",邊界。這兩句是説,濕水和淇水都有邊兒,自己如果和男子"偕老",就有無限的怨苦。
③ 總角:古時男女未成年時把頭髮分開紮起來像兩角的樣子。總:紮,束。宴:快樂的樣子。晏(yàn)晏:和悦温柔的樣子。
④ 信誓:誠摯的誓言。信:誠實。旦旦:誠懇的樣子。不思其反:想不到他變心。反:違反。
⑤ 反是:違反誓言。是:這。指誓言。不思:不思念舊情。亦已焉哉:那就算了吧。已:止。罷了的意思。

無衣(《秦風》)

【說明】秦,國名,跨有今陝西省和甘肅省部分地區。這是一首軍中戰歌。表現了戰士們友愛互助、同仇敵愾的精神。

豈曰無衣?與子同袍①。王于興師②,脩我戈矛③,與子同仇④。

① 豈曰無衣:難道説没有衣裳?子:尊稱對方。同袍:共披一件戰袍。袍:一種像斗篷的長衣,白天當衣穿,夜裏當被蓋。"同袍"表現友愛互助的精神。
② 王:秦國國君。于:動詞詞頭。興師:起兵。可能指秦國與外族的戰爭。
③ 脩:通"修",整治。戈矛:兩種長柄的兵器。
④ 同仇:有共同的敵人。意思是共同對敵。

豈曰無衣?與子同澤①。王于興師,脩我矛戟②,與子偕作③。

① 澤:通"襗"(zé),貼身的内衣。
② 戟(jǐ):一種長柄的兵器。
③ 偕作:共同行動。作:起來。

豈曰無衣?與子同裳①。王于興師,脩我甲兵,與子偕行②。

① 裳(cháng):下衣,泛指衣。
② 偕行:一同前進。

七月（《豳風》）

【說明】豳(Bīn)，又作"邠"，古地名，在今陝西省。這是一首農事詩，是《國風》中最長的一篇。全詩依照農業活動的時序，真實記錄了農夫們一年到頭無休無止的艱辛勞動以及他們衣、食、住的困苦生活，鮮明地反映了當時的階級對立。綫索清晰，語言樸實，不僅是一篇優秀的文學作品，也具有很高的史料價值。

七月流火，九月授衣①。一之日觱發，二之日栗烈②。無衣無褐，何以卒歲③？三之日于耜，四之日舉趾④。同我婦子，饁彼南畝⑤。田畯至喜⑥。

① 七月：夏曆七月。下文稱月的都是夏曆。流：向下運行。火：又稱"大火"，星宿名。即"心宿二"。每年夏季六月黃昏的時候，心宿出現在南方，方向最正，位置最高。到了七月，就偏西向下行。授衣：把裁製冬衣的工作交給婦女們去做。授：給，與。
② 一之日：一月的日子。這是指周曆正月，相當於夏曆的十一月。以下"二之日""三之日""四之日"指周曆的二月（夏曆十二月）、三月（夏曆正月）、四月（夏曆二月）。觱(bì)發(bō)：雙聲聯綿詞，寒風觸物的聲音。栗(lì)烈：即"凜冽"。雙聲聯綿詞，形容刺骨的寒冷。
③ 褐(hè)：用粗毛或未績的麻製成的衣服。何以：用什麼。"何"作"以"的前置賓語。卒歲：過完這一年。卒：終了。
④ 于：前往。耜(sì)：一種翻土農具。這裏用作動詞，指修整農具。舉趾(zhǐ)：舉足下田，指開始耕作。趾：足。
⑤ 同：偕同，一起。我：指農家的家長。婦子：妻和子。饁(yè)：送飯食。彼：指示代詞，那。南畝：泛指農田。
⑥ 田畯(jùn)：農官。又稱"田正""田大夫"。至：到（田間）。喜：歡喜。一說通"饎"(chī)，酒食。這裏指享用飯食。

七月流火，九月授衣。春日載陽，有鳴倉庚①。女執懿筐②，遵彼微行③，爰求柔桑④。春日遲遲，采蘩祁祁⑤。女心傷悲，殆及公子同歸⑥。

① 春日：夏曆二月。載：開始。陽：暖和。有：動詞詞頭。倉庚(gēng)：鳥名。黄鶯。
② 執：拿。懿(yì)筐：深筐。
③ 遵：順著。微行(háng)：小路。
④ 爰(yuán)：動詞詞頭。求：這裏指採摘。柔桑：嫩桑葉。
⑤ 遲遲：緩慢的樣子。這是說春日天變長了。蘩(fán)：一種植物。用途説法不一。一説用蘩水澆潤蠶子，蠶容易生出。祁(qí)祁：(採蘩的人)衆多的樣子。
⑥ 殆(dài)及公子同歸：意思是恐怕要與貴族的公子一同回去(這是說被脅迫而去)。殆：副詞，也許，恐怕。公子：説法不一。一説指貴族的子弟。

　　七月流火，八月萑葦①。蠶月條桑②，取彼斧斨，以伐遠揚③，猗彼女桑④。七月鳴鵙，八月載績⑤。載玄載黄，我朱孔陽，爲公子裳⑥。

① 萑(huán)：即荻，蘆葦的一種。葦(wěi)：蘆葦。這裏"萑葦"用作動詞，指收割萑葦，用來做蠶箔。
② 蠶月：夏曆三月，是開始養蠶的月份。條桑：説法不一。一説是把桑枝截斷採桑葉。條：斬斷枝條。
③ 斨(qiāng)：方孔的斧子。伐：砍。遠揚：長得長又高高揚起的枝條。揚：高高揚起。
④ 猗：通"掎"(jǐ)，拉，牽引。女桑：嫩桑葉。這是說拉著桑枝採嫩桑葉。
⑤ 鵙(jué)：鳥名。又叫伯勞。載：開始。績：績麻。把麻的纖維披開，再接續起來搓成綫。
⑥ 載：副詞，則，又。玄：黑紅色。朱：大紅色。孔：很。陽：鮮亮。爲公子裳(cháng)：給公子做衣服。

四月秀葽①,五月鳴蜩②。八月其穫③,十月隕蘀④。一之日于貉,取彼狐狸⑤,爲公子裘⑥。二之日其同,載纘武功⑦。言私其豵,獻豜于公⑧。

① 秀:植物抽穗開花。葽(yāo):草名。今名遠志,可入藥。
② 蜩(tiáo):昆蟲名,蟬。
③ 其:動詞詞頭。穫:收割穀物。
④ 隕:落下。蘀(tuò):草木脫落的皮或葉。
⑤ 于:前往。貉(hé):獸名,通稱貉(háo)子。像狐狸,皮毛珍貴。這裏用作動詞,獵取貉。狐:狐狸。狸:同"貍",獸名,野貓。
⑥ 爲公子裘:給公子作皮衣。
⑦ 其:動詞詞頭。同:會合,集中。載:則。纘(zuǎn):繼續。武功:指田獵的事。功:事。
⑧ 言:動詞詞頭。私:動詞,私人占有。豵(zōng):一歲的豬。泛指小獸。豜(jiān):三歲的豬。泛指大獸。公:公家,指貴族。

五月斯螽動股①,六月莎雞振羽②。七月在野,八月在宇③,九月在戶,十月蟋蟀入我床下④。穹室熏鼠,塞向墐戶⑤。嗟我婦子,曰爲改歲⑥,入此室處⑦。

① 斯螽(zhōng):蝗類昆蟲。動股:古人誤認爲斯螽以兩腿磨擦發聲(實際上是振翅發聲)。股:腿。
② 莎(shā)雞:昆蟲名。即紡織娘。振羽:振翅發聲。
③ 宇:屋簷。這裏指屋簷下。
④ 戶:門。蟋蟀:昆蟲名。"在野""在宇""在戶""入我床下"的主語都是蟋蟀。
⑤ 穹(qióng)室:說法不一。一說是把屋室內所有的洞穴縫隙都堵上,以禦寒氣。穹:通"窮",窮盡,沒有遺漏。室:堵塞。熏鼠:用煙熏老鼠。塞向:堵塞朝北的窗戶,擋住寒風。向:朝北的窗戶。墐(jìn)戶:把門塗上泥。墐:塗塞。
⑥ 曰:句首語氣詞。爲:算是。改歲:改換新的一年(算是又過了一

年)。這裏用周曆。
⑦ 室:屋室。處:居住。

六月食鬱及薁①,七月亨葵及菽②。八月剝棗③,十月穫稻。爲此春酒,以介眉壽④。七月食瓜,八月斷壺,九月叔苴⑤。采荼薪樗,食我農夫⑥。

① 鬱(yù):植物名,果實像李子。薁(yù):一種野葡萄。
② 亨(pēng):煮。這個意義後寫作"烹"。葵(kuí):蔬菜名,冬葵。菽(shū):豆類的總稱。
③ 剝(pū):通"攴",擊打。
④ 爲:做。春酒:冬天釀酒,經過春天做成,所以叫春酒。棗和稻都是釀酒的原料。介(gài):通"匄(丐)",乞,求。一説是助的意思。眉壽:人老了眉上有長的毫毛,叫秀眉,所以稱長壽叫眉壽。
⑤ 斷:指摘下。壺:葫蘆。叔:拾取。苴(jū):麻的籽實,可以吃。
⑥ 荼(tú):苦菜。薪樗(chū):把臭椿木當柴火。薪:柴。這裏用作動詞,以……爲柴。樗:臭椿。食(sì):給……吃。

九月築場圃①,十月納禾稼②。黍稷重穋③,禾麻菽麥④。嗟我農夫,我稼既同⑤,上入執宮功⑥。晝爾于茅,宵爾索綯⑦。亟其乘屋,其始播百穀⑧。

① 築場圃(pǔ):修建打穀場。築:用工具把土壓實搗實。泛指修建。場:打穀場。圃:菜園。古代場圃在同一塊地上,春夏的圃到了秋天就修成打穀場。
② 納:入,收進。指把糧食收入穀倉。禾稼:泛指穀物。
③ 黍(shǔ):黍子。稷(jì):説法不一。一説指不黏的黍。重(tóng):通"穜",早種晚熟的穀。穋(lù):同"稑",晚種早熟的穀。
④ 禾:北方説的穀子,籽實是小米。麻:大麻。菽:豆。麥:麥子。
⑤ 稼:穀物。同:集中。
⑥ 上入執宮功:(農閒的季節)還要做修整屋室的事。上:一説通"尚",還。執:手拿。這裏是從事的意思。宮:居住的屋室。一説

这裏指貴族的住宅。功:事。
⑦ 爾:代詞,你,你們。于:前往。茅:用作動詞,割茅草。宵:夜裏。索:繩索。這裏用作動詞,絞,搓。綯(táo):繩索。
⑧ 亟(jí):急迫。乘:登上。屋:房屋的頂。其始:歲始,即春初。

二之日鑿冰沖沖①,三之日納于凌陰②。四之日其蚤,獻羔祭韭③。九月肅霜,十月滌場④。朋酒斯饗,曰殺羔羊⑤。躋彼公堂⑥,稱彼兕觥⑦:萬壽無疆⑧。

① 沖沖:鑿冰的聲音。
② 納:收入。凌(líng)陰:冰窖。藏冰的地方。凌:冰。陰:通"窨",地窖。
③ 蚤(zǎo):通"早"。早朝,古代的一種祭祀儀式。獻羔祭韭(jiǔ):獻上羔羊,祭以韭菜。這是對司寒之神的祭祀,祭祀以後打開冰窖取冰。
④ 肅霜:雙聲聯綿詞,即"肅爽",形容天高氣爽(參王國維説)。滌(dí)場:把打穀場清掃乾净。滌:洗。這裏是掃除的意思。
⑤ 朋酒:兩樽酒。朋:本指兩串貝殼。斯:代詞,複指朋酒。饗(xiǎng):用酒食款待人。曰:放在句首,無實義。
⑥ 躋(jī):登,升。彼:指示代詞,那。公堂:這裏指公共活動場所。
⑦ 稱:舉起。兕(sì)觥(gōng):用犀牛角做的飲酒器。兕:雌的犀牛。觥:一種酒器。
⑧ 萬壽無疆:這是祝頌的話。無疆:没有疆界,無限的意思。

楚辭

《楚辭》是一部詩歌總集,西漢劉向輯。收録戰國時楚國人屈原、宋玉以及漢人模仿楚辭形式的作品,共十六卷。後王逸又附加了自己的《九思》一卷,共十七卷。《楚辭》具有濃厚的地方色彩,"書楚語,作楚聲,紀楚地,名楚物",漢人把這種別具風格的文學樣式稱爲"楚辭"。

《楚辭》以屈原的作品爲主。屈原(約前 340—約前 278)名平,字原;又自云名正則,字靈均。戰國楚人。他輔佐楚懷王,歷任左徒、三閭大夫。

在官期間，主張對內革新政治，彰明法度，選賢任能；對外聯合齊國，抗拒秦國。後來遭受讒言，在楚頃襄王時被放逐。他深感自己的政治理想無法實現，滿懷憂憤投汨羅江而死。

屈原的作品主要有《離騷》《九歌》《天問》《九章》等。在這些詩篇中，他滿懷對祖國的熱愛，反復申明自己的政治主張，揭露當權貴族的昏庸腐朽，抒發了對國事的深切憂慮，表現出爲理想而獻身的崇高品格。他的作品語言華美，想象豐富，極富浪漫主義精神，對後世的文學創作有很大的影響。

《楚辭》通行的注本有：東漢王逸的《楚辭章句》、宋洪興祖的《楚辭補注》、宋朱熹的《楚辭集注》、清蔣驥的《山帶閣注楚辭》等。

選文據《楚辭補注》，中華書局一九八三年版。

山鬼（《九歌》）

【説明】這首詩選自《九歌》。《九歌》是一組祭祀上帝鬼神的樂歌。《山鬼》是祭祀山神的樂歌，山鬼就是山神。山鬼的形象是一位年輕美麗、堅貞純潔的女性。她孤寂地生活在幽暗的山林裏，對真誠的愛情和美好的生活充滿熱烈的追求。

若有人兮山之阿①，被薜荔兮帶女羅②。既含睇兮又宜笑③，子慕予兮善窈窕④。乘赤豹兮從文狸⑤，辛夷車兮結桂旗⑥。被石蘭兮帶杜衡⑦，折芳馨兮遺所思⑧。余處幽篁兮終不見天⑨，路險難兮獨後來⑩。

① 若：仿佛。這裏形容山鬼飄忽不定、若隱若現的形象。人：指山鬼。兮(xī)：語氣詞，相當於"啊"，後文同。阿(ē)：山的彎曲處。
② 被(pī)：披著，穿著。薜(bì)荔(lì)：常綠灌木，蔓生。帶女羅：以女蘿爲帶。帶：用作動詞，以……爲帶。女羅：同"女蘿"，即松蘿。常附生在松樹上，成絲狀垂掛。
③ 含睇(dì)：美目含情斜視的樣子。睇：微微斜著眼睛看。宜笑：適宜於笑。形容口齒好，笑起來很美。

④ 子：山鬼稱她的戀人。慕：愛慕。予：我。山鬼稱自己。善窈窕：體態美好。窈(yǎo)窕(tiǎo)：疊韻聯綿詞，形容姿態嬌美。善：使……美好。
⑤ 乘赤豹：讓赤豹駕車。乘：駕。赤豹：紅毛黑斑的豹。從文狸(lí)：讓文狸跟從在後做侍從。從：使隨從。文狸：有花紋的野貓。文：後寫作"紋"。
⑥ 辛夷車：以辛夷香木爲車。辛夷：辛夷木有香氣。又叫木筆、迎春。結：編結。桂旗：桂花枝做的旗。桂：桂花，一種的觀賞樹，花很香。
⑦ 石蘭：蘭草的一種。杜衡：一種香草。
⑧ 芳馨(xīn)：芳香的花草。馨：散布很遠的香氣。遺(wèi)：贈送。所思：思念的人。
⑨ 余：我。山鬼自稱。處：居住。幽：深暗。篁(huáng)：竹林。終：始終。
⑩ （自己處在幽深的竹林裏不見天光）又因爲山路崎嶇難行，所以來得遲了。這是説山鬼赴約，因爲遲到沒有見到戀人。險：地勢不平。

表獨立兮山之上①，雲容容兮而在下②。杳冥冥兮羌晝晦③，東風飄兮神靈雨④。留靈脩兮憺忘歸⑤，歲既晏兮孰華予⑥。采三秀兮於山間⑦，石磊磊兮葛蔓蔓⑧。怨公子兮悵忘歸⑨，君思我兮不得閒⑩。

① 表：特出，與衆不同的樣子。
② 容容：雲浮動的樣子。
③ 杳(yǎo)：幽深。冥(míng)冥：昏暗的樣子。羌(qiāng)：楚方言語氣詞。晝晦(huì)：白天也昏暗不明。晦：昏暗。
④ 飄：風勢迅疾的樣子。神靈：指雨神。雨(yù)：動詞，降雨。以上四句描寫風雨交加、天地昏暗的情景，襯托出山鬼失望和悲傷的心情。
⑤ 留靈脩：爲靈脩而留下來。靈脩：指山鬼的戀人。憺(dàn)：安然，安心地。

⑥ 歲既晏(yàn)：年歲已老大。晏：晚。孰華予：誰能使我再美麗年輕呢？孰：疑問代詞，誰。華：這裏用作使動，使華美。

⑦ 采三秀：採摘靈芝（要送給自己的戀人）。三秀：靈芝草。靈芝一年開花三次，故稱"三秀"。秀：植物抽穗開花。於山：有人認爲就是巫山，山在當時的楚國境内，有巫山神女的傳説流傳。

⑧ 磊(lěi)磊：山石堆疊的樣子。葛：一種蔓生植物。蔓蔓：籐蔓綿延的樣子。

⑨ 公子：山鬼的戀人。悵：惆悵。因爲失意而傷感。

⑩ 君：山鬼的戀人。不得閒(xián)：説法不一。一説是公子雖然思念自己，但没有空閒，所以没有前來。這是山鬼没有見到戀人時爲對方設想的話。

　　山中人兮芳杜若①，飲石泉兮蔭松柏②。君思我兮然疑作③。靁填填兮雨冥冥④，猨啾啾兮又夜鳴⑤。風颯颯兮木蕭蕭⑥，思公子兮徒離憂⑦。

① 山中人：山鬼自稱。芳杜若：像杜若那樣芳香。芳：香。杜若：香草名。

② 石泉：山石間的泉水。蔭(yìn)松柏：以松柏樹下爲居住之所。蔭：遮蔽。"飲石泉"比喻自己的高潔，"蔭松柏"比喻自己的堅貞。

③ 君：山鬼的戀人。然疑作：對公子對自己的思念之情一會兒信以爲真，一會兒又有所懷疑。然：以爲是這樣。疑：懷疑。作：産生。

④ 靁：同"雷"。填填：擬聲詞，形容雷聲。冥冥：（陰雨時）昏暗的樣子。

⑤ 猨：同"猿"。啾(jiū)啾：擬聲詞，猿的叫聲。又：當作"狖"(yòu)：一種黑色長尾猿。

⑥ 颯(sà)颯：擬聲詞，形容風聲。蕭蕭：擬聲詞，形容風吹樹木的聲音。

⑦ 徒：徒然，白白地。離：通"罹"(lí)，遭受。憂：憂愁。以上四句説，在這樣風雨交加的夜晚，猿狖悲鳴，風聲蕭蕭，對戀人的思念徒然使自己遭受煩惱。

國殤(《九歌》)

【説明】"國殤(shāng)"是指爲國戰死的人。這是一首祭祀爲國捐軀將士的樂歌,歌頌了他們不畏犧牲、奮勇殺敵的英勇精神。祭祀的對象,有的認爲是戰士,有的認爲是將領。詩中兩部分的內容,有人認爲前一段是主巫(飾受祭將領)的獨唱,描述戰鬥的激烈;後一段是羣巫的合唱,歌頌爲國犧牲的將士。

操吴戈兮被犀甲①,車錯轂兮短兵接②。旌蔽日兮敵若雲③,矢交墜兮士争先④。凌余陣兮躐余行⑤,左驂殪兮右刃傷⑥。霾兩輪兮縶四馬⑦,援玉枹兮擊鳴鼓⑧。天時懟兮威靈怒⑨,嚴殺盡兮棄原埜⑩。

① 操:拿,握。戈:一種長柄的兵器,有橫刃。"吴戈"是吴地製造的戈,指鋒利的兵器。被(pī):穿。犀(xī)甲:犀牛皮製成的鎧甲。泛指皮製鎧甲,堅固耐用。
② 車:戰車。錯轂(gǔ):戰車交錯。這是説雙方逼近交戰,戰鬥非常激烈。轂:車輪中心穿車軸的部件,向外突出,有軸頭伸出。短兵:短兵器。接:交戰。
③ 旌(jīng):一種裝飾有犛牛尾的旗,泛指旗幟。蔽日:遮蔽日光。形容旌旗多。敵若雲:形容敵人數量衆多。
④ 矢交墜:雙方對射,箭交相墜落。交:交相,交錯。
⑤ 凌(líng):侵犯。陣:作戰時布下的隊形。躐(liè):踐踏。行(háng):隊伍的行列。
⑥ 左驂(cān):左邊的驂馬。驂:外側的馬。殪(yì):死。右:右邊的驂馬。刃傷:被兵器所傷。"左驂殪""右刃傷"是互文,指駕車的馬有的死有的傷。
⑦ 霾(mái):通"埋"。這裏指車輪陷入泥土中。縶(zhí):絆住。這是説套在馬身上的繩索被弄亂,馬被絆住難以前進。
⑧ 援:拿過來。玉枹(fú):用玉裝飾的鼓槌。枹:擊鼓的鼓棒。鳴

鼓：聲音響亮的鼓。一說"擊鳴鼓"即敲響戰鼓。
⑨ 天時懟(duì)：上天怨恨。天時：天象。懟：怨恨。威靈：神靈。這是說天怨神怒，形容戰鬥的慘烈。
⑩ 嚴：悲壯地。殺盡：全部戰死。棄原壄：將士的屍骨拋擲在荒野。壄(yě)：同"野"。

出不入兮往不反①，平原忽兮路超遠②。帶長劍兮挾秦弓③，首身離兮心不懲④。誠既勇兮又以武⑤，終剛強兮不可凌⑥。身既死兮神以靈⑦，子魂魄兮爲鬼雄⑧。

① 入：回來。反：返回。後寫作"返"。"出不入""往不反"是寫將士們一去不還。
② 忽：遼闊渺茫的樣子。超遠：遙遠。
③ 挾(xié)：用胳膊夾住。指持，拿。秦弓：秦地造的弓，指好弓。
④ 心不懲(chéng)：（儘管身首異處）心中無所戒懼。懲：受到打擊傷害以後引起警戒。
⑤ 誠：誠然，確實。勇：指勇敢的精神。以：通"已"。武：勇猛，威武。
⑥ 終：自始至終。凌：侵犯。
⑦ 神：戰死而成爲神。以：而。靈：靈異。這是說死者的威靈（神靈的偉力）不滅。
⑧ 子魂魄：一本作"魂魄毅"。毅：剛強不屈。鬼雄：鬼中的雄傑。雄：強有力者，傑出者。

閱讀文選

《離騷》序①（王逸）

《離騷經》者，屈原之所作也。屈原與楚同姓，仕於懷王,爲三閭大夫。三閭之職,掌王族三姓:曰昭、屈、景②。屈原序其譜屬③,率其賢良,以厲國士④。入則與王圖議政事,決定嫌疑;出則監察羣下,應對諸侯。謀行職修,王甚珍之⑤。

屈原被楚王器重,助理國事。

① 選文據《楚辭補注》,中華書局一九八三年版。
② 王族三姓:楚國昭、屈、景三姓貴族。
③ 譜屬:譜系。
④ 厲:後來寫作"勵"。激勵。
⑤ 謀行:主張能够實行。職修:本職工作出色。珍:看重,器重。

同列大夫上官、靳尚妒害其能①,共譖毀之②,王乃疏屈原。屈原執履忠貞而被讒衺③,憂心煩亂,不知所愬④,乃作《離騷經》。離,別也;騷,愁也;經,徑也。言已放逐離別,中心愁思,猶依道徑,以風諫君也。故上述唐、虞、三后之制⑤,下序桀、紂、羿、澆之敗⑥,冀君覺悟,反於正道而還己也⑦。是時秦昭王使張儀譎詐懷王⑧,令絕齊交。又使誘楚,請與俱會武關,遂脅與俱歸,拘留不遣⑨,卒客死於秦。其子襄王復用讒言,遷屈原於江南⑩。

屈原遭受誣陷被疏遠放逐。

① 上官:上官大夫,楚國的大臣。靳尚:楚懷王的侍從之臣。
② 譖(zèn):說壞話誣陷別人。
③ 執履:履行職責。被:遭受。讒衺(xié):讒言,誣陷別人的話。衺:同"邪"。
④ 愬:同"訴",訴說冤屈痛苦。
⑤ 唐:唐堯。虞:虞舜。三后:一說指夏禹、商湯、周文王。
⑥ 桀:夏代最後的王。紂:商代最後的王。羿(yì):即"后羿"。傳說

是夏代東夷族的首領,曾奪得夏王的王位,後被殺。澆(ào):同"奡",傳說是夏代寒浞(zhuó)之子(寒浞是后羿的臣下),後被殺。敗:敗亡。

⑦ 還己:讓自己返回。
⑧ 秦昭王:戰國時秦國的國君。張儀:秦國的相。
⑨ 武關:地名。脅:脅迫。不遣:不讓回去。
⑩ 襄王:楚頃襄王。遷:放逐,流放。

屈原放在草野,復作《九章》①,援天引聖,以自證明,終不見省②。不忍以清白久居濁世,遂赴汨淵自沈而死③。《離騷》之文,依《詩》取興,引類譬諭。故善鳥香草,以配忠貞;惡禽臭物,以比讒佞;靈脩美人,以媲於君④;宓妃佚女⑤,以譬賢臣;虬龍鸞鳳⑥,以託君子;飄風雲霓,以爲小人⑦。其詞溫而雅,其義皎而朗⑧。凡百君子,莫不慕其清高,嘉其文采,哀其不遇而愍其志焉⑨。

著重闡明《離騷》"引類譬諭"的寄託,強調"其詞溫而雅""其義皎而朗"。

① 《九章》:《楚辭》的《九章》有九篇詩。
② 援天:《離騷》有"指九天以爲正(證)兮"的話。援:援引。聖:聖賢。《離騷》不止一次提到"前聖"。省:察看清楚。
③ 汨淵:汨羅江,在今湖南省。
④ 靈脩:《離騷》中的"靈脩",舊注多以爲指楚君。美人:《離騷》有"恐美人之遲暮"的話。王逸以爲指楚君。媲(pì):比配。
⑤ 宓(fú)妃佚(yì)女:《離騷》有"求宓妃之所在""見有娀之佚女"的話。宓妃:傳說中的神女。有娀(sōng)之佚女:傳說中有娀氏的美女。娀:古氏族名。
⑥ 虬(qiú)龍鸞鳳:《離騷》有"駟玉虬以乘鷖(yī)兮"的話。駟:駕。虬:龍的一種。鷖:鳳凰一類的鳥。
⑦ 飄風雲霓(ní):《離騷》有"飄風屯其相離兮,帥雲霓而來御"的話。飄風:旋風。屯:聚集。霓:副虹。御:迎。

⑧ 皎而朗：明亮。
⑨ 愍：同"憫"，哀憐。

練習十六

一、熟讀本單元講過的文章。
二、閱讀本單元的閱讀文選。
三、給下面句子中加點的字注音：
 1. 采采芣苢，薄言掇之｜薄言捋之｜薄言袺之｜薄言襭之。(《詩經·周南·芣苢》)
 2. 静女其孌，貽我彤管。(《詩經·邶風·静女》)
 3. 彤管有煒，説懌女美。(《詩經·邶風·静女》)
 4. 爾卜爾筮，體無咎言。(《詩經·衛風·氓》)
 5. 女之耽兮，不可說也。(《詩經·衛風·氓》)
 6. 淇水湯湯，漸車帷裳。(《詩經·衛風·氓》)
 7. 三之日于耜，四之日舉趾。(《詩經·豳風·七月》)
 8. 六月食鬱及薁，七月亨葵及菽。八月剥棗，十月穫稻。(《詩經·豳風·七月》)
 9. 既含睇兮又宜笑，子慕予兮善窈窕。(《楚辭·山鬼》)
 10. 杳冥冥兮羌晝晦，東風飄兮神靈雨。(《楚辭·山鬼》)
 11. 霾兩輪兮縶四馬，援玉枹兮擊鳴鼓。(《楚辭·國殤》)
 12. 帶長劍兮挾秦弓，首身離兮心不懲。(《楚辭·國殤》)

四、解釋下面句子中加點的詞：
 1. 自牧歸荑，洵美且異。匪女之爲美，美人之貽。(《詩經·邶風·静女》)
 2. 人而無止，不死何俟。(《詩經·鄘風·相鼠》)
 3. 王于興師，脩我矛戟，與子偕作。(《詩經·秦風·無衣》)
 4. 士也罔極，二三其德。(《詩經·衛風·氓》)
 5. 夙興夜寐，靡有朝矣。(《詩經·衛風·氓》)
 6. 總角之宴，言笑晏晏。(《詩經·衛風·氓》)

7. 女執懿筐,遵彼微行。(《詩經·豳風·七月》)
8. 我朱孔陽,爲公子裳。(《詩經·豳風·七月》)
9. 八月在宇,九月在户。(《詩經·豳風·七月》)
10. 爲此春酒,以介眉壽。(《詩經·豳風·七月》)
11. 我稼既同,上入執宫功。(《詩經·豳風·七月》)
12. 被石蘭兮帶杜衡,折芳馨兮遺所思。(《楚辭·山鬼》)
13. 留靈脩兮憺忘歸,歲既晏兮孰華予。(《楚辭·山鬼》)
14. 操吴戈兮被犀甲,車錯轂兮短兵接。(《楚辭·國殤》)
15. 凌余陣兮躐余行,左驂殪兮右刃傷。(《楚辭·國殤》)

五、查閱工具書,解釋下面語詞中加點的字:
1. 相面　漸染　總結　納入　紡績　險阻　晦朔　攀援
2. 相機行事　總而言之　吐故納新　豐功偉績　功成名就　險象環生　晦澀難懂　援筆疾書

六、填空:
1. 漢語語音發展的歷史可以分爲四個時期:_____音是指_____;_____音是指_____;_____音是指_____;_____音是指_____。
2. 根據有没有介音和介音的性質,可以把韻母分爲四類,叫作"四呼"。_____呼是指_____;_____呼是指_____;_____呼是指_____;_____呼是指_____。
3. "反切"的意思是_____。
4. "破讀"的意思是_____。

七、名詞解釋:
字母　韻目　平仄　雙聲(舉二例)　疊韻(舉二例)

常用詞

相　總　納　績　功　晦　援　賄　信　授

151. 相（xiàng）

《說文》："相，省視也。"察看。讀 xiàng。《詩經・鄘風・相鼠》："相鼠有皮，人而無儀。"《尹文子・魏田父得玉》："魏王召玉工相之。"《史記・周本紀》："相地之宜，宜穀則稼穡矣。"引申爲輔助。《左傳・昭公元年》："樂桓子相趙文子。"用作名詞，指輔佐君主的最高長官。《史記・太史公自序》："國有賢相良將。"雙音詞[宰相][丞相]。用作名詞，由察看形貌轉指外貌。《史記・李將軍列傳》："豈吾相不當侯邪？且固命也？"雙音詞有[相貌]。

152. 總

"總"字的意符是"糸"。《說文》："總，聚束也。"意思是束在一起。《詩經・衞風・氓》："總角之宴，言笑晏晏。"《新唐書・元載傳》："有晉州男子郇謨以麻總髮。"泛指聚合；聚集。《尚書・盤庚下》："無總于貨寶。"《淮南子・精神》："萬物總而爲一。"雙音詞有[總括]。引申爲統領全部的。雙音詞有[總綱][總則]。

153. 納

《廣雅・釋詁三》："納，入也。"意思是進入；收進（這是"納"的假借義）。《詩經・豳風・七月》："二之日鑿冰沖沖，三之日納于凌陰。"又："十月納禾稼。"雙音詞有[出納][納入]，成語有[吐故納新]。引申爲接受。《三國志・吳書・呂蒙傳》："（孫權）深納其策。"雙音詞有[採納]。一方是收進，另一方是獻出。《左傳・梗陽人有獄》："梗陽人有獄，將不勝，請納賂於魏獻子。"《鹽鐵論・本議》："農人納其獲。"雙音詞有[獻納][納稅]。

154. 績

《說文》："績，緝也。"指把麻的纖維披開，接續起來搓成綫。《詩經・豳風・七月》："七月鳴鵙，八月載績。"又《陳風・東門之枌》："不績其麻。"雙音詞有[紡績]。績麻續短爲長成綫，引申爲成果，成績。《荀子・王霸》："名聲若日月，功績如天地。"《後漢書・虞延傳》："十餘年無異政績。"

155. 功

《小爾雅・廣詁》："功，事也。"要做的事。《詩經・豳風・七月》："二之日其同,載纘武功。"又:"我稼既同,上入執宮功。"引申爲做事的成效。《尚書·旅獒》:"功虧一簣。"《孟子·公孫丑上》:"故事半古之人,功必倍之。"雙音詞有[成功]。又引申爲有貢獻,功勞。《史記·項羽本紀》:"勞苦而功高如此,未有封侯之賞。"雙音詞有[功績]。

156. 晦

《爾雅·釋言》:"晦,冥也。"基本義是昏暗。《楚辭·山鬼》:"杳冥冥兮羌晝晦。"《史記·龜策列傳》:"風雨晦冥。"雙音詞有[晦暗]。引申指日暮;夜晚。《楚辭·天問》:"自明及晦。"《越絕書·越絕內經九術》:"晝書不倦,晦誦竟旦。"晦作名詞,指陰曆每月的最後一日。《史記·孝文本紀》:"十一月晦,日有食之。"

157. 援

《說文》:"援,引也。"牽引,拉。《孟子·離婁上》:"嫂溺不援,是豺狼也。"《後漢書·王符傳》:"援符手而還。"引申爲拿過來。《楚辭·九歌·國殤》:"霾兩輪兮縶四馬,援玉枹兮擊鳴鼓。"《荀子·正論》:"援劍戟而逐之。"抽象引申爲拿過來證明;引用。何休《公羊傳序》:"援引他經。"

158. 賄

"賄"字的意符是"貝",跟財物有關。《說文》:"賄,財也。"財物。《詩經·衛風·氓》:"以爾車來,以我賄遷。"《周禮·天官·大宰》:"六曰商賈,阜通貨賄。"(阜通:使貨物豐富暢通。)用作動詞,贈送財物給人。《左傳·宣公九年》:"王以爲有禮,厚賄之。"特指送財物收買對方。《左傳·昭公六年》:"賄賂並行。"雙音詞有[賄選]。

159. 信

《說文》:"信,誠也。"誠實。《詩經·衛風·氓》:"信誓旦旦,不思其反。"《禮記·禮運》:"講信修睦。"雙音詞有[誠信]。引申爲真實的。《呂氏春秋·察傳》:"魯哀公問於孔子曰:'樂正夔一足,信乎?'"又引申爲認爲真實可信;相信。《戰國策·鄒忌諷齊王納諫》:"忌不自信,而復問其妾曰:'吾孰與徐公美?'"《史記·扁鵲倉公列傳》:"信巫不信醫。"作修飾語,確實。王羲之《蘭亭集序》:"所以游目騁懷,足以極視聽之娛,信可樂也。"

160. 授

《説文》:"授,予也。"交給;給予。《詩經·豳風·七月》:"七月流火,九月授衣。"《商君書·修權》:"授官予爵不以其勞,則忠臣不進。"雙音詞有[授權][授勳]。引申爲教;傳授。《三國志·蜀書·王平傳》:"口授作書,皆有意理。"雙音詞有[講授]。注意:給予的意思也作"受"。韓愈《師説》:"師者,所以傳道、受業、解惑也。"後"受"專表示接受的意思。

古漢語常識

古書的讀音

語言是音和義的結合,學習古代漢語,除了詞彙和語法,對古代的語音也應當有所了解。傳統的語言學把語音叫作音韻或聲韻,研究古代語音的學問叫作音韻學。學習音韻學不止是純學術的研究,對我們閲讀古書也有現實的意義。比如,一個字有幾個讀音就是我們經常碰到的問題:

(1) 王説之,益車百乘。(《莊子·曹商使秦》)
(2) 有乘軒冕過門者,寧讀如故。(《世説新語·德行》)
(3) 分食食之,使者不飽,晏子亦不飽。(《晏子春秋·晏子辭千金不受》)
(4) 太中大夫陳韙後至,人以其語語之。(《世説新語·小時了了》)

第(1)例的"説"(yuè)又讀 shuō。第(2)例"乘"(chéng)又讀 shèng。第(3)例前一個"食"讀 shí,後一個"食"讀 sì。第(4)例前一個"語"讀 yǔ,後一個"語"讀 yù。爲什麼一個字會有幾個讀音?不同的讀音跟意義有什麼聯繫?這些問題都是我們讀古書的時候應當知道的。

一　古代漢語的語音

漢語語音發展的歷史可以分爲四個時期：上古、中古、近古和現代。上古音（明清人稱作古音）指先秦兩漢時期的語音，可以拿《詩經》的音作爲代表。中古音（明清人稱作今音）指南北朝到唐宋時期的語音，以《切韻》音系爲代表。《切韻》是隋代陸法言編撰的一部韻書（簡單地說，韻書就是分韻編排的字典），按韻編排，不過這部書的原本已經失傳。《切韻》的音系保存在北宋陳彭年等編寫的韻書《廣韻》裏，《廣韻》是研究漢語音韻十分重要的一部韻書。近古音（近代音）指元明清時期的語音，代表著作是元代周德清編撰的韻書《中原音韻》。現代音就是漢語普通話的語音系統。

漢語每一個時期都有自己的語音系統，每個時期的語音系統由聲母系統、韻母系統和聲調系統構成。

聲母系統　聲母是一個音節開頭的輔音部分。音韻學上的術語叫"紐""聲紐""字母"。跟今天一樣，古人也按發音方法和發音部位給聲母分了類。古代沒有音標，就要用漢字給每一個聲母標名，聲母的代表字就是"字母"。比如說"幫母"，代表的聲母是"b"；"滂母"，代表的聲母是"p"。中古有所謂三十六字母，大致反映了唐宋時期的聲母系統。這三十六字母是音韻學上經常提到的，它們是：

		全清	次清	全濁	次濁	清	濁
脣音	重脣（雙脣音）	幫	滂	並	明		
	輕脣（脣齒音）	非	敷	奉	微		
舌音	舌頭（舌尖中音）	端	透	定	泥		
	舌上（舌面前音）	知	徹	澄	娘		
齒音	齒頭（舌尖前音）	精	清	從		心	邪
	正齒（舌面前音）	照	穿	牀		審	禪
牙音（舌根音）		見	溪	羣	疑		
喉音（舌根音、半元音）		影			喻	曉	匣
半舌音（舌尖邊音）					來		
半齒音（舌面前摩擦鼻音）					日		

上面這個分類表,橫排(全清、次清等)表示的是發音方法的不同,豎排(脣音、舌音等)表示的是發音部位的不同①。

韻母系統 我們知道,韻母是一個音節聲母後面的部分(不包含聲調)。音韻學上常提到"韻"這個名稱。同一個韻的構成條件是韻腹、韻尾和聲調相同,可見"韻"和"韻母"的概念不完全相同。每一個韻也有一個名稱,用一個代表的漢字標出,叫"韻目"。比如《廣韻》中的"東""江""陽"等都是韻目,稱爲東韻、江韻、陽韻。《廣韻》全書分二百零六韻,實際上當時韻母的數目要多於這個數目。

音韻學上也常提到"韻部"這個名稱。同一個韻部的構成條件是韻腹和韻尾相同,不區別韻頭,也不區別聲調,可見韻部是比韻、韻母更大的概念。研究先秦兩漢的語音系統,一般是分到韻部爲止。王力先生就把上古時期的音分爲三十個韻部。

和韻母有關係的還有"四呼"的概念,這是根據韻頭的不同對韻母的分類。在古代,音韻學家根據韻頭的不同把韻母分爲"開口""合口"兩大類;韻頭或韻腹是"u"的是合口,韻頭或韻腹不是"u"的是開口。由於語音的變化,後來又有了四呼的區分:開口呼、齊齒呼、合口呼、撮口呼。開口呼指沒有韻頭、韻腹又不是 i、u、ü 的韻母(如"a、ou、en、an、ang"等);齊齒呼指韻頭或韻腹是 i 的韻母(如"i、ie、iou、ian、iang"等);合口呼指韻頭或韻腹是 u 的韻母(如"u、ua、uen、uan、uang"等);撮口呼指韻頭或韻腹是 ü 的韻母(如"ü、üe、ün、üan"等)。四呼的分類對於我們了解漢語語音的系統性有很大的幫助,對於我們學習古代漢語的語音很重要。

音韻學上還依據韻尾的不同把古韻分爲三類:沒有韻尾或以元音收尾的叫陰聲韻;以鼻音作韻尾叫陽聲韻;以塞音作韻尾叫入聲韻。這裏說的陰聲韻、陽聲韻跟聲調的分陰陽沒有關係。

聲調系統 普通話的聲調有陰平、陽平、上聲、去聲,古代的四聲指平、上、去、入四個調類,平、上、去、入這一套名稱產生於南朝齊梁之間。入聲在普通話裏已經沒有了,像"八、剝、北、筆、察、吃、尺、滴、跌、獨、刮、喝、忽、黑"這些字在古代都是讀入聲的。平、上、去、入是調類的劃分,每一類的調值(實際讀音)如何,現在已經無法知道了。四聲可以分爲兩大類,即"平"和"仄":平指平聲,仄指上、去、入三聲。四聲又分爲"舒""促"

---

① 括號中對發音部位的說明也有不同意見(如正齒音、半齒音)。

兩類：平、上、去爲舒聲，入爲促聲。平仄是很重要的概念，詩詞的格律主要就是講究平仄的運用。

二　古書的讀音

漢字的注音　在"古書的注解"一節中，我們曾談到古時用"讀若""讀如"表示一個漢字的讀音。大約在東漢，產生了另外一種更爲科學的注音方法，叫作"反切"。反切就是反復切摩的意思，是用兩個漢字拼合在一起給另一個字注音，叫作"××反""××切"。比如：

東：德紅切　　練：郎甸切　　非：甫微切

拿"東：德紅切"來説，"德"叫反切上字，"紅"叫反切下字，"東"叫被切字。反切的原理是：取反切上字的聲母跟反切下字的韻母和聲調，拼合在一起就得出被切字的讀音。簡單地說，就是"上字取聲，下字取韻"。不過由於語音變化的緣故，使用反切並不能順利地得出所有被切字的讀音。

在現代一些大型工具書中，除了使用拼音字母，也有加注反切的。如《漢語大字典》：

升：shēng《廣韻》識蒸切，平蒸書。蒸部。

"識蒸切"是"升"字在《廣韻》中的反切。"平蒸書"是標明"升"的中古音：平聲，蒸韻，書母。"蒸部"是標明"升"的上古音屬蒸部。

雙聲　疊韻　古漢語的詞語，有一類叫作聯綿詞。一般認爲，多數聯綿詞由一個語素構成，是一種單純詞。比如"參差不齊"的"參差"、"蹉跎歲月"的"蹉跎"都是聯綿詞。從讀音上看，中古時期"參"和"差"的聲母相同（初母），"蹉"和"跎"韻相同（歌韻）。通常把聲母相同（包括零聲母）的兩個音節叫作雙聲，把韻（韻腹和韻尾）相同的兩個音節叫作疊韻。

雙聲和疊韻是我們讀古書時經常遇到的。如《莊子·逍遙遊》"背負青天而莫之夭閼者"的"夭閼"、《詩經·邶風·静女》"搔首踟躕"的"踟躕"、《豳風·七月》"一之日觱發"的"觱發"、"二之日栗烈"的"栗烈"，都是雙聲。《世説新語·雅量》"沈令起彷徨"的"彷徨"、《豳風·七月》"有鳴倉庚"的"倉庚"、《周南·芣苢》"采采芣苢"的"芣苢"、《楚辭·九歌·山鬼》"子慕予兮善窈窕"的"窈窕"都是疊韻。不過由於語音的變化，"倉庚""芣苢"今天讀起來就不是疊韻了。

一些雙聲疊韻的詞語今天還在使用,如"崎嶇、慷慨、猶豫、鴛鴦、流連、輾轉、須臾、蹉跎、蹣跚、徘徊"等。了解雙聲疊韻,不僅有助於理解詞義,對欣賞詩文作品也有幫助。

破讀　《孟子·晉國天下莫强焉》一文中有"王往而征之,夫誰與王敵"和"地方百里而可以王"的話。我們已經知道,前一句的"王"是名詞,讀 wáng;後一句的"王"是動詞,讀 wàng。這種讀音的改變叫"破讀"。就是說,一個詞的意義或詞性發生了變化,爲了加以區別,字的讀音也有所改變,這是一種變讀音。換句話說,"破讀"就是通過改變詞的讀音來區別詞的意義或詞性。一般說,後一種讀音是由前一種讀音演變來的。傳統上把前一種讀音叫"本音"或"如字",把後一種變讀音叫"破讀"或"讀破"。如《禮記·大學》:"如惡惡臭。"《經典釋文》裏說:

惡惡,上烏路反,下如字。

這是說,前一個"惡"字讀烏路反,去聲(現在讀 wù);後一個"惡"字讀本來的音,古代是入聲(現在讀 è)。在我們學過的文選中,就有"惡"(wù)的用例:

故聖人以治天下爲事者,惡得不禁惡而勸愛?(《墨子·兼愛上》)
荆威王學書於沈尹華,昭釐惡之。(《呂氏春秋·去宥》)

"禁惡"的"惡"、"惡之"的"惡"都讀 wù。下面再舉一些例子:

1. 衣
故豈曰無衣?與子同袍。(《詩經·秦風·無衣》)
君欲何不試勿衣紫也。(《韓非子·桓公好服紫》)

第一句裏"衣"是名詞,衣服,讀平聲 yī。第二句裏"衣"用作動詞,穿衣,讀去聲 yì。

2. 好
鬼侯有子(女兒)而好。(《戰國策·趙策》)
臣少之時好射,臣願以射譬之。(《戰國策·驚弓之鳥》)

第一句裏"好"是形容詞,容貌美,讀上聲 hǎo。第二句裏用作動詞,喜好,讀去聲 hào。

3. 勝
　　枝大本小，將不勝春風。(《韓非子·揚權》)
　　共工與顓頊爭爲天子，不勝，怒而觸不周之山。(《論衡·談天》)
第一句裏"勝"的意思是承擔、承受，讀平聲 shēng。第二句裏"勝"的意思是勝利，讀去聲 shèng。

4. 乘
　　至乃尚書郎乘馬，則糾劾之。(《顏氏家訓·涉務》)
　　一悟萬乘之主而從車百乘者，商之所長也。(《莊子·曹商使秦》)
第一句裏"乘"是動詞，乘坐，讀平聲 chéng。第二句裏"乘"用作量詞，一車四馬，讀去聲 shèng。

5. 分
　　(管)寧割席分坐。(《世説新語·管寧華歆》)
　　此臣之所以報先帝而忠陛下之職分也。(諸葛亮《出師表》)
第一句裏"分"是動詞，分開，讀平聲 fēn。第二句裏用作名詞，職分，讀去聲 fèn。

6. 語
　　太中大夫陳韙後至，人以其語語之。(《世説新語·小時了了》)
前一個"語"是名詞，言語、説的話，讀上聲 yǔ。後一個"語"用作動詞，對別人説，讀去聲 yù。

　　破讀音主要是聲調的變化，多數是把原來的平聲(也有上聲、入聲)變讀爲去聲。所以去聲是我們識別破讀音的重要綫索。

　　這種破讀的現象在現代漢語裏還可以看到。比如：中(zhōng; zhòng)、傳(chuán; zhuàn)、冠(guān; guàn)、興(xīng; xìng)、難(nán; nàn)等。

　　假借字的讀音　　"漢字"一節介紹"六書"的時候，我們已經談到假借字。按照許慎的説法，假借是"本無其字"。比如：

是何故也？（《墨子·非攻上》）

"何"的本義原是負擔的意思，古書中借作疑問代詞，一直沿用到後來，這是本無其字的假借。另有一種情況是"本有其字"的假借，某個詞本來有一個字去專門表示它（這個字叫本字），却不用這個本字而借一個別的字來表示這個詞。比如：

有蜚箭集於侃之手。（李翱《楊烈婦傳》）

"蜚箭"的{fēi}，本有一個"飛"字表示，這裏借用一個意義不相干的"蜚"（一種昆蟲）來表示，這就是"本有其字"的假借。不管是"本無其字"還是"本有其字"，假借既然是借用一個字去表示另一個詞，就有一個讀音的問題：是照假借字原來的讀音去讀呢？還是照借過來要表示的那個詞的讀音去讀呢？如果兩個讀音相同，就沒有問題。比如：

王于興師，脩我戈矛，與子同仇。（《詩經·秦風·無衣》）

"脩我戈矛"的"脩"，本應寫作"修"。"脩"跟"修"讀音相同，不存在問題。如果兩個讀音不同，或者本來相同後來不同了，一般地說，要照借過來要表示的那個詞的讀音去讀（如果有本字，就是那個本字的讀音）。比如：

匪女之爲美，美人之貽。（《詩經·邶風·靜女》）

女"表示女性。在"匪女之爲美"一句中，"女"字借用來表示第二人稱代詞，跟"表示女性"的"女"讀音有不同，就要按第二人稱代詞的音(rǔ)去讀。再比如：

（1）多徭役以罷民力，則苦之也。（《說苑·政理》）

句中"罷"假借爲"疲"，讀pí。

（2）故不慈不孝亡有。（《墨子·兼愛上》）

句中"亡"假借爲"無"，讀wú。

（3）入則無法家拂士，出則無敵國外患者，國恆亡。（《孟子·舜發於畎畝之中》）

句中"拂"假借爲"弼"，讀bì。

（4）自牧歸荑，洵美且異。（《詩經·邶風·靜女》）

句中"歸"假借爲"饋",讀 kuì。

（5）士之耽兮,猶可説也。(《詩經・衛風・氓》)

句中"説"假借爲"脱",讀 tuō。

（6）八月剥棗,十月穫稻。(《詩經・豳風・七月》)

句中"剥"假借爲"攴",讀 pū。

不過也有個別的假借字,依照習慣讀假借字原來的音。如:

直不百步耳,是亦走也。(《孟子・梁惠王上》)

句中的"直"假借爲"特",但"直"不讀 tè,還是讀 zhí。

韻文的讀音　韻文是押韻的,近體詩和詞還有平仄的要求。古代韻文押韻的地方,今天讀起來很多不再押韻,句子也不那麼和諧了,這是由於語音發生了變化。作品的時代越早,不和諧的地方就越多。過去,有的人主張用古音去讀古代的韻文,很明顯這是做不到的。今天我們誦讀古詩文,按照漢語普通話讀就可以了。

特殊詞語的讀音　閱讀古書,我們會發現有一些詞語的讀音跟常見的讀音不一樣。比如古代有一個很有名的人叫"皋陶","陶"就要讀 yáo,不讀 táo。這樣一些讀音比較特殊的詞語,大多數是古代的國名、族名、地名、人名和姓氏等。如:

國名	龜茲	讀 qiūcí	不讀 guīzī
族名	吐谷渾	讀 tǔyùhún	"谷"不讀 gǔ
	吐蕃	讀 tǔbō	"蕃"不讀 fān
地名	鎬京	讀 hàojīng	"鎬"不讀 gǎo
	番禺	讀 pānyú	"番"不讀 fān
人名	伍員	讀 wǔyún	"員"不讀 yuán
	莫邪	讀 mòyé	"邪"不讀 xié
	酈食其	讀 lìyìjī	不讀 lìshíqí
姓氏	仇	讀 qiú	不讀 chóu
	解	讀 xiè	不讀 jiě
王號	單于	讀 chányú	"單"不讀 dān
	可汗	讀 kèhán	不讀 kěhàn

附錄一

常用詞索引

（以音序排列）

B

本(175)

C

殘(175)	常(80)	成(23)
崇(215)	穿(146)	

D

達(176)	待(80)	道(81)

F

範(214)	憤(213)	服(115)
負(80)		

G

攻(52)　　　　　功(243)

H

後(23)　　　患(52)　　　晦(244)
賄(244)

J

饑(24)　　　極(80)　　　績(243)
家(52)　　　假(116)　　　漸(116)
鑑(147)　　　謹(24)　　　進(146)
經(176)　　　景(215)　　　絕(146)

K

堪(22)　　　快(213)

L

理(115)　　　斂(51)　　　履(147)

M

末(175)　　　莫(81)

N

納(243)

Q

親(81)　　　　窮(22)　　　　去(81)
勸(115)

R

讓(23)　　　　忍(51)　　　　任(22)

S

涉(146)　　　勝(147)　　　聖(22)
時(175)　　　事(23)　　　　逝(214)
授(245)　　　術(145)　　　粟(174)
歲(175)

T

徒(145)　　　圖(176)

W

完(116)　　　違(214)　　　務(145)

X

徙(80)　　　　相(243)　　　效(117)
信(244)　　　興(116)　　　修(53)

Y

雅(214)　　　業(176)　　　宇(213)
援(244)　　　運(53)

Z

賊(51)	征(52)	至(117)
志(81)	制(116)	築(52)
宗(214)	總(243)	

附録二

繁簡字異體字例釋

說明:(1)圓括號中的字是繁體字。(2)方括號中的字是《第一批異體字整理表》中的異體字。加"＊"號的方括號中的字是《第一批異體字整理表》之外的異體字。(3)"從×"表示意符,"×聲"表示聲符。(4)《説文解字》簡稱《説文》。

A

爱(愛)　愛,《説文》在夂(suī)部(夂部的字多和行走有關),解釋爲"行貌"。喜愛的意思《説文》作"㤅",在心部,解釋爲"惠"。《亢倉子·君道》:"士有天下人㤅之而主不㤅者。"文獻通作"愛"。

B

表(錶)　(1)表,《説文》解釋爲"上衣",意思是外衣。《莊子·讓王》:"(子貢)中紺(gàn)而表素。"(中:裏面的衣服。紺:黑紅色。)(2)"錶"是晚近出現的字,用於計時器。

C

1.才(纔)　(1)"才"的意思是才性,才質。《孟子·告子上》:"富歲子弟多賴,凶歲子弟多暴,非天之降才爾殊也。"(賴:懶怠。爾殊:如此不同。)(2)纔,《説文》在糸(mì)部,讀 shān,一種黑裏帶紅的顔色。借用表示限止的副詞(剛纔;僅,只),後又作"才"。

2.草[艸]　(1)草,本讀 zào,是草斗的簡稱,即櫟實。(2)艸,草木的{cǎo}《説文》作"艸",小篆字形象草形。

3.厂(廠)　廠,又作"厰",簡化字"厂"是"廠"的省寫。簡化字"厂"(chǎng)和《説文》中的"厂(hǎn)"字(意思是山崖邊的岩穴)同形。

4.吃[喫]　(1)吃,舊讀 jí。《説文》解釋爲"言蹇難",口吃結巴意思。《漢書·周昌傳》:"昌爲人吃。"(2)喫,《説文新附》解釋爲"食"。吃飯的{chī}本作"喫",後作"吃"。

5.冲(衝)[＊沖]　(1)沖,《説文》解釋爲"涌搖",動搖的意思。《詩經·小雅·蓼蕭》"鞗(tiáo)革沖沖。"(鞗革:馬絡頭下垂的裝飾。)後又寫作"冲"。(2)衝,《説文》在行部,解釋爲"通道",交通要道。《左傳·昭公元年》:"(子晳)欲殺之而娶其妻。子南知之,執戈逐之。及衝,擊之以戈。"雙音詞有[要衝]。

6.虫(蟲)　(1)虫,義同蟲。《説文》又音 huǐ,指一種毒蛇(這個意思後作"虺")。(2)蟲,《説文》講"有足謂之蟲,無足謂之豸",是一切動物的統稱。《大戴禮記·易本命》:"有羽之蟲三百六十,而鳳凰爲之長;有毛之蟲三百六十,而麒麟爲之長;有甲之蟲三百六十,而神龜爲之長;有鱗之蟲三百六十,而蛟龍爲之長;倮之蟲三百六十,而聖人爲之長。"特指昆蟲。《詩經·齊風·雞鳴》:"有蟲薨薨。"(薨薨:蟲羣飛的聲音。)

7.仇[讎、讐]　(1)仇,讀 qiú,從人九聲,《爾雅·釋詁上》解釋爲"匹"。配偶;伴侣。《禮記·緇衣》:"詩云:'君子好仇。'"匹偶是相對的關係,有友愛、敵對之分,引申偏指怨仇、仇敵,後讀 chóu。《史記·游俠列傳》:"由是揚氏與郭氏爲仇。"(2)讎,從言雠(chóu)聲。《説文》解釋爲"應"。應對;應答。《詩經·大雅·抑》:"無言不讎,無德不報。"由應對引申爲敵對、仇敵。《左傳·襄公二十一年》:"祁大夫外舉不棄讎,内舉不失親。"(3)讐,同"讎"。

8.丑(醜)　(1)醜,醜惡的意思本作"醜"。《説文》在鬼部,解釋爲"可惡"。可惡;憎惡。《左傳·昭公二十八年》:"惡直醜正。"特指樣子難看。《淮南子·説山訓》:"嫫(mó)母有所美,西施有所醜。"(2)丑,學者認爲古文字象手爪之形,借用作地支字。

9.創(剙)[刱、剏]　(1)創,本是傷的意思,讀 chuāng。《説文》作"刅",又作"創"(從"刀")。《戰國策·燕策三》:"秦王復擊(荆)軻,被八創。"開創（chuàng）是"創"的假借義。（2）創始、開創的意思《説文》作"刱"，讀 chuàng，解釋爲"造法刱業"。《戰國策·秦策三》："墾草刱邑。"後訛作"剏、剙"。文獻通作"創"。

10. 辞（辭）[辤]　言詞的意思本作"辭"。《孟子·萬章上》："説《詩》者不以文害辭，不以辭害志。"不接受、推辭的意思《説文》做"辤"，解釋爲"不受"。文獻通作"辭"。

D

1. 党（黨）　（1）黨，從黑尚聲。《説文》解釋爲"不鮮"，不鮮明。文獻罕見。鄉黨的意思本作"蠰"。（2）党，用作姓氏和古族名（如"党項"）。

2. 德[悳]　（1）道德的德《説文》作"悳"，從直從心。文獻罕見。通作"德"。（2）德，從彳悳聲。《説文》解釋爲"升"。

3. 淀（澱）　（1）淀，淺的湖泊，常用於地名。（2）澱，《説文》解釋爲"滓滋"。泥滓；沉澱。

4. 雕[彫、琱]　（1）雕，從隹周聲，一種猛禽。雕飾是假借義。（2）彫，從彡（shān）周聲。《説文》解釋爲"琢文"，雕刻花紋圖案。（3）琱，從玉周聲。治玉；雕刻。

5. 斗（鬥）[鬦、鬭、鬪]　（1）斗，本讀 dǒu。古量器名；又指古代的一種酒器。（2）鬥，象兩人博鬥之形。（3）鬦，同"鬥"。（4）鬭，《説文》解釋爲"遇"，遇合。《國語·周語下》："谷、洛鬭，將毁王宮。"（大意：谷水、洛水交匯，大水將毁壞王宮。）引申爲爭鬥。（5）鬪，同"鬭"。

6. 队（隊）　隊，本讀 zhuì，從阜㒸（suì）聲。《説文》解釋爲"從高隊"，墜落。《左傳·莊公八年》："公懼，隊於車。"這個意思後寫作"墜"。队，後造的新字。

F

1. 发（發、髮）　（1）發，從弓癹（bá）聲。《説文》解釋爲"射發"，把箭射出去。（2）髮，讀 fà，從髟（biāo）犮（bá）聲（髟是長髮下垂的樣子）。頭髮，毛髮。

2. 范（範）　（1）范，從艸氾（fàn）聲。《説文》解釋爲"艸"，草名。（2）範，從車，聲符是"笵"的省寫。古時出行前祭祀路神的一種儀式。

（3）依照《説文》，模型、法則的意思應作"笵"。

3. 丰（豐） （1）丰，容貌丰满、丰潤（如"丰姿、丰神"）。《詩經·鄭風·丰》："子之丰兮，俟我乎巷兮。"（2）豐，從豆，《説文》解釋爲"豆之豐满者"。基本義是盛多，大（如"豐富、豐功"）。《吕氏春秋·當染》："從屬彌衆，弟子彌豐。"

4. 复（復、複） （1）复，《説文》在"夂（suī）"部，解釋爲"行故道"，從原道返回。後加"彳"寫作"復"。《周易·泰卦》："無往不復。"（2）複，從衣，《説文》解釋爲"重衣"，有内層的衣服（與單衣相對）。《三國志·魏志·管寧傳》："寧常著皁帽、布襦袴、布裙，隨時單複。"複的基本義是重複。

G

1. 干（乾）[乾、乾] （1）干，讀 gān，象形字，盾一類的兵器。（2）乾，本讀 qián（乾卦、乾坤），《説文》從乙倝（gàn）聲。乾燥是假借義。（2）乾、乾，同"乾"。

2. 干（幹）[榦] 幹，《説文》作"榦"，從木倝（gàn）聲。解釋爲"築牆端木"，指築牆時夾板外側的木柱。引申指事物的主體部分（主幹）。《左傳·襄公三十年》："禮，國之幹也。"

3. 谷（穀） （1）谷，《説文》在谷部。指山間的水流；又指兩山間的流水道、兩山間狹長的地帶。《詩經·小雅·十月之交》："高岸爲谷，深谷爲陵。"（2）穀，《説文》從禾殻（què）聲。穀物。

4. 雇（僱） 雇，本讀 hù，《説文》從隹（zhuī）户聲，鳥名。雇傭是假借義。後又作"僱"。

5. 广（廣） （1）廣，《説文》從广（yǎn）黄聲，指殿堂的大屋頂。（2）《説文》有"广"字，讀 yǎn，意思是依山崖建造的房屋。"廣"的簡化字"广"與之同形。

H

1. 和（咊、龢） （1）和，從口禾聲。《説文》作"咊"，解釋爲"相應"，以聲相應，跟著唱或跟著唱腔伴奏。蘇軾《前赤壁賦》："客有吹洞簫者，依歌而和之。"（2）龢，讀 hé，《説文》從龠（yuè）禾聲，解釋爲"調"。和諧；協調。《國語·周語下》："夫政象樂，樂從龢，龢從平，聲以龢樂，律以平聲。"

2.后(後) (1)后,君主(如"王后、女后")。(2)後,《説文》在彳部,解釋爲"遲"。落在後面;時間上或位置上在後。《論語·雍也》:"非敢後也,馬不進也。"

3.胡(鬍)[衚] (1)胡,從肉古聲。《説文》解釋爲"牛額垂",指獸畜額下或頸下的垂肉。《詩經·豳風·狼跋》:"狼跋其胡。"(2)鬍,從髟(biāo)胡聲,鬍鬚。(3)衚,衚衕(胡同)。

4.花(華) 花朵的花本作"華",《説文》解釋爲"榮"。後又作"花"。陶淵明《拟古詩》之七:"皎皎雲間月,灼灼葉中華。"

5.划(劃) (1)划,本讀 guò,從刀,是鐮一類的農具。(2)劃,讀 huá,從刀畫聲。《説文》解釋爲"錐刀曰劃",用錐刀之類的鋭器把東西割開。區分義讀 huà。今以"划"爲"劃"的簡化字。

6.坏(壞) (1)坏,本讀 pī。《説文》:"坏,丘一成者也。一曰瓦未燒。"只有一重的山丘;又指没有燒過的磚瓦陶器(通作"坯")。(2)壞,讀 huài,從土褱(huái)聲,《説文》解釋爲"敗"。《韓非子·説難》:"天雨墙壞。"今以"坏"爲"壞"的簡化字。

7.汇(匯、彙)[滙] (1)匯,從匚(fāng)淮聲。《説文》解釋爲"器",器物名。衆水聚合是假借義。聚合義又作"滙"。(2)彙,讀 huì,刺猬(後作"猬")。《山海經·中山經》:"有獸焉,其狀如彙。"

8.伙(夥) (1)伙,伙伴。(2)夥,多。司馬相如《上林賦》:"萬物衆夥。"衆多的人聚合稱夥(如"同夥、入夥")。

9.获(獲、穫) (1)穫,從禾蒦(huò)聲。《説文》解釋爲"刈穀",收割禾穀。《尚書·金縢》:"秋,大熟,未穫。"(2)獲,從犬蒦聲。《説文》解釋爲"獵所獲",獵取。《周易·解卦》:"田獲三狐。"

J

1.几(幾) (1)几,讀 jī,象形字,古人席地而坐時供凭依的一種矮桌。《尚書·顧命》:"凭玉几。"(2)幾,事物變化隱約顯現的先兆,讀 jī。《周易·繫辭下》:"幾者動之微,吉之先見(xiàn)者也。"又用作代詞,詢問數量,讀 jǐ。

2.饥(飢、饑) (1)飢,《説文》解釋爲"餓",飢餓。《史記·平準書》:"其明年,山東被水菑,民多飢乏。"(2)饑,《説文》解釋爲"穀不孰爲饑",饑荒;荒年。《史記·秦本紀》:"因其饑伐之,可有大功。"(因:趁著。)文獻中二字混用。

3. 极(極) (1)极,從木及聲。《説文》解釋爲"驢上負",驢背上馱物的木架。(2)極,從木亟(jí)聲。《説文》解釋爲"棟",房脊的中梁。引申爲頂點。簡化字"极"與《説文》中的"极"同形。

4. 夹(夾)[袷、袂] (1)夾,本讀 jiā,夾持,從相對的兩面用力扶持使穩固。《禮記·檀弓下》:"使吾二婢子夾我。"後又指雙層的,讀 jiá。(2)袷,讀 jiá,《説文繫傳》解釋爲"夾衣",雙層的衣服。(3)袂,同"袷"。

5. 价(價) (1)价,本讀 jiè,從人介聲,《説文》解釋爲"善"。《詩經·大雅·板》:"价人惟藩。"(大意:善人如同屏障。)(2)價,《説文新附》解釋爲"物直",物品的價錢。今以"价"爲"價"的簡化字。

6. 荐(薦) (1)荐,《説文》解釋爲"薦蓆"。草席;又指席下墊的草。(2)薦,《説文》解釋爲"獸之所食艸"。獸畜吃的草;又指草墊。《莊子·齊物論》:"民食芻豢,麋鹿食薦。"推舉的意思古書作"薦"。

7. 杰[傑] (1)杰,古代是人名用字。(2)傑,《説文繫傳》解釋爲"傑出",才能超出一般人。

8. 借[藉] (1)借,《説文》解釋爲"假",借用他人的東西。(2)藉,《説文》在艸部,解釋爲"祭藉",指古代祭祀或朝聘時所陳設禮品的襯墊物(如草墊之類)。《楚辭·九歌·東皇太一》:"蕙肴蒸兮蘭藉。"(蒸:進獻。)古書中依憑的意思作"藉"。

9. 斤[觔] (1)斤,象形字,斧子一類的砍伐工具。《孟子·梁惠王上》:"斧斤以時入山林,材木不可勝用也。"(2)觔,同"筋"。王充《論衡·物勢》:"夫物之相勝,或以觔力,或以氣勢,或以巧便。"二字借用表示重量單位。

10. 旧(舊) (1)旧,《龍龕守鑑》載"同'臼'"。(2)舊,《説文》從萑(huán)臼聲,貓頭鷹。

11. 巨[鉅] (1)巨,《説文》解釋爲"規巨",木匠用的方尺,後作"矩"。(2)鉅,《説文》解釋爲"大剛",指堅硬的鐵。《史記·禮書》:"宛之鉅鐵施,鑽如蠭蠆。"(大意:宛地鉅鐵造的矛,鋒刃像蠭蠆一樣。)

K

1. 考[攷] (1)考,《説文》解釋爲"老",高壽。《詩經·大雅·棫樸》:"周王壽考。"(2)攷,從攵(支)丂(kǎo)聲。《説文》解釋爲"敂(kòu)",敲擊。雙音詞有［攻擊］［攻問］。

2. 克（剋）［尅］　（1）克，《説文》解釋爲"肩"。肩負；能够勝任。《周易·大有》："小人弗克。"（大意：小人不能擔當大任。）（2）剋，戰勝；限制。《史記·龜策列傳》："武王剋紂。"《後漢書·周澤傳》："奉公剋己。"（3）尅，同"剋"。

3. 扣［釦］　（1）扣，《説文》解釋爲"牽馬"。牽住；勒住。《吕氏春秋·愛士》："晉梁由靡已扣繆公之左驂矣。"（2）釦，用金玉等緣飾器物。揚雄《蜀都賦》："雕鏤釦器，百伎千工。"

4. 裤（褲）［袴］　袴，《説文》作"绔"，解釋爲"脛衣"，古時套在兩腿上無襠的套褲。《史記·趙世家》："居無何，而朔婦免身，生男。屠岸賈聞之，索於宮中，夫人置兒绔中。"泛指褲子。後作"褲"。

5. 困（睏）　（1）困：窘迫；無法解脱。《史記·屈原賈生列傳》："齊竟怒不救楚，楚大困。"（2）睏：疲乏；想睡覺。

L

1. 腊（臘）［臈］　（1）腊，讀 xī，從肉，指乾肉。《周易·噬嗑》："噬腊肉，遇毒。"（2）臘：古祭祀名；又指農曆十二月。《禮記·月令》："臘先祖五祀。"（五祀：五種神。）（3）臈，同"臘"。

2. 蜡（蠟）　（1）蜡，讀 qù，從虫昔聲，蠅的幼蟲，即蛆。又讀 zhà，古代年終的大祭。《禮記·雜記下》："子貢觀於蜡。"（子貢：人名。）這個意思又寫作"？"。（2）蠟，指動物、植物或礦物產生的油質（如"蜂蠟、白蠟、石蠟"等）。

3. 里（裏）［裡］　（1）里，《説文》解釋爲"居"，人居住的地方。陶淵明《乞食》："行行至斯里，叩門拙言辭。"（2）裏，從衣里聲。《説文》解釋爲"衣內"，衣服的內層。《詩經·邶風·緑衣》："緑兮衣兮，緑衣黄裏。"（3）裡，同"裏"。

4. 栗［慄］　（1）栗，《説文》作"桌"，栗子樹。（2）慄，從心栗聲，恐懼；顫抖。

5. 帘（簾）　（1）帘，舊時酒家作標志的旗幟。劉禹錫《魚復江中》詩："風檣好住貪程去，斜日青帘背酒家。"（2）簾，從竹廉聲，遮蔽門窗的簾子。

6. 链（鏈）［鍊］　（1）鏈，金屬鏈子。（2）鍊，同"煉"，熔煉金屬。

7. 了（瞭）　（1）了，依照《説文》的解釋，是足脛相交的意思。聰慧、了解是假借義。(2)瞭,從目尞(liáo)聲,眼睛明亮。《孟子·離婁上》:"胸中正,則眸子瞭焉。"

M

1. 牦[犛、氂] (1)犛,牦牛,後作"牦"。(2)氂,牦牛尾。
2. 梅[楳、槑] (1)梅,《説文》解釋爲"枏",楠樹。《詩經·秦風·終南》:"終南何有?有條有梅。"(終南:山名。條:樹名。)(2)楳,"梅"的異體。(2)梅樹、梅花的{méi}本作"某"。《説文》解釋爲"酸果"。後"某"專用作代詞。(3)槑,"某"的異體。
3. 蒙[濛、曚、懞] (1)蒙,從艸冡(méng)聲。《説文》解釋爲"王女",一種草名。假借爲"冡",表示覆蓋。(2)濛,小雨濛濛的樣子。(3)曚,眼睛失明。(4)懞,形容樸實敦厚。
4. 面(麵)[麪] (1)面,臉。《墨子·非攻中》:"鏡於水,見面之容。"(2)麵,《説文》作"麪",解釋爲"麥屑末",麵粉。

N

1. 霓[蜺] (1)霓,從雨兒聲。虹的一種,也叫副虹;泛稱虹。(2)蜺,從虫兒聲。《説文》解釋爲"寒蜩(jiāng)",蟬的一種,即寒蟬。虹霓是假借義。
2. 宁(寧)[甯、寍] (1)宁,本讀 zhù,"貯"的古字,積聚。(2)寧:寧願;安寧。(3)甯、寍,同"寧"。

P

1. 炮[砲、礮] (1)炮,本讀 páo,從火包聲。《説文》解釋爲"毛炙肉",古代的一種烹製方法,把帶毛的肉用泥裹住在火上燒烤。《禮記·禮運》:"以炮以燔,以亨(pēng)以炙。"(2)砲,從石,古代以機械拋射石頭的一種兵器。(3)礮,同"砲"。
2. 辟(闢) (1)辟,《説文》解釋爲"法",法度,特指刑法。《左傳·昭公六年》:"夏有亂政而作《禹刑》,商有亂政而作《湯刑》,周有亂政而作《九刑》。三辟之興,皆叔世也。"(叔世:衰世。)開闢是"辟"的假借義。後作

"闢"。(2)闢,從門辟聲,《説文》解釋爲"開"。《戰國策·齊策六》:"且自天地之闢,民人之治,爲人臣之功者,誰有厚於安平君者哉?"

3. 匹[疋]　(1)匹,《説文》解釋爲"四丈",古代織品的長度單位,四丈爲匹。(2)疋,讀 shū,《説文》解釋爲"足",義同足。後混用同"匹"。《漢書·叔孫通傳》:"乃賜通帛二十疋。"

4. 苹(蘋)　(1)苹,《説文》解釋爲"荓(萍)",浮萍。又指艾蒿。(2)蘋,讀 pín,植物名。也稱四葉菜、田字草,生淺水中。《詩經·召南·采蘋》:"于以采蘋？南澗之濱。"後蘋果的(píng)寫作"蘋",又以"苹"爲簡化字。

5. 凭(憑)[凴]　(1)凭,從几從任。《説文》解釋爲"依几",靠在几上,依靠的意思。(2)憑,有氣盛滿、憤懣義,這個意思不能寫作"凭"。《列子·湯問》:"帝憑怒。"(3)凴,同"凭"。

6. 朴(樸)　(1)朴,本讀 pò,從木卜聲。《説文》解釋爲"木皮",樹皮。崔駰《博徒論》:"膚如桑朴。"(2)樸,讀 pǔ,從木菐(pú)聲。《説文》解釋爲"木素",未經加工成器的木材。《老子》二十八章:"樸散則爲器。"質朴義本當作"樸"。

Q

1. 戚[慼、慽、＊鏚]　(1)戚,古兵器名,後又作"鏚"。《詩經·大雅·公劉》:"干戈戚揚。"(2)"戚"假借表示憂傷義。《後漢書·皇甫規傳》:"前變未遠,臣誠戚之。"憂傷義後寫作"慼"或"慽"。

2. 气(氣)　(1)气,本義是雲气。(2)氣,本讀 xì,從米气聲。《説文》解釋爲"饋客芻米",送給人糧食或飼料(這個意義後作"餼")。假借表示雲气,气體。

3. 千(韆)　(1)千,數詞。(2)韆,鞦韆,一種運動和遊戲的器具。

4. 强[彊、疆]　(1)强,《説文》作"強",從虫弘聲,一種小虫名。强大是假借義。(2)彊,從弓畺(jiāng)聲,《説文》解釋爲"弓有力",强大義本作"彊"。

5. 球[毬]　(1)球,從玉求聲,本義是美玉。《尚書·禹貢》:"厥貢惟球、琳、琅玕。"(2)毬,古代一種球形遊戲用品,外面包皮,裏邊用毛填實。

6. 曲(麯)[麴]　(1)曲,基本義是彎曲。(2)麯,酒麯,釀酒用的發酵物。(3)麴,同"麯"。

7. 驱(驅)[駈、敺]　(1)驅,用鞭策馬前進。《詩經·唐風·山有樞》:"子有車馬,弗馳弗驅。"(2)駈,同"驅"。(3)敺,同"驅"。驅趕;驅逐。《孟子·離婁上》:"故爲淵敺魚者,獺也;爲叢敺爵(què)者,鸇(zhān)也。"(爵,通"雀"。鸇:鳥名。)

8. 却[卻、刦]　(1)却,《説文》作"卻"。節制;使退却。(2)刦,同"卻"。

S

1. 洒(灑)　(1)洒,本讀 xǐ,從水西聲。《説文》解釋爲"滌",洗滌。後通作"洗"。灑(sǎ)水的意思是假借義。(2)灑,讀 sǎ。《説文》解釋爲"汛",灑水,把水潑散在地上以防塵土揚起。

2. 舍(捨)　舍,讀 shè,居住的房屋。《史記·李斯列傳》:"使者至,發書,扶蘇泣,入内舍,欲自殺。"用作動詞:止;放棄。讀 shě,後作"捨"。《論語·子罕》:"逝者如斯夫!不舍晝夜。"《國語·吳語》:"舍其愆令,輕其征賦。"

3. 沈(瀋)　(1)沈,讀 chén,沉没。後又作"沉"。《莊子·人間世》:"散木也,以爲舟則沈。"(2)假借爲"瀋"(汁液),讀 shěn。又表國名、姓氏。今爲"瀋"的簡化字。(3)瀋,讀 shěn,從水審聲。《説文》解釋爲"汁",汁液。《新唐書·崔仁師傳》:"悉去囚械,爲具食飲湯瀋。"又爲水名、地名用字。

4. 圣(聖)　(1)圣,依照《説文》的解釋,讀 kū,義同"掘",是一個方言詞。今爲"聖"的簡化字。(2)聖,無所不通。《孟子·盡心下》:"充實而有光輝之謂大,大而化之之謂聖,聖而不可知之之謂神。"

5. 适(適)　(1)适,本作"逜",讀 kuò,從辵,通作"适"。《説文》解釋爲"疾"。《論語》有人名"南宫适"。(2)適,從辵啇(chì)聲,《説文》解釋爲"之",去往……地方。《史記·吳太伯世家》:"(季札)去鄭,適衛。"

6. 倏[儵、儵]　(1)倏,從犬攸聲。《説文》解釋爲"走",奔跑,引申爲疾速。《戰國策·楚策四》:"倏忽之間,墜於公子之手。"(2)儵,同"倏"。(3)儵,從黑攸聲,意思與顔色有關。疾速是假借義。

7. 竖(豎)[竪]　直立的"竪"本作"豎",從臤豆聲。《説文》解釋爲"豎立"。後作"竪"。

8. 俟[竢]　俟,從人,《説文》解釋爲"大"。等待義的{sì}《説文》作"竢",解釋爲"待"。

9.松(鬆) (1)松,松樹。(2)鬆,髮亂;鬆散。
10.苏(蘇)[甦] (1)蘇,從艸穌(sū)聲,一種草本植物名。枚乘《七發》:"秋黃之蘇。"(2)甦,蘇醒;死而復生。

T

1.台(臺、檯) (1)台,《說文》解釋爲"說(yuè)",喜悦,讀 yí。《史記·太史公自序》:"唐堯遜位,虞舜不台。"這個意思後作"怡"。(2)"台"讀 tái,指三台,星名。三台又喻指三公。(3)臺,高臺,用土築成的高而上平的建築物。(4)檯,桌子一類的器物。
2.坛(壇、罎)[罈、壜] (1)壇,是舉行祭祀、盟會等儀式築起的土臺。《公羊傳·莊公十三年》:"莊公升壇。"(2)罎,陶製的容器(用來盛酒等)。(3)罎、罈,同"壜"。

W

1.玩[翫] (1)玩,從玉元聲。玩弄;玩賞。陳琳《爲曹洪與魏文帝書》:"得九月二十日書,讀之喜笑,把玩無猒(yàn)。"(2)翫,因久已習慣而懈怠輕忽。《左傳·僖公五年》:"寇不可翫。"
2.挽[輓] (1)挽,牽引,拉。蘇軾《祈雨祝文》:"逾旬不雨,農有憂色,挽舟浚河,公私告病。"(2)輓,《說文繫傳》解釋爲"引車",拉車。《左傳·襄公十四年》:"夫二子者,或輓之,或推之,欲無入,得乎?"特指牽引喪車。《漢書·景帝紀》:"其葬,國得發民輓喪。"泛指牽引。

X

1.系(係、繫) (1)系,《說文》解釋爲"繫",連接。《漢書·敘傳上》:"系高頊之玄冑兮。"(高頊:古帝名。)抽象引申爲世系;系統。《新唐書·李賀傳》:"李賀字長吉,系出鄭王後。"(2)係,《說文》解釋爲"絜束"。拴;捆綁。《國語·越語上》:"若以越國之罪爲不可赦也,將焚宗廟,係妻孥,沈金玉於江。"引申表示關聯;牽涉。蘇軾《上皇帝書》:"臣前任密州,建言自古河北與中原離合,常係社稷存亡。"雙音詞有[關係]。(3)繫,基本義是把一物繫結於另一物使不脫離。《莊子·列禦寇》:"無能者無所求,飽食而遨游,汎若不繫之舟。"

2.閑(閑、閒) (1)閑,從門從木。《說文》解釋爲"闌",用於遮攔阻隔的柵欄。《周禮·夏官·虎賁氏》:"舍則守王閑。"(舍:天子在野外歇宿。王閑:天子門前的遮攔物。)空閒是假借義。(2)閒,讀 jiàn,從門從月,《說文》解釋爲"隟(隙)",縫隙;間隔。《莊子·養生主》:"彼節者有閒,而刀刃者無厚。"轉指時間上的間隔,空閒,讀 xián。

3.鮮(鮮)[鱻、尟、尠] (1)鮮,讀 xiān,依《說文》的解釋是魚名。(2)新鮮的意思《說文》作"鱻"。《周禮·天官·庖人》:"凡其死生鱻薧(kǎo)之物,以共王之膳。"(薧:指乾肉。)(3)"鮮"又讀 xiǎn,少的意思,是假借義。《周易·繫辭上》:"百姓日用而不知,故君子之道鮮矣。"(4)少的意思《說文》作"尟"。讀 xiǎn。(5)尠,同"尟"。

4.咸(鹹) (1)咸,範圍副詞,全,都。《史記·淮陰侯列傳》:"大王當王關中,關中民咸知之。"(2)鹹,從鹵咸聲,像鹽一樣的味道。

5.凶[兇] (1)凶,《說文》解釋爲"惡"。惡;不吉利。《楚辭·卜居》:"此孰吉孰凶?何去何從?"(2)兇,《說文》解釋爲"擾恐",因恐懼而騷動喧嚷。《漢書·翟方進傳》:"羣下兇兇,更相嫉妒。"

6.修[脩] (1)修,從彡(shān)攸聲。《說文》解釋爲"飾",修飾。(2)脩,從肉攸聲。《說文》解釋爲"脯(fǔ)",乾肉。《周禮·天官·膳夫》:"凡肉脩之頒賜,皆掌之。"

Y

1.烟[煙、菸] (1)烟,冒烟的"烟"《說文》作"煙",解釋爲"火气"。也作"烟"。(2)菸,本讀 yū,《說文》解釋爲"鬱",枯萎的意思。雙音詞有[菸萎][菸敗]。後又讀 yān,指烟草。

2.痒(癢) (1)痒,本讀 yáng,《說文》解釋爲"瘍(yáng)"。癰瘡;又指憂思成病。《周禮·天官·疾醫》:"夏時有痒疥疾。"《詩經·小雅·正月》:"哀我小心,瘋(shǔ)憂以痒。"(瘋:病。)又通"癢(yǎng)"。(2)癢,皮膚發癢。

3.叶(葉) (1)叶,本是"協"的異體,讀 xié,協同的意思。《新唐書·李逢吉傳》:"逢吉與李程同執政,不叶。"今用作"葉"的簡化字。(2)葉,從艸枼(yè)聲,草木的葉子。

4.页(頁)[＊篾] (1)頁,本讀 xié。《說文》解釋爲"頭",從頁的字很多與頭有關(如"頂、項、領、顎、顔")。(2)箓,《説文》解釋爲"篇",指古代兒童習字用的竹片。表示書册的一張或一面應作"箓",文獻中寫作"頁"或"葉"。

5. 异[異] (1)异,從廾(gǒng)㠯(yǐ)聲,《説文》解釋爲"舉"。(2)異,《説文》解釋爲"分"。區分;不同。《禮記·樂記》:"樂者爲同,禮者爲異。"

6. 游[遊] (1)游,本讀 liú,從"㫃(yǎn)"汓(qiú)聲。《説文》解釋爲"旌旗之流",指旌旗上帶狀的垂飾。《史記·秦本紀》:"其賜爾皁游。"(皁:黑色。)這個意思後作"旒"。(2)遊,《玉篇》解釋爲"遨遊"。水中的活動文獻一般用"游",不用"遊";陸上的活動兩個字可通用。

7. 余(餘) (1)余,第一人稱代詞。(2)餘,剩餘。

8. 郁(鬱)[鬱、欝] (1)郁,從邑有聲。[郁夷],古地名。[郁郁]作香氣濃盛、文采顯著講是假借義。(2)鬱,《説文》在林部,解釋爲"木叢生者"。草木繁茂;繁盛。《詩經·秦風·晨風》:"鴥(yù)彼晨風,鬱彼北林。"(鴥:鳥疾飛。晨風:鳥名。)(3)鬱、欝,同"鬱"。

9. 愿(願) (1)愿,從心原聲,《説文》解釋爲"謹"。老實;謹慎。《左傳·襄公三十一年》:"愿,吾愛之,不吾叛也。"(2)願:願望;願意。陶淵明《歸去來兮辭》:"富貴非吾願,帝鄉不可期。"

10. 云(雲) 雲彩的"雲"本作"云"。"云"在文獻中主要表示言説義,雲彩義加"雨"寫作"雲"。

Z

1. 折(摺) (1)折,《説文》解釋爲"斷",折斷。《荀子·勸學》:"鍥而舍之,朽木不折。"(2)摺,摺疊。庾信《鏡賦》:"始摺屏風,新開户扇。"

2. 征(徵) (1)征,從彳,本義是遠行。《楚辭·離騷》:"濟沅、湘以南征兮。"(沅、湘:水名。)(2)徵:徵召;驗證。《左傳·僖公十六年》:"王以戎難告于齊,齊徵諸侯而戍周。"《淮南子·修務訓》:"歌者樂之徵也,哭者悲之效也。"

3. 志[誌] (1)志,從心,《説文》解釋爲"意"。心意;意向。《史記·陳涉世家》:"燕雀安知鴻鵠之志哉?"(2)誌,《説文新附》解釋爲"記誌",記録。《列子·楊朱》:"太古之事滅矣,孰誌之哉?"

4. 制(製) (1)制,從刀,《説文》解釋爲"裁"。裁斷;切割。《淮南子·主術訓》:"是故賢主之用人也,猶巧工之制木也。"抽象引申爲裁決;決斷。(2)製,從衣制聲。《説文》解釋爲"裁",剪裁。《左傳·襄公三十一年》:"子有美錦,不使人學製焉。"引申爲製造。

5. 钟(鐘、鍾) (1)鐘,《説文》解釋爲"樂鐘",古代的一種打擊樂器。《荀子·富國》:"故必將撞大鐘,擊鳴鼓。"後特指報時的鐘。(2)鍾,《説文》解釋爲"酒器"。一種器皿;又指古代的一種容量單位。

6. 筑(築) (1)筑,舊讀 zhú,從竹,古代的一種弦樂器。《史記·刺客列傳》:"高漸離擊筑。"(2)築,從木筑聲,《説文》解釋爲"擣"。擣土使堅實;泛指建造。《詩經·豳風·七月》:"九月築場圃,十月納禾稼。"

7. 罪[辠] (1)罪,從网,《説文》解釋爲"捕魚竹网"。罪行是假借義。(2)辠,《説文》解釋爲"犯法"。《周禮·天官·甸師》:"王之同姓有辠,則死刑焉。"罪行義文獻多作"罪"。